종교와 철학 한 차원을 다시 얻기 위한 시도

KB003372

종교와 철학

한 차원을
다시 얻기 위한 시도

프란츠 비트만(Franz Wiedmann) 저
박찬영 역

이 책은 철학의 관점에서 종교와 철학의 연관에 대해 연구하고 있다. 종교는 '신앙'이 아니라 '생명에 대한 외경'을 핵심으로 한다. 철학은 어머니인 종교의 차원을 다시 획득해야 한다. 특히 철학은 유래를 중시하는 자세로 자신의 모계(母系)인 디오니소스의 혈통을 확인해야 한다. 왜냐하면 어머니 종교인 자연종교가 남성종교인 구원종교보다 더 근원적이기 때문이다. 진정한 철학은 종교적이며 우리 안에 있는 신성(神性)인 영혼(psyche)을 돌볼 것을 권유한다. '영혼돌봄', 즉 에피멜레이아(epimeleia)를 핵심으로 하는 종교적인 철학은 '자신의 삶에 대한 변론'(apologia pro vita sua)이어야 한다.

씨아이알

글라라 하젤베르거를 생각하며

철학이 부족하면 무신론자가 되지만
철학이 심오하면 종교로 되돌아간다

프랜시스 베이컨

(Francis Bacon, 1561-1626, 영국 철학자, 근대 경험론의 선구자; 역주)

머리말(Einleitung)

"종교가 철학보다 훨씬 더 철학적이다(Die Religion ist viel philosophischer als die Philosophie)."[1] 이것은 알로이스 뎀프(Alois Dempf, 1891-1982, 독일 토마스주의 가톨릭 철학자; 역주)의 놀라운 주장이다. 뎀프의 책을 조금 더 읽어볼 때 비로소 그 주장의 의미를 이해할 수 있다. 종교만이 현실에 대한─모든 연관에서의 생명에 대한─전체상(全體像)을 갖고 있기 때문에, 철학은 종교로부터 배워야만 한다는 것이다.

'철학'이 종교로부터 배울 준비가 되어 있다는 점은 아무도 인정하지 않을 것이다. 오히려 철학은 현실의 전체상(이 말보다 어떤 사람들은 '형이상학[Metaphysik]'을 선호한다)을 상실하는 고통을 기꺼이 견디어내는 것 같다고 말할 수 있을 것이다. 이는 주로 영미 철학의 특수형태에 들어맞는데, 이 영미 철학이 이십 년 이상 (철학의) 주도적인 방향이었다. 서

....

* 주석
  (완전한 도서명은 참고문헌 목록을 참고하시오.)

1 A. Dempf, *Religionsphilosophie*, p. 9.

양의 영어권에서만 그런 것이 아니었다. 몽테스키외(Montesquieu, 1689-1755, 프랑스 계몽주의 사상가, 역주)는 1730년 영국 여행 뒤에 심각한 의견을 표명하였다. "그곳에는 종교가 없는 듯하다. 누군가가 종교에 관해 말한다면 사람들은 웃기 시작할 것이다."[2] 그런데 이제 그의 견해의 후반부는 더 이상 맞지 않을 것이다. 왜냐하면 어떤 것에 관해 웃을 수 있기 위해서는 그것에 관한 애매한 생각이라도 있어야 하기 때문이다. 오늘날 영국에서뿐만 아니라 어디서나, 철학의 자기이해에 따르면, 확실히 종교는 철학의 주제가 아니다(언어분석적인 관점, 이데올로기 비판적인 관점 혹은 사회철학적인 관점의 '종교'는 예외다). 물론 이 예외의 경우에도 종교 일반의 본성은 시야에 포착되지 않는다. 또한 시대정신의 최신 경향을 보고하는 자들에 의해 '우연성 극복 활동(Kontingenzbewältigungspraxis)'이라는 편리한 공식 아래 널리 토론되는 것이, '종교'에 대한 새롭게 각성된 관심의 증거로 제시되어서는 안 될 것이다.

알버트 슈바이처(Albert Schweitzer, 1875-1965, 독일계 프랑스 의사·신학자·철학자·음악가, 역주)는 1923년 웁살라(Uppsala) 대학의 문화철학 강연에서 바로 19세기 중엽에 문화의 붕괴를 확인할 수 있다고 주장한다. 그러나 철학의 차원 하나의 상실은 19세기 중엽 훨씬 이전에 일어난다. 그 시점보다 이미 수 세기 전에, 더 이상 체험되지 않고 믿어져야만 하는 초(超)자연이 자연으로부터 분리되었다는 점과, 이로써 종교의 공동

....

2 재인용, K. Clark, *Civilisation*, p. 301.

화(空洞化), 세계의 탈신화(脫神化), 자연의 착취, 결국 철학의 무의미성, 이 모두에 기여한 치명적인 발전의 길이 열렸다는 점을 보여 줄 수 있기를 나는 바란다. 그럼에도 슈바이처가, 은퇴자처럼 현실로부터 격리되어 자신에게 남아 있는 것에만 몰두하는, 즉 자기 자신에 몰두하는 철학에게 문화의 몰락에 대한 공동 책임을 부여한다면, 그는 그 시점을 올바르게 정한 것이다.[3] 물론 철학은 학문의 모든 영역을 평가하고 철학적인 학파물음에 몰두하며 해석학적인 기술을 능수능란하게 발휘하는 일에 고상하게 열심히 노력하면서, 나름의 방식으로 현실을 다루었다. 그러나 이를 통해 아카데미[상아탑] 철학은 올바른 음악 대신에 '지휘자 음악(Kapellmeistermusik, 작곡자가 아닌 지휘자가 작곡한 것과 같은 음악; 역주)'만을 순전히 자신의 방식으로 ― 이 음악은 때로는 경탄을 야기하지만 실제 공연에 앞선 연습이다 ―산출했다고 슈바이처는 생각한다. 창조적인 정신이 철학을 떠났다. 왜냐하면 기초적인 사유가 철학에서 사라졌으며 부차적인 것이 철학을 사로잡았기 때문이다. 철학은 그 경이로운 지식에도 불구하고 세계와 격리되어 있었으며, 인간의 삶의 문제는 강의실과 세미나실에서 아무 역할도 수행하지 않았으며, 철학의 길은 엉뚱한 곳으로 빠져 나갔다. 철학은 삶으로부터 어떤 자극도 받지 않았으므로 삶에 어떤 자극도 줄 수 없었다. 철학은 기초적인 현실을 다루지 않았으므로 보편적으로 이해 가능한 형식을 형성하는 일에 소

....

3   참조, A. Schweitzer, Ges. Werke Bd. 2, pp. 28-31 und 100.

홀하였고, 심지어 모든 대중철학에 대한 강한 반감을 키웠다. 이 대중철학은 대중용으로 산출된, '우연성 극복'을 위한 단순 지침이라고 생각될 수 있었다. 철학자들이 삶의 문제에 몰두하면서 포괄적인 사유 안에서 이 문제를 심화하고 방법적, 언어적으로 엄밀하게 하여 대중에게 돌려줌으로써 명료한 철학이 발생할 수 있다는 생각이 철학에게 떠오르지 않았다. 그 명료한 철학의 경우, 모든 심오함은 단순하며, 만일 전체에 대한 연관만 보존된다면, 그 심오함은 또한 동시에 단순하게 표현될 수 있을 것이다.

나는 '은퇴자 철학'과 '지휘자 음악'에 '펜트하우스 철학(Penthouse-Philosophy)'을 첨부하고자 하는 유혹을 견딜 수 없다. 이 개념은 고양된 반성의 지나침이 어디로 이끌었는지를 표현할 수 있다. '펜트하우스-철학'은 문제 사항의 현상에 관한 이론에 대한 주장의 옹호자들 사이의 논쟁에 대한 추정에 대한 토론으로 이끌었다.[4] 거대한 고층건물의 최상층에 있는 펜트하우스에서 어떤 사람은 그가 현실의 기반 위에 서 있다는 점을 과시하기 위해 바닥을 발로 쾅쾅 밟아댈 수 있다.

내가 다루지 않겠다고 생각하는 것을 미리 밝히면 아마 이해에 도움이 될 것이다.

....

4 내가 거의 과장하지 않고 있음을 무엇보다 다음 책이 입증한다. Religionstheorie und Politische Theologie 총서의 제일권 *Der Fürst dieser Welt. Carl Schmitt und die Folgen*, Hg. v. Jakob Taubes. München, Paderborn 1983.

철학은 때때로 확실한 형태를 취한다. 그러면 철학은 '스콜라 철학' 혹은 '독일 관념론' 같은 어떤 (명명 가능한) 방향을 갖는 '학파철학(Schulphilosophie)'이 된다. 그렇지만 만일 안셀무스(Anselm, 1033-1109, 이탈리아 태생 영국 중세 철학자; 역주), 로저 베이컨(Roger Bacon, 1214-1292, 영국 중세 철학자; 역주), 토마스 아퀴나스(Thomas von Aquin, 1225-1274, 이탈리아 중세 철학자; 역주), 둔스 스코투스(Duns Scotus, 1266-1308, 스코틀랜드 태생 중세 철학자; 역주)와 빌헬름 오캄(Wilhelm von Ockham, 1285-1349, 영국 중세 철학자; 역주) 같은 사상가들이 '스콜라 철학'에 속한다면, 또한 만일 칸트(Kant, 1724-1804, 독일 철학자; 역주), 피히테(Fichte, 1762-1814, 독일 철학자; 역주), 헤겔(Hegel, 1770-1831, 독일 철학자; 역주)과 쉘링(Scheling, 1775-1854, 독일 철학자; 역주)이 한 지붕 밑에서 같이 살아야 한다면, 엄밀히 말하자면, 스콜라 철학도 독일 관념론도 없다. 잠시 첫 번째 집단의 토마스 아퀴나스를 예로 삼자. 철학과 신학의 구별, 지식과 신앙의 구별, 현재까지 영향력 있는 이 구별이 그에게 거슬러 올라간다. 하지만 여기 이 연구에서는 신학이 주제가 아니다. 또한 신을 믿는 사람은 종교적이라는 일상적 공식에서의 '신앙'도 주제가 아니다. 신학이나 신앙이 불가피하게 다루어진다면, 부수적 의미에서 그럴 것이다. 이는 아마 간략한 해명을 필요로 할 것이다. 이미 언급한 저술에서 알로이스 뎀프는 종교를 "고통·불의(不義)·죄악·죽음으로부터의 구원을 위한 (신을 향한) 기도, 신에 대한 경배, 신에 대한 공포, 신에 대한 사랑 안에서 나타나는, 인간이 신과 맺는 공동체적, 인격적 결합"[5]이라고 정의한다. 그는 이 본질규정을 "종교에 관한 완전한 이론"이라고 강조하여 부르며 아우구스티누스(Augustinus, 354-430, 중세 교부철학자; 역주) (*religat nos religio uni omnipotenti Deo*[6]; 종교는 우리를 전능하고 유일한 신이라는 근원으로 다시 묶어준다)와 토마스 아퀴나스(*religio est virtus reddens debitum honorem Deo*[7]; 종교는 신에게 빚진 경배를 되갚는 덕이다)에 의거한다. 초(超)인간적인 힘들에 대한 비(非)인격적인 관계도 "종교"로 규정하는 다른 표현은 단지 "종교심의 퇴화형태"[8]만을 의미할 것이라고 뎀프는 덧붙인다. 이러한 입장에서는 종교가 그리스도교적인 신앙고백의 좁은 관점 아래서 조감된다는 점을 내가 지적하고 싶지는 않다. 오히려 나는, 경멸적으로 퇴화형태로 불리는 것을 근원적 종교로 소개하려는 나의 단적인 의도를 확인하고 싶다. 덧붙여 말하자면, 인격적인 신 개념을 사용하는 정의(定義)는 고대 불교와 오늘날 수적으로 아마 가장 광범위하게 분포된 종교형태를 배제한다.

레스체크 콜라코프스키(Leszek Kolakowski, 1927-2009, 폴란드 철학자; 역주)는 도스토예프스키(Dostojewski, 1821-1881, 러시아 문인; 역주)의 유명한 말("신이 없다면, 모든 일이 허용된다.")을 주제로 삼은 최근의 저술에서 이 원리는 도덕적 타당성뿐만 아니라 인식론적 타당성도 갖는다는 점

....

5 A. Dempf, *Religionsphilosophie*, p. 42.
6 *De ver. relig. u. De civ. dei* 10, 6.
7 *S. Th.* I, II, 81,1.
8 A. Dempf, *Religionsphilosophie*, p. 74.

을 입증하려고 한다. 달리 말하면, 하나의 "절대적인 정신"이 존재할 경우에만 우리가 정당하게 진리에 대해 말할 수 있다는 것이다.[9] 그 책의 결론에 반대하여 나는, 선택된 민족의 구약성서적인 종족신(種族神)과 그리스도교적인 삼위일체가 '존재하지' 않아도, 정당하게 종교에 관해 말할 수 있다고 주장한다. 나아가 계시종교의 절대성 권리주장이 정초되어야 할 경우에만, 오직 그 경우에만, **유일한**(Einen) 신에 대한 신앙과 **유일한**(Einen) 진리의 구상은 상호 결합된다. 종교기술(宗敎記述)의 관점에서 볼 때, '신앙' 개념은 또한 그리스도교적인 계시이해의 특수 형태의 하나일 따름이다. '교리들을 진(眞)이라고 믿음'이라는 한정된 의미의 '신앙' 개념은 종교역사의 가장 불길한 발전 중 하나다.

신학은 그리스도교도들이 믿는, 신의 구원행위의 역사적인 현상방식에 대한 학문적인 반성이다. 신학은 성서학으로서 문헌학이고, 교회역사학으로서 역사학이며, 교회법학으로서 법학이다. 신학은 그 분과들의 실천적인 영역 안에서 사회학적, 교육학적, 심리학적 방법을 활용한다. 요컨대 신학이 개별과학들의 상위조직으로서 여전히 신학으로 남아 있다면, 이 신학은 모든 가능한 것과 관계하지만 종교와는 관계하지 아니 한다(이 '아니'는 결코 논리적으로 배타적인 의미를 가져서는 안 될 것이다). '신학'과 '철학'이 대학의 학부의 이름인 한에서만, 신학은 철학의 동반자이다. 이에 반해 철학의 근본 동반자는 (대범한 표현을

----

9   L. Kolakowski, *Falls es keinen Gott gibt*, p. 74.

쓰자면, 철학의 어머니는) 종교다. 이러한 동반자 관계가 더 이상 파악되지 않는다는 사정이 철학이 빈곤해지고 천박해지는 데 원인으로 기여했다.

매우 놀랍게도, 언어의 명료함과 수려함 때문에 높이 평가받는 작가인 요제프 피퍼(Josef Pieper, 1904-1997, 독일 토마스주의 철학자; 역주)는 그의 무수한 출판물에서 여전히 신학만을 철학의 동반자로 언급하였다. 그것도 '종교'가 나타나야 할 맥락에서 그렇게 하였다. 로고스가 신화를 지시하는 것과 유사하게, 합리성 이전의 신적인 현실성에 대한 정보를 철학자는 '신학'에서 구해야 한다고 요구할 때, 특히 그 점이 눈에 띈다. 피퍼의 저술에서 수백 번 나타나는 '신학'과는 달리 '종교' 개념은 그의 저술 대부분의 색인에서 빠져 있다. 내가 말하고자 하는 바를 단 하나의 예로써 입증해보자. "시간의 종말에 대하여. 역사철학적 고찰"이라는 논문에서 그는 신학을 "이차적인 것"으로 규정한다. 그런데 예상과는 달리, "일차적인 것"은 종교가 아니라 계시라는 일차적 궁극적[최초이자 최후의, 가장 중요한] 현실성이다. "신학이 전제하는 일차적인 것은, 계시된 것이라고 믿는 전승된 언표들의 존재다."[10] 이로써 라너(K. Rahner, 1904-1984, 독일 가톨릭 신학자; 역주)와 마찬가지로 피퍼도 계시의 배후로 되돌아가지 않으며, 계시의 배후를 캐물어서 철학의 발생영역을 발견하지도 않는다. (저자 비트만은 계시의 배후, 철학의 발생영역을 '종

....

10 J. Pieper, *Über das Ende der Zeit*, p. 26; vgl. pp. 12 u. 27 u. 115f.

교'로 본다. 역주) '종교'에 대립하는 '계시'는 나중에 나타난, 내용적으로 파악하기 어려운 고립적인 개념이다. 그런데 만일 이 개념이 현실성의 근본 개념으로 고양된다면, 신학과 철학이 공동의 유래를 가질 수 없는 이유가 완전히 이해될 수 있다. 물론 피퍼는 프로테스탄트적, 변증법적 철학의 입장에서 종교를 조화롭게 이해하고 있다. 왜냐하면 칼 바르트 (Karl Barth, 1886-1968, 스위스 프로테스탄트 신학자; 역주)에 따르면 그리스도 교는 종교가 아니라 신앙공동체이기 때문이다.

신학적인 스콜라주의 다음으로 철학적인 '관념론'에 대해 한 마디 하 자. 칸트의 입장을 나는 (이 연구에) 포함시키지 않겠다. "순수 이성의 한계 안에서의 종교"에 관한 칸트의 파악은 작은 부분을 선험적 비판 의 법정에 출두시킨다.[11] 나중의 많은 '종교철학자'는 칸트를 뒤따른다. 이 점에 대해서는 앞으로 조금 다룰 것이다. 헤겔의 동일성 철학은 종 교와 철학의 모든 차별성을 지양한다. 그러나 그의 입장을 파악하는 일 은 그의 체계 안에 함몰됨을 의미하며 나는 이 체계를 단호히 거부한 다. 나는 종교의 개념 때문이 아니라 종교의 현실성 때문에 노력하고 있다. 이 밖에 나는 많은 헤겔 연구가의 확인, 즉 헤겔의 체계는 본래 신학 — 혹은 니체(Nietzsche, 1844-1900, 독일 철학자; 역주)가 발견한 바에 따 르면 기만적(欺瞞的)인 신학 — 이라는[12] 확인에 반대하지 않는다.

....

11 D. Rössler의 칸트와는 다른, "종교 안에서의 이성"의 버전을 참조할 것. D. Rössler, *Die Vernunft der Religion*, p. 122.
12 참조, R. Schlette, *Philosophie-Theologie-Ideologie*, p. 20.

종교에 관한 19세기의 철학적인 연구는 칸트에게게뿐만 아니라 헤겔에게도 연결되어 있다. 이 연구는 예외 없이 역사적인 관심만을 요구할 수 있다. 그 연구는 중복하여 반성된 것에 대한 과도한 반성을 매우 심한 개념적인 언어로써 표현했다. 연구 주제는 '신-자유-불사(不死)'였으며 이는 이미 칸트의 주제였다. 그 연구는 "종교"라고 말하면서 "관조적 신론(神論)인 헤겔 철학"[13]을 발전시켰다. 그 연구는 계시로 향했으며 쉘링을 읽을 것을 권장했다. 스콜라주의자들이 자연학을 관찰이 아닌 아리스토텔레스(Aristoteles, B.C. 384-322, 고대 그리스 철학자; 역주)의 저술에서 추출하였다고 비웃는 사람은, 종교철학자들이 어디에서 대상을 가져왔는지 스스로 물어보아라. 물론 계몽주의 이후로 데이비드 흄(David Hume, 1711-1776, 영국 경험론자; 역주)[14]이나 다른 영국, 독일 저자들의 '자연적인 종교(natürliche Religion)'라는 표현이 있었다. 이 자연적인 종교는 사람들이 구체적, 역사적 종교들로부터 모든 특수성을 버리고, 발견한 내용을 고립시켜 공통적인 것을, 즉 합리적 구조를 여과하여 얻었던 추상체였다. 그러나 이로써 사람들이 얻은 것은 하나의 유령이었다. 불행을 더 완전하게 한 사정은 사람들이 드물지 않게 '자연적인 종교'를 '자연적인 신학'과 혼동했다는 점이다. 자연적인 신학이란 계몽주의의 산물이 아니라 초기 신학역사에 그 단초를 갖고 있다. *theologia naturalis*

....

13 이 제목("Hegelsphilosophie als kontemplative Gotteslehre")의 책은 I. Iljin(Bern 1946)에게서 유래한다.

14 D. Hume, *Dialoge über natürliche Religion*; vgl. RGG, Bd. IV Sp. 1322ff.

로서 자연석인 신학은 이미 2세기의 그리스도교 옹호자들(Apologeten)에게서 등장하며ㅡ아우구스티누스가 보고하는 것처럼, 그 라틴어 개념은 기원전의 바로(Varro, B.C. 116-27, 로마 문인; 역주)에게서 유래한다(이 책 제이부를 참조할 것)ㅡ나중에 토마스 아퀴나스에게서 자연적인 신학은 초자연적인 계시이론의 하부구조로 등장한다. 이 자연적인 신학은 **존재의 유비**(*analogia entis*, 신의 영원한 존재와 피조물의 가멸적[可滅的]인 존재 사이의 관계를 표현하는 스콜라 철학 이론. 피조물은 신과 비슷하며 동시에 비슷하지 않다. 역주)를 통해 보증된다.

통상의 종교철학이 종교에 관한, 결정적인 결함을 갖는 본질규정에 입각하고 있다고 주장함으로써 그 종교철학을 거부하는 것은 충분하지 않다. 불가피하게 우리는 종교규정의 방법을 열거해야만 하고, 그 방법에 근거한 정의가 실패하는 이유를 적어도 간략하게나마 암시해야만 한다.

우선 **추상방법**(*Abstraktionsmethode*)[15]이 언급되어야 한다. 이 방법은 주로 '자연적인 종교'를 추출하는 데 사용되었다. 이 방법은 모든 특수성을 도외시하고 모든 종교에 공통적인 본질을 찾아내는 방법이다. 이로써 현실과 무관한 단지 추상적인 보편성만 획득된다는 점이 이미 언급되었다.

....

15　참조, die Zusammenstellung im RGG, Bd. V, Sp. 969f., 참조, P. Tillich, *Religionsphilosophie*, pp. 18-40.

다음으로 **합산방법**(*Additionsmethode*)이 비판 대상이다. 이 방법은 다양한 역사학적, 사회학적, 지리학적, 민속학적 변양을 함께 모아서 그로부터 하나의 공통분모를 형성하려고 한다. (가톨릭) 그리스도교를 '모든 도그마[敎義]의 종합'으로 규정하려는 시도가 그 한 예이다. 이러한 시도는 본질규정을 도저히 얻을 수 없는데, 그 이유는 우선 어떤 고정된 종교개념이 전제되어 있기 때문이며, 또한 필연적인 것을 우연적인 것으로부터 구별할 가능성도 전혀 없기 때문이다.

감산방법(*Substraktionsmethode*)은 역사적인 모든 형태 및 경험적으로 얻어진 모든 자료를 배제하고 종교의 순수한 선천적인 본질을 지향한다. 합산방법은 역사적 발전에서 완전성을 향하는 어떤 긍정적인 것을 확인했다. 이에 반하여 감산방법은 역사적으로 형성된 모든 종교에서 단지 퇴락현상만을, 실체의 상실만을, 근본이념으로부터의 이탈만을 가정한다. 그런데 내용의 증가나 감소를 확인하는 사람은 이로써 이미 어떤 고정된 개념을 전제하고 종교가 무엇인지를 본래 알고 있으며 따라서 종교가 무엇인지 진지하게 찾거나 묻지 않는다.

모든 정통고수주의(*Orthodoxie*) (대[大]교회들뿐만 아니라 분파들도 정통고수주의에 속한다)는 **동일성방법**(*Identitätsmethode*)을 선호한다. 이 방법은 종교의 본질은 영원히 확정되어 있으며 역사적인 변화를 관통하여 모든 시대에 동일하다는 입장에서 출발한다. 여기서도 역시 비로소 물어져야만 할 것이 이미 더 이상 물을 수 없는 것으로 가정되는데, 이번에는 교리로 굳어져서 그렇다.

고립방법(*Isolationsmethode*)은 매우 인기 있다. 어떤 규정된 특성, 어떤 측면, 어떤 특징을 고립시키고 이것을 본질특성이라고 설명한다. 슐라이허마허(F. Schleichermacher, 1768-1834, 독일 신학자·철학자; 역주)의 경우, 단적인 의존 감정이 종교이해의 열쇠가 된다. 틸리히(P. Tillich, 1886-1965, 독일태생의 미국 신학자; 역주)의 경우, 무제약자에 대한 지향이 그것이다. 보버민(G. Wobbermin, 1869-1943, 독일 복음주의 신학자; 역주)의 경우, 인간은 초(超)세계(Überwelt)를 신앙적으로 예감함으로써 스스로 의존적임을 안다. 이러한 열거는 무수히 가능하며, 실제로 모든 규정시도를 이 방법으로 간주할 수도 있을 것이다. 오토(R. Otto, 1869-1937, 독일의 프로테스탄트 신학자; 역주)의 '성스러운 것(das Heilige)'이라는 규정은 물론 특별히 언급해야 한다.

신령(神靈)한 것(Numinosum), 즉 성(聖)스러운 것이 신(神)경험의 중심개념이라는 (매우 주목받는 오토의 책 안의) 주장에 대하여 아무도 반대하지 않았다. 하지만 오토가 그 중심개념을 종교 자체의 "선천적인 범주"[16]로 임명할 때, 그는 그리스도교 밖의 다른 종교를 배제한다. 이러한 종교의 예로 고대 그리스의 종교를 들 수 있는데, 이 종교는 너무 자연스러워서 성스러운 것이 전혀 필요하지 않다고 또 다른 오토, 즉 발터 오토(Walter F. Otto, 1874-1958, 독일 고전 문헌학자; 역주)[17]는 쓰고 있다.

16　참조, R. Otto, *Das Heilige*, pp. 130ff. und 156ff.

17　참조, W. F. Otto, *Die Götter Griechenlands*, p. 9.

(이 튜빙겐 출신의 작고한 고전 문헌학자는 마르부르크 출신의 마찬가지로 작고한 종교학자이자 신학자인 루돌프 오토와 혼동되어서는 안 된다.) 발터 오토에 따르면 그리스의 어떤 신도 가까이 올 때 "주(主)님은 성스럽고 성스럽고 성스럽다!"는 외침을 낳지 않았다. 성스러움은, 가능한 이상(理想) 저편의 계시영역에서만 아주 전적으로 새로운 것으로 발생하였다. **신을 닮음**(*similitudo Dei*)과 **그리스도의 모방**(*imitatio Christi*) 안에서 특별히, "그리스도의 성스러운 인간성"[18] 안에서 특별히, 그리스 신들에게서는 찾아볼 수 없는 '윤리적 진지함'이라는 색다른 심정이 이 성스러움에 귀속한다. 그렇지만 사람들은 이로부터 곧바로 그리스 신들의 부도덕성을, 혹은 그리스 신들을 경배하는 사람들의 부도덕성을 추론해서는 안 된다. 그냥 그들은 자연적인 것을 참으로 기뻐했다. 따라서 그들은 도덕적인 것이 종교적인 가치를 갖는다는 점을 인정하지 않았다.

진화방법(*Evolutionsmethode*)은 발생적인 방법으로도 불리는데 흄, 포이어바흐(L. Feuerbach, 1804-1872, 독일 철학자; 역주), 프로이트(S. Freud, 1856-1939, 오스트리아 심리학자; 역주)에 의해 적용된다. 그들에게 종교는 더 이상, 종교적인 선천성에서 발생한 근원소여성이 아니다. 종교는 발전의 임의의 어떤 시점에서 생긴다. 신화, 마법, 공포, 희망 등과 같은 비(非)종

....

18 D. v. Hildebrand, *Idolkult und Gotteskult*, p. 168, 참조, 같은 곳, Anm. 4; 참조, 레위기, 19, 2 및 마태, 5, 48.

교적 현상이 깁자기 종교가 된다. 언제, 어떻게, 왜 전자가 후자로 변화해야 하는지는 물론 거의 입증 불가능하다. 이 방법은 본질규정을 위해서는 쓸모없다.

이른바 **해석방법**(*Interpretationsmethode*)은 좀 기이한 방법이다. 왜냐하면 이 방법은, 종교는 그 본질상, 나타나는 바와는 항상 다른 것이라고 주장하기 때문이다. 모든 영지주의자(靈智主義者, Gnostiker, 신의 인식을 강조하는 자; 역주) 및 헤겔은 종교는 철학적인 인식에서야 비로소 그 진정한 내용에 도달한다고 확신한다. 그러나 사람들은 어떤 것이 본래 무엇인지 확인되지 않는 한, 그것을 다르게 해석할 수 없다. 따라서 이 방법도 별 쓸모가 없다. 키에르케고르(S. Kierkegaard, 1813-1855, 덴마크 철학자; 역주)는 이미 이러한 입장에 대해 다음과 같이 반박하였다. 이런 방식으로 종교는 멍청한 머리들의 도피처가 된다. 달리 말하면, 철학은 지성인을 위한 종교인데 반하여, 종교는 민중을 위한 철학이 된다.

기능방법(*Funktionsmethode*)은 종교를 정태적으로가 아니라 동태적으로 파악한다. 이는 종교형태의 역사적인 특성에 더 잘 어울린다. 그러나 본질규정이 여기서도 획득되지 않는다. 왜냐하면 종교는, 예컨대 도덕을 확립하기 위한, 지배를 이데올로기적으로 정초하기 위한, 일련의 요소의 기능으로 나타나기 때문이다. 모든 가능한 미지의 요소가 항상 새로운 형태의 종교를 발생하게 할 수 있다. 그러면 이 새로운 형태는, 기능방법 자체처럼, 경험과학에 귀속해야 한다. 종교가 본성상 무엇인지는 여전히 계속 의심스럽다.

그렇다면 종교는 무엇이며 어떻게 파악할 수 있는가? 이제 마지막 방법이 소개되어야 한다. 그것은 **실존주의적인 방법**(*existentialistische Methode*)이다. 마르셀(G. Marcel, 1889-1973, 프랑스의 그리스도교적 실존주의자; 역주)에 따르면 그것은 '참여의 방법'으로 불릴 수 있다. RGG("Religion in Geschichte und Gegenwart"; "역사 속의 그리고 현재의 종교")의 이 항목의 필자인 리히터(L. Richter, 1906-1968, 독일 철학자·신학자; 역주) 여사는 이 방법이야말로 본질경험으로 이끄는 유일한 방법이라고 생각한다. 즉 사람들은 스스로 어떤 하나의 종교를 선택하여 (자신의) 인생결단에 대해 해명을 찾고 이로써 종교가 무엇인지에 관한 실존적인 통찰이 생기게 된다는 것이다. 리히터는 야스퍼스(K. Jaspers, 1883-1969, 독일 실존주의 철학자; 역주)에 의거하고 있다. 야스퍼스는 종교를 무제약적인 진리로 풀이하는데, 이 진리는 수학의 보편타당한 진리처럼 논증될(bewiesen) 수는 없으며 단지 삶의 모험 속에서 입증될(bezeugt) 따름이다.

이러한 방법적인 요구는 다른 모든 것과 질적으로 구별된다. 이 요구를 우리는 그 귀결에서 심사숙고해야 한다. 왜냐하면 이 요구는, 실존 철학적인 표현의 모든 관행을 벗어던지고 보자면, (집단에) 소속하는 자만이 (그 집단에서) 무엇이 말해지는지를 이해할 수 있다는 사정을 의미하기 때문이다. 이 '소속함(Dazugehören, 귀속함)'은 다양한 정도를 취할 수 있다. 일단 진부한 결합은 배제하기로 하자(불교도를 이해하기 위해서는 이슬람교도이어야 하고, 힌두교도를 이해하기 위해서는 그리스도교도이어야 하고, 유대교도를 이해하기 위해서는 유교도[儒敎徒]

이어야 한다는 등의 결합 ― 이는 밀도 안 된다). 그러면 이 주장 안에 숨어 있는 영지주의(靈智主義, Gnostizismus, 인간의 구원은 신에 대한 인식에 의존한다는 구원종교의 입장; 역주)적인 요소가 우선적으로 논의되어야 할 것으로 남는다.

영지주의자들의 이른바 "상위(上位) 지식"[19]은 선택된 인간 혹은 집단만이 획득할 수 있고 나머지 인간은 그 지식에 원칙적으로 접근 불가능하다. 이는 구원에 대한 지식에 대해서만 들어맞는 것이 아니다. 이른바 과학적 마르크스주의에서도 프롤레타리아(무산자)들이 **선택된 자들(electi)**의 역할을 넘겨받는데 그들의 보다 높은[상위의] 변증법적인 이해는 시민(부르주아)적인 과학으로써는 통제 불가능하다. 결정적인 것은 노동자계급에 귀속함이며, 이 귀속함이 '계급의 진리'에 대한 접근을 허용한다. '종족의 진리'도 마찬가지다. 이리하여 칼 슈미트(Carl Schmitt, 1888-1985, 독일 공법학자·정치학자; 역주)는 1933년 국가사회주의적인 피[血]철학(Blutphilosophie)을 다음과 같이 해석하였다. "올바른 공동체에 존재적인 방식으로, 즉 종족적으로 규정된 방식으로 참여하며 실존적으로 그 공동체에 귀속하는 자만이 사실을 올바르게 보고, 주장을 올바르게 들으며 말을 올바르게 이해하며 인간과 사물의 인상을 올바르게 평가할 수 있다. 이것이 바로 인식론적 진리다. … 다른 종족에 속한 자는, 그가 아무리 비판적인 체하고 매우 예리하려고 노력해도, 다르

....

19 참조, E. Topitsch, *Mythos ―Philosophie ―Politik*, p. 152.

게 사유하고 이해할 따름이다. 왜냐하면 그는 **다른 종족이기**(*anders geartet*) 때문이다."[20]

하지만 실존주의적인 이해는 다른 선행조건에 묶여 있을 수도 있다. 루돌프 오토의 책, "성스러운 것"은 제3장 "신령한 것의 계기"를 다음 경고로써 시작한다. "우리는 극도로 일면적인 매우 강한 종교적인 흥분 상태의 순간을 반성할 것을 요구한다. 그렇게 할 수 없는 사람, 혹은 그러한 계기를 전혀 갖지 않은 사람은 더 이상 읽지 말 것을 요청한다. 왜냐하면 사춘기 경험, 소화불량 혹은 사회적인 감정에 대해서는 깊이 생각할 수 있지만, 본래 종교적인 감정에 대해서는 깊이 생각할 수 없는 사람은 종교 심리학을 연구하기 어렵기 때문이다. 그가 스스로, 자신이 아는 설명원리로써 할 수 있는 만큼 파악하려고 노력하여, '미학'을 감각적 즐거움으로 해석하고, '종교'를 사교적(社交的)인 충동의, 또 사회적인 평가의 기능으로 해석하거나 혹은 한층 더 원시적으로 해석한다면, 그는 용서 받을 것이다. 그러나 자신이 스스로 특수한 미학적인 체험을 해본 미학자는 그의 이론을 사양할 것이며, 체험적인 종교인은 더욱더 그럴 것이다."[21]

자신을 어떤 종교나 종파와 동일시하라는 실존신학자의 요구와는 달리, 오토의 강력한 금지요구는 부인할 수 없는 진정한 경험판단을 내포

....

20 C. Schmitt, *Staat – Bewegung – Volk*, Hamburg 1933, p. 45; 참조, E. Topitsch 앞의 책, p. 159, 이 부분의 지시에 나는 감사한다.

21 R. Otto, *Das Heilige*, p. 3.

한다. 즉 아름다운 것, 윤리적인 것 혹은 성스러운 것에 눈뜨게 할 수 없는 일차원적 인간이 존재한다는 경험판단을 내포한다. 그러나 생각할 점이 아직 남아 있다. 강한 종교적인 흥분상태의 계기를 반성할 수 없는 사람, 따라서 오토에 의해 배제되는 사람은 그렇다고 '종교'를 '사교적인 충동'으로까지 해석할 필요는 없다. 어떤 사람이 바다를 볼 때, 아직 미학적인 감각과 종교적인 감각을 구분하지 않은 채, 매우 강렬하게 감동받을 수 있다. 그러나 그가 자신과 같은 체험을 갖지 않은 다른 사람들은 그냥 물웅덩이만 눈앞에 보고 있다거나 구름을 농축된 공기로만 간주한다고 가정하지는 않을 것이다.

비교적(秘敎的)인 입회(入會) 혹은 참여(參與)는, 계급 귀속성 및 종족 귀속성처럼, 외적일 수 있으며, 그럴 경우, 본질인식의 조건을 채우지 않을 것이다. 단적으로 요구되는 것은 바로 '자기 동일시'다. 물론 자기를 (타자와) 동일시하는 일이 나쁨 그 자체는 아니다. 예컨대 희생자와, 쫓기는 자와, 소수자와 유대를 맺는 일은 명예로운, 인간다운 결단이다. 왜냐하면 여기서 자유로운 윤리적인 결단이 내려지고 그 인격이 책임 있게 행동하기 때문이다. 그러나 이데올로기와 동일시하는 일은, 자율성이 포기되었고 책임이 집단으로 전이되었기 때문에, 더 이상의 어떤 자립적인 결단도 가능하지 않게 되므로, 윤리적 이성의 위험한 포기, 인격에 합당하지 않은 포기다.

자신이 어떤 나라에, 어떤 종교에, 아니 더 정확히 말해, 어떤 종파에 소속하는 일이 어떻게 일어났는가를 조금이라도 깊이 생각해본 사람은 이러한 일이 얼마나 우스운 우연 때문인지 곧바로 알게 된다. 그는 남부 독일인으로서 가톨릭교도가 되었고 스웨덴인으로서 루터교도가 되었고 스코틀랜드인으로서 칼뱅교도가 되었으며, 본인의 의사와 무관하게 그 체계의 선입견과 신앙고백을 함께 넘겨받도록 강요되었다. 선입견의 이러한 원치 않은 부담으로부터의 해방 대신에, 사람들은 그에게 이제 정치적인 혹은 교회적인 도그마[敎義]의 열광적인 수용을 요구한다.

어떤 사람이 자신을 어떤 집단과 동일시할 준비가 되었다면, 물론 그의 비판적인 사유능력은 이미 심하게 줄어들었다. 아마 그의 공감(共感)과 귀속행복감이 증대된 그만큼 줄어들었을 것이다. 그는 그의 집단 행복의 값을 비싸게 치렀다. 하지만 집단도덕의 교화에 참여하는 일은 그의 부담[스트레스]을 엄청나게 경감시킨다. 그렇지 않다면, 살인할 생각이 거의 없는 어떤 개별적인 인간이 조국, 지도자, 분파와의 동일시를 통해 그의 살인억제기제를 무력화할 가능성이 전혀 없을 것이다. 집단정신, 관습긍지 혹은 패거리 오만에 전염되기 위해서는 몸소 그곳에 현전해야 할 필요도 없다. 집단조직 안에서 고문하고, 괴롭히고, 살인하는 사람은 대개 사심 없이 비(非)인격화되어 어떤 보다 더 큰 것의 이름으로, "더 큰 영광을 위하여(ad maiorem gloriam)"[22] 그런 일을 행한다. 어떤 세계관과의 동일시는 시와 노래에서 멋지게 표현된다. 그러나

....

22 참조, A. Koestler, *Janus*. zit. nach der dt. Ausgabe: *Der Mensch —Irrläufer der Evoltion*, pp. 23 ff., 97ff. u. 110f.

이러한 동일시를 통한, 인격적인 자기의 완선한 포기는 십자군 전쟁을 포함한 '성스러운 전쟁'뿐만 아니라, 역사 속의 모든 방식의 인간적인 재앙을 낳았다.

지크문트 프로이트와 콘라트 로렌츠(Konrad Lorenz, 1903-1989, 오스트리아 동물심리학자; 역주)는 '선천적인 누적된 공격성'이 모든 투쟁과 갈등의 원인이라고 우리에게 가르친다. 그러나 아서 케스틀러(Arthur Koestler, 1905-1983, 헝가리 태생 영국 문인; 역주)는, 시국(時局) 때문에 어쩔 수 없이 군인이었던 인간이 겪은 모든 경험은 그러한 주장에 반대한다고 생각한다. 어떤 이유로 (도대체) 잘 교육받은 친절한 젊은 남자들이 잘 교육받은 친절한 남자들을 향해 총을 쏠 준비가 되어 있는가? 플랜더스와 노르망디에서 벌어진 일차 세계대전의 무의미한 피의 학살 이후에 이미 많은 사람이 이렇게 물었다. 그들은 그들의 적을 증오했는가? 확실히 그렇지 않았다. 군인들은 증오하지 않는다. 그들은 불안해하며 지루해하며 배고파하고 향수 때문에 울먹인다. 단지 지나친 충성심 때문에, 지나친 헌신의 마음 때문에 그들은 죽이게 될 것이다. 그러나 공격욕구 때문에 그런 것은 아니다. 이단자는 자신의 불멸하는 영혼의 행복을 위해 고문당하고 불태워졌다! 나치의 가스실은 고귀한 피를 가진 아리아족(비[非]유대 백인족, 순수 게르만족; 역주)의 순수성 때문에 가동되었다. 스탈린 시대 공산주의 독재의 대숙청(大肅淸)은 궁극사회의 황금시대를 준비하는 일에 기여하였다.

사태를 내부에서 파악할 수 있기 위해 신조(信條)와 가치관을 구비한 어떤 종파, 교회, 분파와 동일시해야 한다는 요구는, 학문적인 인식을 가능하게 하는 것이 아니라 오히려 불가능하게 한다. 왜냐하면 그 요구는 시야를 흐리게 하고 자기비판을 평가절하하고 이미 진리를 소유하고 있다는 망상을 촉진하기 때문이다.

위에 열거된 어떤 방법도 종교의 본질규정에 쓸모 있어 보이지 않는다. 종교학적인 방법들도 쓸모없고 합리주의적인 방법들도 마찬가지다. 실존주의적인 시도도 성공적이라고 말할 수 없다. 서두에 전체적으로 부적합하다고 선언되었던 종교철학들은 그 (구체적) 서술에서 이 본질규정 문제에 접근할 수 없음을 입증한다.

그러나 이미 벌써 모든 길이 검토된 것은 아니다. 예컨대 일련의 경험과학이 '종교'의 탐구에 몰두하고 있다. 물론 이때 종교의 본질개념이 요구되지는 않는다. '인류학'이라는 연구명칭 아래 거의 모든 영국 대학에서 사람들은 종교역사, 민속학, 고고학을 동시에 연구한다. 철학적인 접근을 위해 이러한 연구의 결과를 한번 알아보는 일에 무엇이 반대하겠는가? 민속학적인 연구 및 종교사적, 종교학적인 연구가, 이른바 원시민족 혹은 자연민족의 오늘날의 종교관행에서 종교 일반의 시초를 발견할 수 있으리라는 희망에서, 주로 그 민족을 다룬다는 사정만 주목된다면, 아무 반론도 없을 것이다. 이 연구들은, "시초에는 저차원적인 것, 발달되지 않은 것이 있다고 가정하도록 강요하는"[23] 진화이론의 마

----

23 참조, RGG Bd. V, Sp. 986.

법에 빠져 있다. '원시석인=시초적인=미(未)발달적인'이라는 공식이 사용되면서 현대 유럽 문화가 측정과 평가의 척도로 간주된다. 그런데 여기서 원시상태가 무조건적으로 평가절하되고 현대가 최고로 평가될 필요는 없다. 역(逆)으로 근원상태에 있는 옛날의 황금시대를—이 경우 우리는 타락, 퇴화의 잠정적인 마지막 세대를 의미할 것이다—낭만적으로 가정하는 일도 마찬가지로 가능하다. 어쨌든 잘못된 입장 하나가, 잘못된 것으로 거의 주목되지 않은 채, 그대로 인정된다는 점은 이해하기 힘들다. 종교적인 제의형식을 갖고 있는 오늘날의 원주민 혹은 잔여종족이 인류시초의 잔여형태라고 생각하는 잘못된 입장이 여기서 문제다. 알프레트 배움러(Alfred Baeumler, 1887-1968, 독일 철학자·교육학자; 역주)는 이미 1926년에 이에 관해 다음과 같이 쓰고 있다. "원시민족의 오늘날(heute) 여전히 관찰할 수 있는 신앙내용과 관습으로부터 종교에 대한 정보를 기대하는 일은, 현대 종교학자의 거의 억제할 수 없는 선입견에 부응한다. 사람들은 우리가 어떤 사회 상태 안에서 마치 문화의 근원에 육박할 수 있을 것처럼 가정한다. 이때 역사적인 과학의 가장 중요한 전제, 즉 모든 것은 움직이고 있다는 전제가 주목되지 않는다. 우리가 '원시적'이라고 부르는 것도 생겨난 것이다. 땅위의 어떤 구석에서도 시간은 쉬고 있지 않다."[24]

그러므로 우리는 종교철학적인 개념구성뿐만 아니라 역사적인 과학

....

24 A. Baeumler, *Das mythische Zeitalter*, p. 323f.

의 의심스러운 추론도 비판적으로 검토해야 한다. 그렇지만 이렇게 하는 일이 선입견 없는 사유, 조절된 사유, 이성적인 사유의 올바른 활용을 방해하는 것은 아니다. 우리는 어쩌면 스스로 역사적으로 탐구할 수 있다. 인류학자의 방식은 아니지만 우리는 '소크라테스(Sokrates, B.C. 469-399, 고대 그리스 철학자; 역주) 이전 철학자들'의 문헌처럼 우리에게 접근 가능한 가장 오래된 시대의 문헌을 연구하며 종교연구의 전체 안에 그 문헌을 투입하여 비교하려고 할 수 있다. 그 경우 그들의 철학적 단편을 우리가 조금 갖고 있는 밀레토스의 탈레스(Thales, B.C. 624-546, 고대 그리스 자연철학자; 역주)나 아낙시만드로스(Anaximander, B.C. 611-546, 고대 그리스 자연철학자; 역주)와 같은 최초의 저술가들은 비록 그들이 보통의 철학사의 시초에 있지만 인류역사의 시초에 있지는 않다는 점을 우리는 의식하게 될 것이다. 확실히 그들은—마치 무구한 눈을 방금 떠서 세계를 그 최초의 인상으로써 붙잡으며 "만물의 본성은 물이다, 공기다 혹은 무제한자다."라고 공언하는 것처럼—배후에 어떤 전통도 없고, 유산 및 전승된 형식도 없는 창조의 날의 아담인 것은 아니다.

콘퍼드(F. M. Cornford, 1874-1943, 영국 고전 문헌학자; 역주)가 제안하는 것처럼, 자연 상태의 어떤 철학자를 생각해보는 작은 사유 산책은 유의미할 것이다.[25] 우리는 그가 내적, 외적 경험가능성을 가진 것으로, 즉 내적으로는 의식, 사유, 감정이라는 경험가능성, 외적으로는 지각대상의

....

25 참조, F. M. Cornford, *From Religion to Philosophy*, pp. 3f.

자료라는 경험가능성을 가진 것으로 가정한다. 그는 이제 이 양 영역을 관찰하고 설명해야 하며 철학자로서 심리학과 자연과학을 매개해야 한다. 따라서 소크라테스 이전 철학자들은 한편으로 사유와 지각, 다른 한편으로 감정과 욕구를 매우 대략적으로나마 구별했으리라고 기대할 수 있을 것이다. 혹은 세계를 향하면서 그들은 세계의 상태에 관한 일반화 및 전제를 널리 알리는 대신에 그들의 탐구 단계를 정밀하게 검토해야 했었을 것이다. 예컨대 인간들, 동물들, 식물들의 행태의 법칙성을 발견하려고 시도하면서, 그들은 자연탐구의 보다 쉽게 접근할 수 있는 측면에서부터 시작해야 했었을 것이다.

그런데 그들이 그러한 일을 전혀 하지 않았다는 점을 우리 모두 알고 있다. 탈레스는 만물의 최고 본성 혹은 가장 내적인 본성은 물[水]이라고, 전체 우주는 살아 있고 영혼을 갖고 있으며 신들로 가득 차 있다고 갑자기 말한다. 이러한 언표는 그들 자신의 내적 경험의 자료를 반영할 수도 없으며 자연적인 외적 사건의 관찰일 수도 없다. 하나의 형이상학을 **핵심적으로**(*in nuce*) 포함하고 있는 탈레스의 짧은 주장은 ─ 더 이상의 주장은 전해 오지 않는다 ─ 세 개의 개념으로 구성되어 있는데, 이 개념들은 나름대로 이미 오랜 앞선 역사를 지시한다. 그 개념들은 철학함의 시초 이전에 있는 종교적인 표상[생각]을 지시한다. 기본적인 말은 **피시스**(사물들의 자연본성, Physis), **다이모니온** 혹은 **테이온**(영들, 신적인 것, Daimonion, Theion)과 **프시케**(영혼, Psyche)이다.

우리가 철학사 **이전**(*vor*)의 역사에 대해 아무 예감이 없다면, 우리는 유럽 철학이 소크라테스 이전 철학자들과 함께 시작한다고 생각하면서 무엇이 '철학'으로 세상에 나타났는지를 거의 이해할 수 없을 것이다. 그런데 (철학의) 주변에서 어두움으로부터 종교에서 유래한 다른 생각이 밝게 드러난다. 자연은 어떤 질서에 순응하는데, 이 질서는 모이라(Moira)나 노모스(Nomos), 즉 운명이나 법을 말한다. 종교적인 내용으로부터 철학적인 사유가 유래함을 제시하고 몇몇의 원천적인 개념에 입각하여 설명하면서, 우리는 바로 종교와 철학 사이의 연결부분에 연구의 탐침(探針)을 근접시켜야만 한다. 그러나 그 이전에 '종교'라는 말 아래 무엇이 이해되어야 할 것인지가 분명한 방식으로 해명되어야만 한다. 경험과학의 도움을 받아도 좋다. 철학 또한 어떤 정해진 방식의 경험과학이다. 철학이 선입견 없이 문제로 향하는 한에서, 철학은 인식의 가능한 원천 어느 것도 처음부터 배제해서는 안 된다. 내가 뜻하는 바를 19세기의 범주체계를 예로 들어 증명할 수 있다. '역사'를 발견했던 이 세기에 과거의 종교에 대한 통찰이 놀라울 정도로 흐려졌다. 오늘날 우리에게 자명하게 이해되는 것은 바젤인(人) 고대연구가인 바흐오펜(Johann Jakob Bachoffen, 1815-1887, 스위스 법제사가·고대연구가; 역주) 덕분인데, 그는 종교의 역사를 새로운 의미로, 즉 신앙내용의 역사가 아니라 상징과 행위의 역사, 신화와 제의의 역사로 고쳐 썼다.

종교역사를 그리스도교를 향한 무의식적인 전진이라고 기술했던 옥스퍼드의 언어연구가이자 종교학자인 프리드리히 막스 뮐러(Friedrich Max Müller, 1823-1900, 독일－영국 고전어학자; 역주)의 주장 안에서 헤겔이 영향력을 발휘했다. 고전주의자인 울리히 폰 빌라모비츠-묄렌도르프 (Ulrich von Wilamowitz-Moellendorff, 1848-1931, 독일 고전 문헌학자; 역주)는 그리스 종교에 대한 그의 책에 "그리스인의 신앙"(Berlin 1932)이라는 제목을 달아서 "그의 세기의 오류를 표출"[26]하였다. 자신의 연구대상인 시대에 깊이 침잠해 살았던, 그토록 예민한 이 연구가도, 아테네의 사원 행렬에 '정신고양(Erbauung)'이 부족하다고 표현함으로써, 여전히 프로테스탄트 그리스도교도에 머물렀다. 기센 출신의 종교철학자 헤르만 지벡(Hermann Siebeck)은 불교에 관한 평가에서 신앙적인 편견에 사로잡혀 있었다. "불교의 최종적인 운명은 결국(121쪽부터 131쪽까지 평가 절하적인 기술이 있음; 비트만) 이해 가능하다. 신도 없고, (신에 대한) 제의도 없는 어떤 종교, 그 최상목적이 긍정적인 선도 아니고 절대적인 가치도 아닌 종교, 유일한 핵심적인 마지막 말이 세계도피인 종교, 나아가 그 공동체가 (도대체 그러한 공동체가 있는 한에서) 본질적으로 부정적인 내용의 설교로써 결합된 종교, 이러한 종교는 장기적으로 생존 가능한 세련된 형태를 취할 수 있는 본질적인 조건을 갖지 못한다."[27] 신, 제의, 최상선, 절대가치, 공동체, 설교라는 개념을 모아보면, 우리는 플라톤(Platon, B.C. 428-348, 고대 그리스 철학자; 역주) 이데아론 훨씬 이전에 있었던 종교를, 유대교적-그리스도교적 제의형성(Kultoffenbarung, 예배

....

26 A. Baeumler, *Das mythische Zeitalter*, p. 320 ff.
27 H. Siebeck, *Lehrbuch der Religionsphilosophie*, Freiburg und Leibzig 1893, p. 131.

형식의 확립) 훨씬 이전에 있었던 종교를, 그리스적－그리스도교적으로 평가하는 잘못된 척도를 갖게 된다.

19세기의 범주로써는 종교의 현실성이 직시될 수 없다. 바흐오펜은 우리가 신(神)들의 이론 안에서 종교역사에 접근해서는 안 된다고 주장하며 다음과 같이 길을 제시한다. 바로 저 깊은 곳에서, 무덤 안에서 시작해야만 한다! 최초 단계에서 우리는, 사라져버려서 오직 신화와 상징을 통해서만 드러날 수 있는 생명을 만난다. 죽은 자들과 대면하면서 우리는 우리의 무력함과 허약함을 경험하지만, 또한 그것을 극복할 수 있는 가능성을 경험한다. 즉 유한함과 초월성을(Endlichsein und Transzendenz) 경험한다.

무덤이 제의의 시작이고 무덤 장식품이 장식과 예술의 시초다. 무덤 비석[墓碑石]에서 **성스러움(*Sanctum*)**의 개념이 발생했다. 그것은 그저 '옮길 수 없는 것', '움직일 수 없는 것'을 의미했다. 매장의식은 남은 자들의 위안에 기여하는 것이 아니라, 살아 있는 것으로 생각되고 보시를 받으며 식사에 참여하고 축제에 의미를 부여하는 자, 곧 죽은 자와의 관계를 바르게 유지하는 일에 기여했다.

따라서 종교의 어떤 선천적인 규정이 우리를 이끌어 가지는 않을 것이다. 우리는 오히려 종교적인 것의 근본형식을 찾고 있으며, 혼동 불가능한 특성을 담고 있는 구성요소를 찾고 있다. 하지만 종교역사가 다시 요약, 제시되어야 하는 것은 아니다. 어머니 종교 및 구원종교로 나타나는 종교의 본성에 대한 철학적 물음만이 연구의 중심이다.

I
근원적인 공포에서 외경으로
Von der Urfurcht zur Ehrfurcht

1 /

영적인 것
(Das Dämonische)

다이모니온(*daimonion*, 靈的인 것)은 동시에 테이온(*theion*, 神的인 것)이다. (호메로스[Homeros, 기원전 8세기 무렵의 고대 그리스 시인; 역주]에서 영과 신은 구분되지 않는다.) 다이모니온은 신령한(神靈, des Numinosen, 무서우며 동시에 끌리는; 역주) 방식의, **두려운 신비**(*mysterium tremendum*, R. Otto)의 방식의 신적인 것이다. 또는 "성(聖)스러운 것"이라는 책의 앞에 있는 괴테(Goethe, 1749-1832, 독일 고전주의 문인; 역주) 인용에 따르면, 다이모니온은 인간성의 최선의 부분인 전율이다. 감동하여 인간은 무서운 것을 깊이 느낀다. 그런데 그 무서운 것이 우리의 파악능력을 초

월하게 되면, 숭고함은 사라진다.[1]

근원-공포, 두려움, 전율, 떪과 침묵, 그리고 경악은 아마 인간 심정의 가장 근원적인 종교적 감정일 것이다. 이 계기들 모두는 어떤 갑작스러운 것을 품고 있다. 그 계기들은 다음 사정을 알아채는 섬뜩한 순간을 지시한다. 무언가가 더 이상 들어맞지 않고 달리 변했으며, 아마 안전함과 포근함이 상실된 것 같으며, 자신이 주변 자연에 편안하게 묻혀 있지 못하고 찢어져 떨어져 나갔다. 또한 인간이 자기 자신에게, 세계가 인간에게 의심스럽게 되었다. 이러한 애매한 확인은 계통 발생적으로(phylogenetisch) 가족, 종족, 민족에게 해당될 뿐만 아니라, 개체 발생적으로(ontogenetisch) 특수한 발전 단계의 개별 인간에게도 해당된다.

신(神)의 표상[관념]이 시초가 아니다. 그것은 파생된 것이고 훨씬 나중에 발생했다. 낯섦(Entfremdung, 疏外)의 표현이 시초다. 슈바르트(W. Schubart, 1897-1942, 독일 법학자·문화철학자; 역주)가 가정하는 바처럼, 구체적인 계기 하나는 시신[송장]을 보는 일이었을 것이다. 죽어가는 자는 이미, 곁에 있는 자들을 속수무책으로 만든다. 그들은 불안해한다. 그러나 이는 하이데거(Heidegger, 1889-1976, 독일 철학자; 역주)가 공포로부터 분리시킨 무형의 실존적인 불안이 아니라, 엄밀히 어떤 특정한 섬뜩한 것에 대한 공포다. 그 섬뜩한 것은 우리를 능가하여 우리와 모든 것을 지배하고 있으며, 우리는 우리가 이 섬뜩한 것에 내맡겨져 있음을 느낀

---

1   참조, Goethe, *Wanderjahre*, I, 10 und *Dichtung und Wahrheit*, II, 9.

다.[2] 죽은 자에 대한 공포로부터 시작하여, 보이지 않지만 육체와 떨어져 여전히 현존하는 것 같은 죽은 자의 영(靈)에 대한 공포로, 그 다음에는 죽은 조상들에 대한 공포로, 마지막으로는 귀신들과 영들에 대한 공포로 나아가는 방식의 단계로 발전이 이루어졌는지는 우리가 알지 못한다. 또한 이 근원적인 힘에 대해 방어하려는 시도에서 출발하여, 이 힘을 달래려는 시도를 거쳐, 사람들이 공포의 고통으로부터 해방되려고 희생물을 봉헌하려는 시도에까지 이르는 대응 방식 단계의 순서가 정말 그렇게 전개되었을 가능성은 있지만 그 이상은 아니다. 이러한 순서는 인과 발생적으로는 의문스럽더라도 어떤 의미에서는 아마 올바를 것이다.

근원적인 공포는 영적인 것과 연관시키는 것이 좋다. 왜냐하면 이렇게 할 때, 두 요소를, 즉 선의 원리와 악의 원리를 종교적 근본 형식 안에 투입할 수 있기 때문이다. 종교 심리학적으로 이해할 수 있는 것처럼, 인간은 악령(惡靈)으로부터 해방되기를 원할 뿐만 아니라 선령(善靈)에게서 도움을 받고자 원한다. 방어가 굴복, 간청, 겸손한 몸짓, 고마워함으로 변전하는 일은 이러한 사정에서 이해될 수 있다. 만일 무섭고, 분노하는 귀신만 있고 친절하고 도움을 주는 귀신이 없다면, 심리학적으로 재미있는 이러한 과정은 생각할 수 없다.

이 때가 어두움으로 몰아대는 영들로부터 분리되어 좋은 귀신들로서 순수하고 밝게 부각되는 신(神)들의 탄생 시점이라고 사람들은 말한

....

2   참조, W. Schubart, *Religion und Eros*, pp. 10ff.

다.[3] 이 신들이 인간에게 호의를 갖도록 하기 위해 인간은 쓸데없는[잉여적인] 것이 아니라 인간에게 필요한 것을 신들에게 선물로 바친다. 가장 미약한 형태의 선물은 쾌락을 즐기지 않을 것을 약속하는 일이다. 금식, 성적인 금욕은 대상적인 제물[희생물]과 이미 항상 결부되어 있다.[4]

  "시초", "탄생", "근원"을 여러 번 말했다. 그런데 단지 비유적인 의미에서만 그렇게 말할 수 있다는 점이 언급되어야 한다. 우선 무엇이 인류 역사적으로 (계통 발생적으로) 또 개별 인간에게서 (개체 발생적으로) 때때로 새롭게 시작하는 것인지가 항상 의심스럽다. 둘째로 사람들은 선사시대 상태의 시작을 거의 언급할 수 없다. 왜냐하면 (거슬러 올라가는) 길이 옛날의 어둠 속에서 사라지기 때문이다. 오토의 "성스러운 것"에 대한 예리한 비판가 중의 하나인 발터 배트케(Walter Baetke, 1884-1978, 독일 종교학자; 역주)는 종교에서의 '시초'라는 말을 오토가 사용하는 일에 관하여, 마치 종교역사가 전혀 존재하지 않는 것처럼 인간이 (새롭게) 시작할 수는 없을 것이라는 의심을 갖는다. 오토가 역사적으로 (고정되지 않은 채) 부유하는 인간이라는 피[血] 없는 추상체 하나를 만들고 있다고 배트케는 말한다. 왜냐하면 실제 인간은 항상 그를 제약하는 진행 안에 서 있기 때문이다. 종교는 결코 어떤 근원체험에서 시작되지 않는다. 최초의 신령스러운 흥분상태는 결코 이루어질 수 없

....

3 참조, J. S. Mbiti, *African Religions*, chap. 8: *Spiritual Beings, Spirits and the Living-Dead*, pp. 75-91.
4 참조, W. Schubart, *Religion u. Eros*, pp. 13ff.

다. 이미 항상 완성된 제노식 종교가 현전하며 이러한 사회적, 공동체적, 역사적 종교 속에서 인간들이 이미 항상 살고 있다고 배트케는 말한다.[5]

그런데 비판가인 배트케는 그 자신 또 다른 비판가인 베르너 쉴링 (Werner Schilling)을 만난다. 쉴링은 배트케가 역사가의 협소한 시각을 갖고 있다고 비난한다. 즉 이 역사가에게 오토의 입장은 심리학주의 혹은 고상한 유령에 불과하다는 것이다. 배트케에게 종교는 심리학적인 현상이 아닌 사회학적인 현상일 따름이어서 배트케는 성스러운 것의 경배를 "신앙으로 통일된 공동체"의 소관으로만 보고 동시에 사적(私的) 소관일 수 있다고는 보지 않는다고 쉴링은 말한다. 배트케의 근본 오류는 "단지 그러할 뿐 다른 것은 아니다"라는 배타성이라고 그는 생각한다.[6]

의심의 여지가 없이 종교는 공적인 특성뿐만 아니라 내적인, 사적인 특성도 갖는다. 또 '시초'가 무엇을 의미하는지도 별로 논란거리일 리 없다. 게다가 '계통 발생'과 '개체 발생'을 구별하지 않는 일은 정말 유의미할 것이다. 날짜나 장소를 언급할 수 없음을 알면서도 상징과 동물 그림 안에서 (나타나는) '신들의 근원', '철학의 시초', '예술의 시작'에 대해 말하는 일은 충분히 엄밀할 수 있다.

"무언가 더 이상 들어맞지 않는다." 안전함과 포근함이 상실되었다. 자연 및 세계가 인간에게 의심스러워졌으며 앞으로 아무것도 더 이상

5　W. Baetke, *Das Phänomen des Heiligen* in: *Die Diskussion um das Heilige*, hg. v. C. Colpe, pp. 360-367. 참조, W. Baetke. *Das Heilige im Germanischen*, Tübingen 1942.

6　참조, W. Schilling, in: *Die Diskussion um das Heilige*, hg. v. C. Colpe, pp. 406-425.

자명하지 않다. 이러한 간결한 논평은 철학적인 성찰로 인도하는 '충격'의 짧은 표현이기도 하다. 상실 불가능한 것처럼 보이는 것을 상실한 다음에야 비로소, 불멸하는 것으로 간주된 질서의 와해 다음에야 비로소, 심사숙고는 시작된다.[7] 이스라엘의 선지자들이 등장했던 시대도 이와 비슷하다고 말할 수 있다. 여호와와의 계약이 깨졌고, 그 결과를 도처에서 아프게 느낄 수 있었으며, 세계가 어긋나버렸다.

이로써 우리는 종교와 철학의 공통의 유래(Herkunft)의 흔적을 확인했다고 볼 수도 있다. 이 유래는 확실히 종교와 철학의 분열 이전에 있으며 철학의 합리적 독주(獨走)와 종교의 비합리적 철수(撤收) 이전에 혹은 사이에 있을 것이다(이 책 제이부 제일절에 나오는, 종교가 철학에게 바통을 넘겨주는 '이어달리기'의 비유가 선취되어 있다. 역주). 아마 '원시적'이라고 부를 수는 없는 이 단계는, 종교적인 근원 공포와 철학적인 경이(驚異)를 구분하지 않을 것이며, 포근함의 결여와 이해의 결여를 구분하지 않을 것이다. 또한 근원 공포(Urfurcht)로부터 외경(畏敬, Ehrfurcht)으로의 후속 발전은 각각의 사태의 완전한 이해가 없이는 기술될 수 없다. (어떤 하나의 개념체계의 맥락 안에서의 '이해함'은 여기서 알맞지 않다. 예컨대 진보 개념의 맥락에서 후속발전을 이해하는 일은 알맞지 않다. 역주) 한편으로 유령과 사악한 힘에게 쫓기며 매우 불안해하며 모든 질병에 노출된 조야한 원초종교적인 원시인, 다른 한편으로 성서적으로 냉담

---

7 참조, H. Kuhn, *Sokrates*, p. 13 passim.

하게 거리를 두고 그의 경이를 철학적인 문제로 표현하는 철학에 경도 된 도시인, 이런 두 부류의 인간이 지리적 영역에서 혹은 문화영역에서 완전히 분리되어 존재한다는 식의 통념으로부터 사람들은 해방되어야 만 한다. 이렇게 분리하는 일은, 종교의 시초는 호텐토트족(남서 아프리카의 흑인 원주민; 역주)에게서 혹은 오스트레일리아의 숲 속에서 찾는 일과 철학의 시작은 도서관에서 찾는 일을 권장할 것이다. 소크라테스를 몽둥이를 휘두르는 동굴 거주자로 생각하기는 확실히 어렵다. 그러나 소크라테스의 저자인 플라톤은 그리스 철학의 가장 유명한 비유에서 그의 동시대인을 동굴 거주자로 묘사하고 있다.

근원적 공포는 기이한 "감정의 교착"[8]으로, 고통으로, 하지만 "달콤한 고통"으로, 황홀과 교착된 전율로 나타난다. 그것은 공포이지만 외경을 향해 열려 있다. 인간은 싫어하면서 동시에 매혹 당해 있다. 인간을 불안하게 하는 것이 자신을 경배하도록 인간을 유혹한다. 아우구스티누스는 고백록에서 다음과 같이 묻는다. "나를 향해 희미하게 빛나며 나의 심장을 해치지 않으면서 나를 떨게 하는 것이 무엇인가? 나는 전율에 휩싸이며 행복에 떤다. 내가 그것을 닮지 않은 한에서 나는 떨어대고, 내가 그것을 닮은 한에서 뜨거워지기 시작한다."(Conf. II, 9)

모든 종교의 신비주의자들은 종교의 영적인 것에 대해, 즉 '치유하기 위해 상처를 입히는 낯선 힘'에 대해 알고 있다. 그들은 '죽이지는 않지

---

8   W. Wundt, *Völkerpsychologie II*, p. 245; 참조, W. Schubart, *Religion u. Eros*, p. 16.

만 적중하는 창(槍)'에 관해 보고한다. 그들은 '신이 주는 고통'과 '산통 (産痛)'에 대해 말한다. 이것은 광기(狂氣)에 가깝다고 말할 수도 있다. 그리스인들은 광기를, 아니 모든 정신장애를 '신적인 재능', '성스러운 병'이라고 불렀다. 종교적인 접신(接神) 상태, 신들림 상태를 우리는 플 라톤의 파이드로스(Phaidros) 대화편에서 읽을 수 있다.[9] 거기서 사랑과 의 자연스러운 연관성도 이해 가능하게 된다. 왜냐하면 끌어당기며 동 시에 배척하는 계기는 사랑에서도, 즉 에로스적인 근원 전율에서도 본 래적이기 때문이다. 플라톤의 대화편은 기술(記述)이나 행태연구를 넘 어선다. 대화편은 에로스(Eros)와 신들림(Dämonie)의 매우 밀접한 얽힘 에 대한 철학적인 통찰을 전해준다. 이 얽힘에는 고통과 쾌락이, 비애 와 '매혹 당함'이 함께 있다. 사랑이 증오로, 경배가 신에 대한 저주로 급격히 변전 가능하며, 바로 이 급격한 변전 가능성이 영적(靈的)인 것 이라는 중간영역에 있는 사랑과 종교에 공통적이다. 바흐오펜의 연구 를 상기시키는 발터 슈바르트에 따르면, 종교적인 귀신공포는 여자에 게서보다 오히려 남자에게서 발견된다.[10] 여자는 남자를 증오할 수 있 지만 (얼마나!), 남자를 두려워하지는 않는다. 그러나 남자는 여자 속에 있는 여성을 두려워한다. 역사는 에로스적인 증오의 많은 증거를 준비 하고 있다. 바커스[디오니소스]신(술의 신; 역주)의 여신도들(거칠고 사나

....

9 *Phaidros* 244a-245a; 참조, J. Piepers Interpretation: *Begeisterung und göttlicher Wahnsinn*, pp. 81ff.
10 참조, W. Schubart, *Religion und Eros*, pp. 19ff.

움; 역주), 멜라네시아 여인들(母權社會의 주인공들; 역주), 전설 속의 아마존 여인들(그리스 신화의 여전사족; 역주)과 정말 실재하는 호전적인, 여성운동의 선두투사들이 그 증거이다. 그러나 슈바르트에 따르면 여자가 남자를 (귀신을 두려워하듯이) 두려워한다는 어떤 증거도 없다. 남자는 여자에게 수수께끼가 아니다. 그러나 여자는 아무리 가까이 있어도 남자에게 파악 불가능하고 낯설다. "남자는 여자에 대해 **곰곰이**(*nach*) 생각하지만, 여자는 남자에 대해 기껏해야 **그냥**(*an*) 생각할 뿐이다."[11]

대체로 신체적으로 우월한 남자가 여자를 두려워하는 일이 어떻게 일어나는가? 이 물음의 대답에 조금이라도 가까이 가려면, 우리는 그 원인을 영혼의 심연에서 찾아야만 한다. 여자가 남자보다 자연에 더 가까이 있거나 코스모스[우주]와 유기적으로 연관되어 있다는 점이 아마 여자에게 도움을 주었을 것이다. "어떤 남자가 (여자보다) 자연에 더 가깝다."는 말은 상당히 오만하게 들리며 그 남자는 보복당할 것이다. 그런데 두려운 경악, 형이상학적인 불안이 (여자가 아니라) 오히려 남자를 엄습한다는 사실은 아마 부정할 수 없을 것이다. 물론 그것이 남자 일반이나 많은 남자를 엄습하는 것은 아니다. 어쨌든 인간의 불안은 실존주의 철학자 중 남자들의 발상이다. 인류가 근원 전율 이후에 긴 길을 걸어왔으며 이 길이 더 길어질수록 남자와 여자의 차이가 더 줄어들었다는 점이 나중에 지적된다면 (앞의 주장이) 조금 약화될 것이다. 하지만 오늘날 서양 국가

---

11 같은 책 p. 20.

에서 단순한 평등권을 넘어서는 완전한 평준화가 이루어졌다고 해서, 사랑이 종교적인 원천에 뿌리 내리고 있다는 사정이 덮여질 수는 없다. 또한 신의 왕국을 위하여, 성애(性愛)를 경멸하고 금욕으로써 저주하고 모든 성애를 단념할 생각이 머리에 떠오를 수 있었던 사람은 오직 남자에 국한된다는 점은 오늘날에도 여전히 참이다. 그 동기를 다른 식으로 표현하는 일은 구원 신학적으로 정당화된다. 그러나 그 핵심은 여전히 영적이고 근원적이며 모든 구원 역사적 해석 이전에 놓여 있다.

물론 이러한 통찰은 사라질 수 있다. 유럽의 정신사는 이미 언급한 것처럼 긴 여정을 뒤로 하며 영(靈, 귀신)에 대한 모든 가능한 위험 제거술(危險除去術)에 익숙해졌다. 종교는 점차 윤리성으로, 즉 의무충족, 좋은 처신, 시민적 예의로 변하여 없어졌다. 칸트는 뛰어난 선구자였으며 많은 사람이 그를 뒤따랐다. 칸트의 종교에 대한 정의("우리의 의무를 신의 명령으로 인식하는 일"[12])는 종교 문제에 대한 그의 몰이해의 표현으로 안타까울 따름이다. 리치필드의 성공회 주교는 "교회가 무엇을 오늘날 여전히 제공해야 하는가?"라는 텔레비전 인터뷰에서 (스스로는 자각하지 못한 채) 완전히 칸트 식으로 그 주제에 대해 다음과 같이 말했다. "교회는 도덕적 인간을 양육하려고 한다. 예수의 설교 내용은 다름 아니라 '도덕적이어라!'다. 오! 종교가 도덕이 아니고 무엇이란

....

12 이에 대해 W. Kaufmann은, 칸트 자신은 그가 가장 약한 이 부분에서 아직 그의 위대함을 얼마간 간직하고 있다고 논평한다. 참조, *Religion und Philosophie*, p. 199.

말인가?" 캔터베리의 대주교인 로버트 런시(Robert Runcie, 1921-2000; 역주)는 자기 아들의 교육에 대해 이렇게 쓰고 있다. "종교인으로서 나는 당연히 어린이가 기도로써 양육되는 일이 중요하다고 믿고 있다. 하지만 우리는 제임스에게 어떤 기도문도 가르치지 않았다."[13] 이어서 그는 정말 중요한 것이 무엇인지 말한다. 그것은 명문학교에서의 확실한 교육이다.

종교는 에로스처럼 본래 도덕의 외부에, 선악의 피안에 살고 있음에도, 이렇듯 종교를 시민적으로, 도덕ー중심적으로 천박하게 만드는 일이 벌어진다. 이뿐만 아니라 종교를 탐미주의적(耽美主義的)으로, 사회학적으로 해소하는 일도 주목해야 한다. 여기서도 '귀신쫓기[퇴마의식]'라는 동일한 원리가 작동 중이다. 많은 성관계의 진부함, 천박함, 공허한 무관계성에 대해서 딱 한 마디만 말하자: 영적(靈的) 비밀의 어떤 고통스럽게 달콤한 공포가 에로스적으로 경험되지 않는 곳에서는, 종교적 체험이 더 이상 접수되지 않는다. 그 대신 교회연합운동의 부지런함이, 목회자 실천으로의 도주가 등장하며, 대성당이라든가 교회음악이라든가 아니면 교황방문 스펙터클[거대 쇼]등의 몇몇 유물을 미학적으로, 문예적ー관상적(觀賞的)으로 소비하는 일이 등장한다.

모든 것을 삼켜버리는 화염(火焰)의 신에 대한 경악ー이것은 셰익스피어 공연을 위한 말투로 남아서 이제 단지 극장에나 알맞게 된다.

....

13 *Sunday Times Magazine*, 1983. 8. 7, p. 11. 원문은 다음 영어로 되어 있다(역주): "As a religious person I naturally believe that it's important for a child to be brought up with a sense of prayer, but we didn't even teach James any prayers."

영어 'lovely'에 대해 많은 유럽 대륙인은 코를 찡그린다. 특히 그 평가가 숭고한 것과 평범한 것에 똑같이 적용될 때 그러하다. 그런데 '멋진'('fine' [beautiful])의 자매개념인 '사랑스러운'('lieblich')이 '가증(可憎)스러운'('häßlich' [hateful, odious])의 더 나은 반대어이다. 왜냐하면 사랑과 증오는 기본적 정서이기 때문이다. 그런데 독일어는 가증스러운 것에 사랑스러운 것 대신 아름다운 것(das Schöne)을 대립시킨다. 이는 내용적으로 정확하지 않으며 어원지식의 상실로 해석될 수 있다.[14] 아마 우리를 사랑으로 유혹하는 것이 바로 아름다움(Schönheit)은 아닐 것이며, 반대로 사랑이 아름다운 것(Schönes)에 대해 눈을 뜨게 할 것이다. 가장 단순한 용법이 엄밀하다. 사랑받는 것이 사랑스럽고, 증오되는 것이 가증스럽다. 바로 종교적 차원이 원천적이다. 파생된 형태보다 더 강력하고 막강하며 무시무시한 하나의 유래를—이 유래는 모든 미학과 윤리학 이전에 놓여 있다—탐색하는 일이 필요하다. 이 더 깊은 차원을 열어 제치는 일에 우리가 성공하지 못한다면, 세계의 체험 및 이에 대한 철학적 반성은 계속하여 천박하고, 빈약하고, 빈곤하고, 일차원적일 것이다.

미학적인 것이 종교적 근원을 갖고 있음을, 달리 말하면, 아름다운 것이라는 옷 안에 있는 종교적 현실성의 갑작스러운 깨달음을 우리는 데일 박사(Dr. Dale)의 묘사에서 뽑아낼 수 있다. 이 묘사는 번역되지 않아야 한다. "I was living in a small town in one of the southern countries of

----

14 참조, W. Schubart, *Religion und Eros*, p. 23.

England, and one Sunday afternoon I went out into the country for a stroll. It was summer, and after walking for a few miles I layed down on the side of a hill. I saw, stretching to the distant horizon, meadows and orchards and cornfields; the cloudless skies were gloriously blue, and the sun was flooding earth and heaven with splendour. The wonderful beauty filled me with excitement and delight. And then suddenly, through all that I saw, there came the very glory of God. I knew that He was there. His presence, His power, and His goodness took possession of me and held me for hours." 종교심리학자 로버트 툴리스(Robert Thouless, ?-1984, 영국 심리학자; 역주)는 이 묘사를 조건부로만 받아들인다. 그러나 그는 아름다움 논증(das Argument der Schönheit)은 종교의 자연스러운 근거의 하나로 간주한다.[15]

....

15 R. H. Thouless, *An Introduction in the Psychology of Religion,* p. 40. 그의 명제에 대한 반례들을 다음에서 찾을 수 있다. Baron Friedrich von Hügel, *The Mystical Element of Religion,* pp. 23 und 269; William James, *Varieties of Religious Experience,* p. 471; Augustinus, *Conf.* X, 8: "사람들은 밖으로 나가 산악의 높은 봉우리며, 바다의 큰 물결에 …… 경탄합니다."

* **역주**: 저자 비트만은 위의 인용이 번역되지 않아야 한다고 하지만 역자는 독자를 위해 번역하지 않을 수 없다. "나는 영국 남부지방의 작은 마을에 살고 있었다. 어느 일요일 오후 산보하러 들로 나갔다. 여름이었다. 몇 마일 걸은 뒤, 언덕에 누워서 멀리 지평선은 따라 펼쳐거 있는 목장, 과수원, 옥수수 밭을 보았다. 구름 한 점 없는 하늘은 정말 파랗고, 태양의 광휘(光輝)는 하늘과 땅에 넘쳐흐르고 있었다. 이 놀라운 아름다움은 나를 흥분과 기쁨으로 가득 채웠다. 그런데 갑자기, 내가 본 이 모든 것을 뚫고서 바로 그 영광스러운 신이 나타났다. 나는 신이 거기 계시다는 것을 알았다. 신의 현전(現前), 신의 권능(權能), 신의 선(善)함이 몇 시간 동안 나를 사로잡았다."

2 /

자연종교
(Die Naturreligion)

이제 종교의 어머니 측면을, 디오니소스(Dionysos, 그리스 신화의 다산성, 황홀 및 술의 신. 로마 신화의 바커스에 해당함; 역주)적 요소를, 열광적인 생명긍정을 다루어보자.

'자연(自然, Natur)'이라는 말의 사용에는 정당화와 제한이 필요하다. 그렇지 않으면 처음부터 오해가 생긴다. 이미 300년 전에 크리스토프 슈투르미우스(Christoph Sturmius)와 로버트 보일(Robert Bayle, 1627-1671, 아일랜드 출신 영국의 화학자, 물리학자, 철학자; 역주)은 이 애매모호한 말을 포기할 것을 제안했다.[16] 오늘날 사람들은 세 다스[36개] 이상의 부분적

....

16 참조, R. Spaemann, *Natur*, im *Handbuch philosophischer Grundbegriffe*, pp. 956f.

으로 매우 상이한 정의(定義)를 확인하면서 '자연'은 '열린 개념'이라고만 합의할 수 있다. 나 또한 한계를 기꺼이 열어두고자 하지만, 한계선이 어디에 그어지는지는 말할 예정이다. 예컨대 루트비히 포이어바흐(Ludwig Feuerbach)가 자연을 종교의 첫 번째 기본적인 대상이라고 명명할 때, 나는 그를 따른다. 자연(Natur)을 피시스(Physis)로 확립하는 이러한 일을 나는 제이(II.)부에서 상세히 다룰 것이다. 그러나 그가 종교를, 자연의 무서운 것을 친숙한 것, 편안한 것으로 변화시키는 과제만을 갖는 효소라고 설명할 때, 나는 더 이상 그와 그의 은밀하게 변화한 자연이해를 따르지 않는다.[17]

자연(Natur)은 라틴어 *natura*(nasci)에서 파생된다. 그 의미는 탄생, 태어남이다. 모든 생명의 위대한 어머니는 만물의 근원과 마찬가지로 자연이라는 말로써 불린다. 마치 여인의 자궁으로부터 산출되는 것처럼, 신적인 것은 대지의 내부로부터 산출된다. 생식과 출산, 개별 탄생과 세계 탄생은 일련의 코스모스[우주]적 질서에 따른다.[18] 이 단계에서 자연이 ㅡ선소여(先所與, 미리 주어진 것)로서, 가능성의 근거로서, 종교적인 힘이기 위해 어떤 초(超)ㅡ자연도 필요로 하지 않는 근원경험으로서ㅡ어떻게 파악될 수 있는지를 발터 오토(Walter F. Otto)는 다음과 같이 묘사한다. "중심에 서 있는 것은 대지 자체다. 대지는 많은 이름을 갖지만 무엇보다 원초여신으로 불린다. 대지의 자궁으로부터 모든 생명과 죽음이 산출된

....

17 참조, L. Feuerbach, *Natur und Geistesreligion*, in: *Das Wesen der Religion*, pp. 238-248.
18 참조, W. Schubart, *Religion und Eros*, p. 25.

다. 생명과 죽음은 대지에 속하고 대지에서 그 성스러운 원(Ring, 순환)을 완성한다."[19] 이때 마법은 전혀 필요하지 않다. 신들이 기묘한 작품을 완성할 때 마법을 부리지 않는 것처럼, 모든 생명과 모든 질서의 어머니이며 원천인 자연은 마법을 부리지 않는다. 마법의 힘이 아니라 자연이 기적을 가능케 한다. '피시스(Physis)'는, 그것이 철학에서 '나투어(Natur)'로서 다른 길을 가기 이전에는, 새롭고 위대한 종교적인 말이다.

플라톤은, 비록 이미 비유적 의미이기는 하지만, 생식 과정은 "신(神)적인 것"이라고 말한다. 잉태와 출산은 가사적(可死的) 존재에서 불사적(不死的)인 것이다. 에로스는 불사를 위하여 아름다운 것 안에서 생식하는 일로서, 선(善)에 대한 사랑이다. 플라톤은 디오티마(Diotima)에게 다음과 같이 말하게 한다. "왜냐하면 사랑은, 오 소크라테스여, 당신 생각과는 달리 아름다운 것을 향한 것이 전혀 아니기 때문이다. 그렇다면 어디로 향하는가? ― 아름다운 것 안에서 생식하는 일을 향한다. … 왜냐하면 바로 생식이 영원한 것이고, (가사적인 것 안에 정말 존재할 수 있는 방식의) 불사적인 것이기 때문이다."[20] 생식과 출산은 예술가적 창조 및 철학적 창조의 비유이다. 그런데 플라톤이 이 말을 사용한다는 점은 매우 주목할 만하다. 또한 비록, 향연에는 남자들만 참석해야 하기 때문에, 소크라테스가 에로스에 대한 디오티마의 말을 전하는 방식

....

19 W. F. Otto, *Die Götter Griechenlands*, p. 25; 참조, 같은 책, p. 41; 나중에 나타나는 '초자연'이 없는 자연의 근원종교적인 힘에 대해서는 다음을 참조할 것; W. Strolz, *Menschsein als Gottesfrage*, pp. 157f.

20 *Symposion* Kap. 5, 206b-207a. F. Schleiermacher역.

을 취하지만, 플라톤이 이 말을 어떤 여인, 곧 여(女)사제이자 여(女)예언자인 디오티마의 입으로 말하게 한다는 점도 매우 주목할 만하다. 플라톤은 예언자와 신화전문가의 정보를 자신의 철학으로 전하지는 않는다. 그는 간접화법의 기교를 활용하여 그 정보가 직관과 이성추론으로써 얻은 인식에서 멀리 있게 한다. 비록 우아함은 훨씬 떨어지지만, 우리도 플라톤처럼 정보와 인식을 분명히 구별할 수 있다. 이때 우리는 종교학이 경험적으로 얻은 가설적인 결과에 관하여 원리적, 방법적으로 유보적 입장을 취해야 한다. 단지 하나의 합의사항을 보존하는 일이 매우 중요하다. 즉 어떤 것도, 어떤 정보도 철학적 연구에 무관한 것으로 처음부터 배제해서는 안 된다.

우리 문명화된 청교도들에게 반감을 야기하는 남근숭배(男根崇拜, Phallus-Kulte)는 가장 강렬한 표현방식에 속한다. 종교가 아직 성서시간의 도덕적인 고양으로써 위축되지 않았을 때, 남근은 성스러운 것으로 통했고 영원한 자연의 보증자로 통했다. 남근을 통하여 어머니 대지와 사랑의 신은 은혜를 베푸는 모습으로 나타난다. 이렇게 전제해야만 광란축제(Orgien, 무절제한 폭식, 폭음, 난교의 축제; 역주)가 이해될 수 있다. 그 광란축제 중에 자기불구화(自己不具化)라는 무시무시한 의식(儀式)이 있다. 성스러운 광기 속에서 신성(神性)을 강화하기 위해 남자는 최고의 것[男根]을 제물로 바쳤다.[21] 초기 유대교에서, 또 이슬람교에서도

....

21　전 세계적인 남근숭배에 관하여, 참조, W. Schubart, *Religion und Eros*, pp. 39ff.

사람들은 손을 들어 맹세하지 않고 남근에 손을 대면서 맹세했다. 남근이 신적인 영역에 속한다고 간주되는 곳에서는 할례(割禮)의 관습도 퍼졌다. 오늘날 여전히 수억의 이슬람교도와 유대인, 또 다른 셈족이 그런 일을 하고 있다.[22] 이 관습이 우리에게는 너무 잔인하게 느껴질 수 있지만, 그 관습을 유럽의 관점에서 평가하기는 어렵다. 물론 그 관습을 전체적으로 나쁘다고 평가하는 일은 간단하기는 하다. 그러나 그러면 사람들은 비(非)그리스도교 민족의 다수가―이들은 전체 인류의 다수다―그리스도교도들이 예수―신의 살과 피를 먹고 마시려 하고 먹고 마셔야 한다는 사실을 전적으로 이해할 수 없다는 점을 생각해야 한다. '성체성사(聖體聖事, Eucharistie, 領聖體, 성체를 받아 모심; 역주)', '애찬(愛餐, Agape, 아가페(사랑)는 '사랑의 식사'의 준말임; 역주)', '성찬(聖餐, Abendmahl, 저녁식사, 최후의 만찬이 저녁식사임; 역주)'이라는 표현을 통한 미화법적 설명도 전혀 도움을 줄 수 없다. 그것을 많은 사람은 식인(食人) 관행의 흔적이라고 생각한다. 게다가 이 식인 관행도, 신들의 불사성에 참여하기 위하여 신적인 힘과 하나 되는 일이라고 종교사적으로 (그리스도교의 관행과) 마찬가지로 정당화된다.

남성적 성(性)원리에 어머니 신의 출산요소가 첨가된다. 이집트의 누트(Nut, 하늘의 여신; 역주)와 이시스(Isis, 누트의 딸, 최고의 여신, 아내와 어머니의 본보기, 대지와 다산성의 신인 오시리스의 동생이자 아내, 태양신인 호루

....

22 참조, J. S. Mbiti, *African Religions*, chap. 12, pp. 121-132.

스의 어머니; 역주), 바빌로니아의 이슈타르(Istar, 메소포타미아 신화에 나오는 미[美]와 연애, 전투의 여신; 역주) — 위대한 세계 어머니들의 많은 이름이 이제 열거되어야 한다.[23] 우리는 인도, 중국, 멕시코의 어머니 신 모두를 뛰어 넘어, 그리스의 데메테르(Demeter, 그리스 신화에 나타나는 대지·곡물·다산성의 여신; 역주), 아프로디테(Aphrodite, 사랑과 미의 여신; 역주), 카르타고의 비르고 코엘레스티스(Virgo Coelestis; 하늘의 처녀; 역주), 로마의 마그나 마테르 데오룸(Magna Mater Deorum; 신들의 위대한 어머니; 역주), 게르만 신화의 프레야(Freya, 미와 다산성의 여신, 로마신화의 비너스와 비슷함; 역주), 헬(Hel, 동화에서 나오는 실타는 홀레 아주머니. Hel＝저승의 여신; 역주)만을 언급하기로 하자. 성의 양 측면이 이제 신들의 묘사에서 표현된다. 이는 양성(兩性)이 인간의 원천적인 자연 본성이라는 신화에 근거한 확신의 외적 특징일 따름이다. 플라톤의 향연(Symposion)[24]에서 아리스토파네스(Aristophanes, B.C. 448-380, 그리스 희극 작가; 역주)의 말에 따르면 "세 번째" 성이 신이 인간에게 부여한 형태이다. 이러한 주장의 진리내용을 확증할 수 있기 위해서는 선사시대 종교형태, 제의적 설명 혹은 전승된 신화로부터의 입증이 필요하지 않다. 인간들을 잘 관찰한 사람은 아마, (양성의) 올바른 혼합이 이 생물 종의 보다 행복한 산물이라는 — 누구보다 예술적인 천재, 종교적인 천재가 이에 속

23 참조, W. Schubart, *Religion und Eros*, p. 27.
24 *Symposion* 189c-193d; 참조, W. F. Otto, *Die Götter Griechenlands*, p. 25.

한다－경험을 할 것이다. 이에 반해 100퍼센트 남성－남성적인 남자는 불행한 경우이며 이 불행한 경우에 전적으로 여성적인 여자가 가장 잘 상응한다. 전자는 진짜 열외자로서, 때때로 극단적 일면적 재능을 가지며, 부분적으로 성공적이며, 정치가 중에서 흔히 만날 수 있는 자이다. 놀랄 만한 방식으로 그는 인간으로서는 미완성이다. 그에게는 따스함과 매력이 결여되어 있다. 그는 친구가 없으며 대체로 불쾌한 현상이다. 야콥 뵈메(Jakob Böhme, 1575-1624, 독일 신비사상가; 역주)는, 인간은 그가 신적인 원천으로 다시 향하는 그 만큼, 아울러 그의 성적인 분열을 극복하며 잃어버린 그의 남성－여성적 본성을 다시 얻는다고 확신하였다.[25]

자연종교에서 여성적 특성만 주도하는 것은 아니다. 그럼에도 관능(官能)과 성애(性愛)는 모든 금욕의 부재(不在)와 함께 (자연종교의) 특징이다. 순결하고 충실한 불임(不姙)의 남자는－수도승이 그 이상적인 형태이다－자연종교에 자리가 없다. '대창녀(大娼女, Erzhure)'는 바로 여기가 집이다. '대창녀'는 루터(Luther, 1483-1546, 독일 종교개혁가, 신학교수; 역주)의 말이다. 루터는, 그가 좋아하던 사도인 바울(바오로, 10-67, 그리스도교 최초의 전도자; 역주) 및 바울 이전에 이미 형벌을 설교하던 선지자와 마찬가지로, 자연종교의 과정[의미]에 대해 이해하는 바가 거의 없었다.

자연종교의 또 하나의 특징은 보편성이다. 자연종교는 축제와 음란한 종교의식을 갖는다. 자연의 재탄생이 종교적으로 체험되는 신춘(新

----

25 참조, G.-K. Kaltenbrunner, *Europa I*, p. 62; 참조, H. Baumann, *Das doppelte Geschlecht*, pp. 250ff.

春)축제, 항상 동시에 사랑의 신인 주신(酒神)의 영광을 위한 광란의 춤, 인도의 사원에 있는 성애(性愛) 조각품, 전 지구적으로 모든 민족에게서 모든 시대에 발견되는 부적 위의 성애 그림이 그 예다. 여기서 어떤 결론이 도출될 수 있을까? 자연종교는 어떤 개종자도 만들지 않으며 자연과의 합일 및 코스모스적인 모든 힘과의 합일이라는 기쁜 소식을 세상에 전파하기 위해 어떤 사자(使者)도 보내지 않는다는 틀림없이 확실한 사실에서 출발해보자. 그리스도교도와는 달리 (정도의 차이는 있지만 이슬람교도와도 달리, 또한 시대적으로 잠깐 동안 개종시도를 행한 종교와는 달리[26]) 자연종교는, 구원이라는 생각으로써 또 이와 연관된 방편으로써—사람이 저절로 그런 생각에 빠지지는 않을 것이다—타인을 행복하게 만들기 원하는 전도사를 보내지 않는다. 따라서 (자연종교의) 공간, 시간적인 보편적 확산은 인간의 일반적인 경향성에서 그 설명을 찾을 수 있다고 전제하는 일은 비논리적이지 않다. 이러한 전제에서 출발하면, 자연종교적 현상형태가 한동안 억눌릴 수는 있었지만 완전히 근절될 수 없었던 이유를 더 잘 이해할 것이다.

나중에 나타난 구원종교는 이 기반으로부터 너무 멀리 밀려나가서 급기야 그 하부구조를 더 이상 느끼지 못하게 된다. 자연종교와 구원종교가 똑같이 오래되고 동등한 권한을 갖고 있다는 몇몇 종교역사가의

....

26 주요종교 11개의 '개종시키는 일'에 대한 유용한 조감, in: *Readings from World Religions*, pp. 331ff.

주장을 나는 이해할 수 없다. 나는 자연종교가 많은 이유 때문에 더 오래된 것이며 구원종교는 파생된 것이라고, 즉 자연종교적 시초와 결별한 결과물이라고 생각한다. 그러나 일차적으로, 먼저와 나중이 문제인 것은 아니며 역사적 발전의 단계가 문제인 것도 아니다. 문제는 상징체계의 심오함에 대한 통찰과 인간 영혼의 심오함에 대한 통찰이다. 따라서 종교역사가들은 두 유형, 즉 자연종교의 모성(母性)이라는 하나의 유형, 척도와 절제의 아폴론적 명료성이라는 또 다른 유형이 인간 본성의 영속하는 두 가지 가능성이라고 이해한다. 그들은 전자를 거칠거나 원시적인 것으로, 후자를 성(聖)스러움의 정화된 순수한 보살핌으로 간주해서는 안 된다고 본다. 그러나 오늘날의 서(西)유럽인과 북(北)아메리카인에게 '구원'의 표상은 '종교'와 너무 밀접하게 결합되어 있어 사람들은 구원이라는 생각으로부터 해방될 수 없을 정도이다. 사람들은 이로써 스스로 시선(視線)을 차단하게 되어, 그들이 구원약속에 싫증을 내었을 때, 더 정확히 말하자면, 구원에 대한 희망이 희미하고 공허해졌을 때, 더 오래된 영원한 자연종교를 전적으로 새로운 것으로 발견해야만 한다.

자연종교에 가해진 것은 억압만이 아니었다. 민감한 본능에 따르면서 혹은 민중 종교적 생동성의 세련된 힘에 순응하면서 그리스도교는 종교개혁에 이르기까지 많은 것을 보존하고 용인하며 변형하고 흡수하였다. 그리하여 아주 오래된 자연종교적 원천으로부터 유래한 내용이 마침내 순수 '그리스도교적'인 것으로 나타났다. 예배 형식, 행위, 상징과 신소를 더 상세히 살펴볼수록, 우리는 이탈리아 문화철학자인 율리우스 에볼라(Julius Evola, 1898-1974, 이탈리아 문화철학자; 역주)의 주장이 옳음을 한층 더 확신하게 된다.[27] 중세는 교회가 그리스도교 이전 시대부터의 '로마의 힘과 북부의ㅡ행복한ㅡ민족의(hyperboreisch) 힘'의 압력에 굴복하여 자신의 복음적인 성서 전통으로부터 아주 일찍부터 벗어나서, 경멸적으로 이교도적이라고 불리던 오래된 전통과 타협했기 때문에, 오로지 이 이유 때문에, 전통의 마지막 절정기에 도달할 수 있었다고 에볼라는 주장한다. 중세에 그리스도[구세주] 예수의 빈약한 성서적 복음이 지배했다고는 사실상 거의 말할 수 없다.

어쨌든 사회학적ㅡ정치학적으로 볼 때, 자연종교의 모권사회는 사라졌다. 그러나 그것은 마돈나[성모 마리아] 숭배에서 (적어도 바티칸 공의회의 엄격한 결의를 글자 그대로 따르지 않았던 나라에서는) 여전히 살아 있다. 네(4) 공관복음이 전하는 예수의 삶의 모습을 믿고 따르자면 (위경적[僞經的]인, 그러나 덜 '진정하지' 않은 보고의 모습은 이와 큰 차이를 보인다), 예수는 여인들과 상당히 거리낌 없는 관계를 맺고 있었던 듯하다. 금욕의 태두인 바울과 함께 여인증오[28] 및 성적(性的)인 것 모두의 경멸이 신학 안으로 들어온다. 그러나 벌써 콘스탄티노플과 에페소스(서기 431)의ㅡ에페소스가 여신 아르테미스를 숭배하는 곳임

....

27 참조, das Portrait von Julius Evola in: G.- K. Kaltenbrunner, *Europa II*, pp. 405-413.
28 참조, W. Schubart, *Religion und Eros*, pp. 238ff.

은 우연이 아니다ー최초의 공의회들은 밀려난 위상을 다시 올바르게 되돌렸다. 바울이 교회에서 추방한 여인을 공의회 추기경들이 교의(敎義)의 힘을 빌려 왕관을 쓴 '신의 어머니'로ー처음에는 신을 출산한 여인으로, 나중에는 여왕으로ー영광스럽게 다시 모셨다. 그러나 성서적 문헌은 이러한 경배를 위한 어떤 단초도 제공하지 않는다.

아프로디테의 신춘축제는 부활신앙과 융합된다. 게르만 언어권에서는 봄의 여신이자 사랑의 여신인 오스타라(Ostara)의 이름으로부터 부활절, 즉 오스턴(Ostern)이 유래했다. 러시아인들은 그리스도교 이전의 신춘동경이 정말 강해서 부활절 축제를 막강한 종교적 체험으로 만들었고 이 이교적 축제를 연중 최고의 축제일로 만들었다. 황혼에 성상(聖像)들로 장식된 그리스 정교회 성당 둥근 천장의 신비한 포근함 속에서 제단 입구의 그림벽(Ikonostase; 제단과 예배실 사이에 있는 세 개의 문으로 이루어진 그림벽; 역주)의 문들이 열리고 불이 켜지며 주교가 "Christos woskres"ー그리스도가 정말로 부활하셨다ー라고 말하기 시작할 때, 한번 그곳에 함께 있었던 사람은 몸과 마음으로 다음을 경험할 수 있었다. 자연의 신(神)들 모두가 부활하며, 무적의 생명이 승리하며, 죽음은 극복된다. 자연의 원초생식(Urzeugung)은 강렬하고 활기차게 (우리를) 축제에 초대하며 제의 안에서 잘 표현되었다. 핸델(Händel, 1685-1759, 독일 태생 영국 작곡가; 역주), 바흐(Bach, 1685-1750, 독일 작곡가; 역주), 스트라빈스키(Strawinski, 1882-1971, 러시아 태생 미국 작곡가; 역주)는 똑같은 내용을 음악으로 표현한다. 또한 똑같은 내용의 시(詩)는 수적으로 다른 예술 모두를 능가한다.

가톨릭교회가 철저한 청소를 통해 내면성 모두를, 즉 따스함과 감정을 희생하면서 칼뱅주의 설교당의 살벌한 무장식(無裝飾)을 열심히 흉내 내려고 하기 전까지는, 네온사인, 확성기, 일상 언어가 부속교회의 구석구석에서 마지막 영[귀신]을 추방하고 공동체 예배의 쾌활한 소음(騷音)이 그 공간을 채우기 이전까지는, ─ 그 이전까지는 교회 의식 안에도 많은 것이 보존되어 있었다. 부활절 아침 새벽에 물 떠오기, 초를 향(香) 알갱이로 장식하기, 불붙이기, 마루 축복하기, 오월에 성모(聖母) 기념하기, 8월 15일에 남근을 닮은 거대한 초로써 약초 축복하기 등등. 이교도적 사육제(謝肉祭)의 본거지는 정확히 가톨릭의 색채를 강하게 띤 도시들, 베니스(Venedig), 니싸(Nizza), 쾰른(Köln), 뮌헨(Müchen)이었다. 최근에 런던의 노팅힐(Nottinghill)이 여기에 속해야만 한다면, 이는 중남부 아메리카 출신인 이교도적, 가톨릭적인 신들린 이 도시구역 주민 덕분이다.

바울이 남성적인 여호와의 냉정하고 엄격한 종교를 창시하고, 루터가 그리스도교의 재(再) ─ 유대화에서 바울을 따르며 분노하는 은총의 신에 대한 공포를 확산시키고 성서신앙주의와 성서의 독선적 해석이라는 좁은 길에 들어설 때,[29] 그들은 예수 이전의 유대교에 근거하였다. 그런데 이 유대교에는 이미 자연종교적 요소와 구원종교적 요소의 이

....

29 "글자는 정신이 아니고, 성서는 종교가 아니다", G. E. Lessing, *Axiomata III*, Werke, Hempel'sche Ausgabe XVI, p. 113.

러한 위상 바꾸기의 긴 역사가 있었다. 많은 예[30] 중 하나는 보리빵을 처음 얻는 시기의 히브리인의 신춘축제이다. 축제의 디오니소스적 특성이 더 이상 이해되지 않을 때, 비로소 사람들은 신춘축제를 역사적으로 해석하였고 이집트로부터의 탈출의 전설을 집어넣었다. 자연축제가 역사적인 기념축제로 변화하였다. 사람들이 오늘날 어떤 교양 있는 유대인에게 파사(Passah)축제의 무효모(無酵母) 빵의 의미에 대해 묻는다면, 그는 아마 탈출 당시에 빵을 굽기 전에 반죽을 수 시간 발효시킬 수 없었는데 바로 그 점을 상기하기 위해 발효 없는 상태의 빵을 먹는다고 대답할 것이다.

창세기 1장 28절 "아이를 낳아 번성하라!"[31]는 성서의 명령은 피곤함 없이 출산하는 어머니 대지를 상기시키며, 아주 오래된 생각을 상기시킨다. 더 정확히 말하자면, 이 생각은 계시록의 저자들이 꿈꾸던 것과 같은 사건을 의미한다. 메시아의 시대에 여인은 매일 자식을 낳을 것이며, 아이가 많은 것은 최대의 축복으로, 불임은 형벌로 통할 것이다. 출산할 수 없는 여인은 동정할 것 없이 추방될 수 있다. 근친상간의 여인이 애 없는 경건한 여인보다 더 나으며 창녀는 그녀가 아이를 낳으면

....

30 참조, W. Schubart, *Religion und Eros*, p. 25.
31 치오란(E. M. Cioran)에게 이는 성서에서 두 번째로 고약한 명제다. "창세기의 이 범죄적 요구는 … 선량한 신의 입에서는 나올 리 없었다. 만일 신이 함께 말해야 했었더라면, '드물어라(Seid selten)!'라고 아마 권고했을 것이다. 나아가 신은 '또 대지를 너희들 아래 굴복시켜라!'라는 저 불길한 말을 결코 첨가할 리 없었을 것이다. 그 말을 포함했다는 치욕으로부터 성서를 정화하기 위해 사람들은 그 불길한 말을 곧바로 제거해야 한다." (*Die verfehlte Schöpfung*, p. 14)

신을 더 흡속하게 한다. 가끔 주목되는 "유대교적인 생식광증"은 유대교-이전의 전통인데, 그 극단적인 선명성은 (유대교에서) 물론 유일하다. 솔로몬(Salomon, Solomon, B.C. 약 1000-?, 이스라엘 왕국 제3대 왕, 다비드의 아들, '지혜의 왕'; 역주) 왕은 칠백의 부인과 삼백의 첩을 가졌다고 자랑스럽게 전해진다.[32] 선지자들이 방탕한 제의를 강하게 비난하고 여호와라는 심판자 신을 위해 신비제의의 어머니 신을 제압했을 때에야 비로소 그 등뼈가 부러졌다. 그러나 자궁은 아직 완전히 죽지 않았다. 이때 선지자들에게는 매춘, 윤리적 타락 혹은 도덕적 부패가 문제가 아니라, 다른 신들과의 연애가 문제였다. 이스라엘인들은 간음하는 거짓 신들(Götzen)[33]과 바람을 피웠다. 구약의 많은 부분에는 자연종교의 근원적인 힘이 억압당하는 일과 그 힘이 반복 회귀적으로 발현하는 일이 오락가락하며 가득 차 있다—물론 남성 신의 잠정적인 승리에 이르기까지. 그러나 바로 오늘날 미국에서 기도와 성서적 설명이 여성적 첨언(아버지/어머니 우리의, … 그/그녀여, 우리를 불쌍히 여기시고 …)을 통해 '시대에 알맞은' 방식으로 변화하고 있다. 물론 이렇게 열성적으로 변화를 추구하는 사람들은 자기들이 무엇을 하고 있는지 잘 알지 못할 것이다.

그리스인에게 영웅들의 싸움은 다른 방식으로 전개되었다. 여기서는 철학적인 설명 외부에 있는 몇몇 관점만을 언급하겠다. 철학적인 설명

....

32 열왕기상, 11, 3.
33 참조, W. Schubart, *Religion und Eros*, p. 46.

은 이 책 제이부(II)에서 나중에 다룰 것이다.

그리스에서 신들의 싸움은 배타적인 목적을 갖지 않는다. 다신적인 유형에 알맞게 관용과 화해가 압도적이다. 어두운 신성을 갖는 복수의 여신들에 대한 광명 세계를 위한 아폴론(Apollon, 그리스 신화에 나오는 예언·의료·궁술·음악·시의 신. 광명의 신이며 태양의 신; 역주)의 투쟁은 신화와 드라마 안에서 일어났다. 아이스킬로스(Aischylos, B.C. 525-456 그리스 3대 비극작가; 역주)의 오레스테이아(3부작 "아가멤논"[Agamemnon, 그리스 신화에 나오는 미케네의 왕, 그리스군 총지휘자로 트로이 전쟁에서 승리함; 역주], "코이포로이", "에우메니데스"의 통칭; 역주)가 한 예가 될 수 있다. 디오니소스적인 어머니 신 혹은 새로운 올림포스 정신, 어느 쪽의 입장을 편들어 이해하느냐에 따라 표현이 상이해진다. 슈바르트는 다음과 같이 보고한다. "오레스테스(Orestes, 그리스 신화의 인물. 아가멤논과 클리타임네스트라의 아들; 역주)는 아폴론의 명령에 순응하여, 맞아 죽은 아버지를 위한 복수로 클리타임네스트라(Klytaemnestra, Agamemnon의 부정한 아내; 역주])를 죽인다. 이로써 그는 자연종교의 입장에서 보면 모든 불경행위를 능가하며 속죄할 수 없는 범죄를, 즉 모친살해를 저지른다. 이에 대한 징벌로 복수의 여신들이 그를 추적한다. 결국 아테네 여신이 그를 아레오파고스(Areopagos, 아레스의 언덕, 최고법정의 의미; 역주)에서 구제한다."[34] 발터 오토는 동일한 과정을 달리 강조한다. "오레스테스가 불경

---

34 같은 책, p.50.

스러운 마음으로 그 행위를 한 것은 아니었다. 그는 아버지의 복수를 해야만 했다. 아버지 아가멤논을 어머니인 이 여자가 바로 귀향의 날에 비열한 방식으로 속여 때려죽였다. 오레스테스의 배후에는 아폴론 신이라는 매우 큰 존재가 있다. 아폴론이 복수 행위를 요구하였다. 아폴론은 이제 법정에서 오레스테스의 옆에 있다. 이 법정은 아테네의 주관 하에 오레스테스를 유죄로 판결하거나 무죄 방면해야 한다. 복수의 여신들이 원고다. 그리하여 여기서 오래된 신들과 새로운 신들이 서로 부딪힌다. 태고의 신성한 대지법(大地法)이 새로운 올림포스 정신에 대항한다."[35] 오토는 나중에 이 오래된 모권적(母權的) 신들을 무서운 유령으로 규정한다. 이 유령들은 고통과 잔인성의 장소에서 그들의 무서운 축제를 여는데, 이 축제는 피범벅이며 어리석고 맹목적이다. 마찬가지로 그들의 사유와 행위도 어리석고 맹목적이고 피범벅이다. 그들에게는 단지 사실적인 것만이 중요하다. 그들은 오레스테스에게 "네가 어머니를 죽였느냐?"라고 집요하게 묻고 단지 자백만을 강요한다. 더 이상의 말은 필요 없다. 아폴론은 이러한 행태에 대해 엄청난 혐오를 느낄 뿐이다.[36]

디오니소스적인 형태에서 금욕적인 형태로 발전하는 일은, 디오니소스 제의와 그 황홀경 안에 깊이 뿌리박은 확신, 즉 인간 안에 신이 살고 있으며 이 신은 육체의 사슬이 벗겨질 때 비로소 자유로워진다는 확신

....

35 W. F. Otto, *Die Götter Griechenlands*, p. 23.
36 참조, 같은 책, pp. 186ff.; 참조, F. M. Cornford, *From Religion to Philosophy*, pp. 110-122.

이 금욕적으로 변화하여 육체를 영혼의 무덤으로, 정신의 부담스러운 굴레로 경멸하는 일로 바뀌어 달라진다는 점에서 확인할 수 있다. 탄생에 대한 이전의 즐거움은 영혼이 육체로 들어올 때의 죽음의 고통으로 급변하였다. 영혼이 육체적 죽음 이후에 비로소 해방되어 불멸하며 계속 살아간다는 생각은 그리스 신화를 넘어서 플라톤 대화편(예, 메논과 파이돈)에서도 여전히 나타나며, 신플라톤주의를 넘어서 그리스도교도의 일종의 아동신앙 안으로 들어가서 오늘날에도 이 신앙을 만날 수 있다. 많은 사람은 영혼의 불멸을 심지어 정통 그리스도교 교리로, 즉 신앙의 주요명제 가운데 하나로 간주한다. 하지만 이 모든 것은 그 단초를 성서에서도, 또 교회의 교리에서도 찾을 수 없다. (정통 그리스도교 교리에서는 사실상 '살의 부활'이 이야기된다.)

그리스인의 원천적, 자연적 인생관에서는 육체적 인간이 올바른 인간이었다. 그의 영혼은 하데스(저승)로 사라지는 무력한 그림자였다. 삶은 태양 아래서, 지상 위에서 영위되었으며 하데스에서의 체류는 미미한 그림자 존재(Schattendasein)로 통했다. 오르페우스(Orpheus: 그리스 신화의 시인·음악가. 오르페우스교의 시조; 역주)교의 신비적 비전(秘傳)의 '성스러운 가르침'에서 비로소 모든 것이 거꾸로 세워졌다. 저세상의 삶이 진정한, 신적인 삶이고, 이 세상의 삶은 영혼이 몸이라는 지옥 안으로 떨어지는 징벌체류일 따름이다. 나중에 금언(金言)이 다양하게 변하지만 내용적으로는 항상 동일하게 "태어나지 않는 것이 최선일 것이고, 차선은 일찍 죽는 것일 것이다."로 나타날 때, 이 금언은 대개 극단적 철학적 염세주의의 표현으로 낭낭히 등상한다. 그러나 이는 잘못 이해된 것이며, 철학이 그 종교적 원천을 망각할 때, 철학은 피상적인 이해로 유혹 당한다는 나의 주장을 잘 입증한다. 염세주의적이라고 추정되는 금언에서는 말하자면 '비존재'가 언급되는 것이 아니라, '태어나지 않음'이 언급된다. 만일 영혼이 몸을 입고 지상으로 떨어지지 않는다면, 그 신적인 상태에 머물 수 있을 것이다. 따라서 어떤 나쁜 인생경험도 그 금언 배후에 있지 않다. 오히려 그 금언은 삶과 죽음에 대한 오르페우스교적인 가치전도(價値顚倒)를 전제하고 있다.[37]

(기원전 8세기부터 1세기까지) 로마 이전 시대의 이탈리아에서 활동한 에트루리아(Etruria, 이탈리아 중부지방, 지금의 토스카나 지방; 역주)인의 자연종교적 예배의 증거가 많이 발견되었다.[38] 그러나 이러한 자연종교적 경향은 로마의 지배와 함께 많이 변화한다. 옥타비아누스(Octavianus, B.C. 63-A.D. 14, 로마의 초대황제; 역주)가 클레오파트라(Kleopatra, B.C. 69-B.C. 30, 고대 이집트 프톨레마이오스 왕조의 여왕; 역주)를 이겼다. 이는 하나의 상징적 사건이다. 서쪽의 첫 번째 로마황제가 동쪽의 최후의, 왕관을 쓴 헤태레(Hetäre, 여자친구)를 무찔렀다. (헤태레들, 여자친구들은 남자들에게 대화와 음악적 유흥에서 껄끄럽지 않은, 흥을 돋우는 동반자의

---

37 참조, W. Nestle, *Vom Mythos zum Logos*, p. 62.

38 참조, A. Baeumler, *Die Gräberwelt Italiens*, in: *Das mythische Zeitalter*, pp. 197-220; 참조, C. Clemen, *Die Religion der Etrusker*; 참조, D. Randall — MacIver, *The Etruscans*; 참조, 같은 저자, *Italy before the Romans*, 고전 문인인 Cicero, Pindar, Plinius, Plutarch, Polybius, Sallust, Seneca, Varro, Vergil에게서도 이미 이에 관한 지시들이 있다.

역할을 한다.) 발터 슈바르트는 매우 분명하게 주석을 단다. "로마 체제의 압력 아래서" (유럽적) "인간의 발전은 여자에서 남자로, 자연에서 역사로, 에로스에서 법으로, 종교에서 국가로 이행하였다. 로마의 승리로써 여성 시대는 끝난다."[39] 여기서 정말 흑/백으로 전해지는 것은 진실이다. 아울러 종교적인 것에 재능이 강한 민족과 약한 민족이 있다는 경험도 진실이다. 이를 전제할 때, 로마인은 정말 (종교적) 재능이 약한 민족이라고 치부해야만 한다. 로마인의 종교는 일차로 국가 소관이었다. 제의는 법으로써 규제되었다. 로마법의 규범강요 속에는 창조적인 성애(性愛)와 생생한 종교성을 위한 여지가 전혀 없었다. 베스타(Vesta, 로마 신화에 나오는 성스러운 불을 지키는 가정의 여신, 그리스 신화의 헤스티아에 해당함; 역주)와 디아나(Diana, 로마 신화에 나오는 숲과 동물의 여신, 다산성의 여신, 그리스 신화의 아르테미스에 해당함; 역주)는 더 이상 다산성 여신이 아니다. 그들은 부엌 불을 지키는 정숙한 성녀(聖女)다. 베스타 신전의 여(女)사제를 성적으로 유혹한 자는 채찍에 맞아 죽었으며 이전의 처녀[유혹 당한 자]는 산 채로 묻혔다.[40]

그리스도교의 정통 이론에서, 창조 안에서 나타나는 신의 원천적인 계시가 그리스도의 구원행위를 — 이 구원행위는 신학적으로 해석된 유일하게 중요한(alleinsieghaften) 행위다 — 강조하기 위해 거의 침묵되는 점을 안타깝게 생각하는 사람은, 이것이 로마가 그리스도교로 종교를

....

39 W. Schubart, *Religion und Eros*, p. 52; 참조, *kleines Lexikon der Antike*, p. 215.
40 참조, W. Schubart, *Religion und Eros*, p. 53.

비꾸었다는 우연 혹은 교회가 로마식으로 변했다는 우연과 결합되어 있다는 것도 아울러 알아야 할 것이다.[41] 자연의 노예화와 착취는 구약의 창세기 보고에서만 연역되는 것이 아니다. 그것은 또한 '꼭 필요한 하나'에 대한 불행한 금욕적 요구와도 관계한다. 이 하나에 대립하여 나머지 모든 것은—식물 세계, 동물들, 친근한 것, 편안한 것, 아름다운 것은—소홀해질 수 있다. 정통교파의 수많은 신학자와 교회선생에 대립하여 아시시의 프란치스코(Franz von Assisi, 1182-1226, 이탈리아 가톨릭 성인; 역주)라는 유일한 작은 형상이 거의 이교도적인 위대한 예외에 머문다.

"거의 침묵되는"은 너무 약한 표현이라는 점을 나는 첨언하지 않을 수 없다. 무엇이 실제로 문제인가 하는 점을 확실한 그리스도교도이자 철학자인 게르하르트 크뤼거(Gerhard Krüger, 1902-1972, 독일 철학자; 역주)는 짧고 정확하게 말하고 있다. "그리스도교는 코스모스[우주]를 경배하는" (그리스인의) "종교적 헌신을 … 죄악으로 규정하였다."[42] "꼭 필요한 하나"라는 표현도 상세한 설명을 요구한다. 마르다와 마리아(Maria: 신약성서의 인물. 마르다[Martha]의 동생. 예수 그리스도에 의해 되살아난 나사로의 누이; 역주) 자매 이야기의 교훈은 다음과 같다. 예수의 발밑에서 쉬고 있는 마리아가 더 나은 편을 택하였고 마르다는 두 사람의 편안함을 위하여 모든 일을 하면서도, 꼭 필요한 것은 하나뿐인데 너무 많은 일

---

41 참조, E. Renan, *The Hibbert Lectures*, passim.
42 G. Krüger, *Grundfragen der Philosophie*, p. 110.

에 마음 쓰고 있다는 비난을 받는다.[43] 이것을 나는 어려서부터 정말로 올바르지 않다고 느꼈다. 나중에도 나는 성서적 설명이 설정하는 바와 같은 '행위와 명상 사이의 모순'을 확인할 수 없었다. 참으로 명상하는 사람은 세상을 경멸하지 않는다. 이와 반대로 성직자와 수도승이 인간의 자연적인 관계를 경멸하고, 음식 문화와 주거 문화를 경멸하고 식사 및 정원에 대한 사랑하는 돌봄, 소박한 주제에 관한 대화의 사랑하는 돌봄을 경멸할 때, '유일하게 중요한' 신과의 관계도 어긋난다고 나는 확신한다. 왜냐하면 오만함과 극단성은 자유로운―사물로부터의 자유로움과 사물을 향한 자유로움―태연함의 결여이며 결코 건전한 종교성의 특징을 보여주지 않기 때문이다. 나는 이제 가르침 하나를 발견하고 만족해한다. 신비주의자이고 수도승인 호흐하임의 에크하르트(Eckhart von Hochheim, Meister Eckhart, 1260-1327; 역주)는 전체 전통에 대립하여, 그리고 분명히 비유적으로 해석할 수 없는 예수의 평가에 반대하여, 감동에 휩싸인 마리아가 아니라 열심히 일하는 마르다가 더 낫다고 말한다. 정말 에크하르트의 신비학은 **행위**(*actio*)와 **명상**(*contemplatio*)의 대립을 넘어 있으며 따라서 현실에 대하여 매우 경건하다.[44]

억압된 자연종교를 사랑하는 사람은 '고대의 복수'가 다양하다는 점을 확인하고 내심 만족해한다. 두 가지 예에서, 즉 정신의 보복 및 에로

....

43 참조, 누가, 10, 41f.
44 참조, G.-K. Kaltenbrunner, *Eropa II*, p. 93.

스의 왜곡에서, 나는 이를 입증하고자 한다. 빌헬름 네슬레(Wilhelm Nestle, 1865-1956, 독일 고전 문헌학자; 역주)는 수년의 탐구 끝에, 그리스도교의 교의는 그리스인의 개념, 합리적 사유, 형이상학적 전제 없이는 형성될 수 없었다는 점을 입증하였다. 고대 신학은 자신의 고유한 개념이 없어서 그 내용을 현존하는 통 속에 부어 넣었다. 이는 너무 잘 알려져 있어서 주목할 만한 가치도 없어 보인다. 그러나 이 점에 관해 깊이 생각하는 사람은, 교의목록에서 무엇이 본래 특별히 '그리스도교적'인가에 대답해야 할 때, 다른 판단에 도달한다.[45] 다음 물음이 허용될 수 있다. 아리스토텔레스와 교회 신학의 기적적 융합에 대해 그토록 놀라워했던 13세기의 스콜라 학자들 중 왜 아무도, '성스러운 계시 이론'이 이미 벌써 아테네의 학교에서 준비되었기 때문에, 오로지 이 이유 때문에, 그 기적적 융합이 성공할 수 있었다는 점을 언급하지 않는가? 또한 고대의 다신론은 성인숭배 안에서 새로운 명칭 아래 계속 살아 있었으며 기도행렬과 성지순례에서 우상을 숭배하는 일이 그냥 계속되었다. 고대 교회의 압시스(Apsis, 교회건물 동쪽 끝의 반원형 천장 부분; 역주)에 있는 전능한 신의 초기 형태는 페이디아스(Pheidias, B.C. 490-437, 고전 전기 숭고양식을 대표하는 아테네의 유명한 조각가; 역주)의 수염 많은 올림포스 신 제우스를 보여준다. 이시스와 호루스(Horus, 태양신, 여신 이시스의 아들; 역

---

45 참조, W. Nestle, *Die Haupteinwände des antiken Denkens* ……; pp. 99f.; 참조, F. M. Cornford, *From Religion to Philosophy*, pp. 126f.

주)는 예전처럼 변함없이 아이를 데리고 있는 신성한 어머니로 묘사될 수 있었다. 천상여왕(天上女王)은 많은 다른 이름 가운데 Mater dolorosa(고통받는 어머니; 역주), Stella maris(바다의 별, 뱃사람이 부르는 성모님의 호칭; 역주), Patrona Bavariae(바이에른의 수호성녀, 성모님의 별칭; 역주), 폴란드 여왕 등으로 계속 살아 있었다. 세례, 성찬 같은 성사는 고대적 신비제 의로부터 교회 쪽으로 전수되었다. 성사에는 여전히 신비제의의 마술적 근거가 보존되어 있다. 이 목록은 예배 의식과 민중 신앙 관행에서 나타나는 수백 개의 예로써 계속 열거될 수 있다. 극복된 자가 극복한 자 안에서 계속 영향력을 발휘하고 있음이 분명하다. 이 경우 명백히 *victi victoribus leges dederunt*[46](패자들이 승자들에게 규칙을 넘겨준다)라는 세네카 (Seneca, B.C. 4-A.D. 65, 로마 스토아 철학자; 역주)의 말이 잘 들어맞는다.

그리스도교에 의해 방종으로 선언된 광란제의(orgia, 원래는 디오니소스 주신제, 음란한 환락; 역주)는, 생명을 주는 자연의 여신 대신에 "무기력한 호색(好色)의 악령"[47]을 남김으로써 로마에서 복수했다. 평가절하된 신, 에로스(Eros, 그리스 신화에 나오는 사랑의 신, 로마 신화의 큐피드와 아모르에 해당함; 역주)는 염치없는 호색적인 숫양으로 변신하였다. 순진무구함이 파렴치에 굴복하였다. 종교와 에로스가 분열되면 양자 모두 패배한다. 종교는 불임(不姙)이 되고 에로스는 천박해진다. 그런데 이 분열의 최

....

46 Seneca, *De superst*, fr. 41-43; 참조, Augustinus, *De civ. dei*, VI, 10f.
47 W. Schubart, *Religion und Eros*, p. 53.

악의 결과는 종교의 도덕화이며 또 도덕의 이름으로 행해진 에로스적인 것에 대한 경멸이다. 사랑의 에로스적인 형태는 종교적인 근거를 갖고 있음을 루이스(C. S. Lewis, 1898-1963, 아일랜드의 소설가·문인; 역주)는 매우 인상적으로 명시한다.[48] 여기서 그는 도덕적 함의를 완전히 배제하면서 에로스와 성행위를 구별한다. 그는 자신의 기준은 도덕과 전적으로 무관하다는 점을 여러 번 강조한다.

억압된 자연종교적 감성(感性)이 수행한 복수의 가장 구체적 형태를 우리는 16, 17세기 마녀망상(Hexenwahn, 마녀로 잘못 믿음)에서 확인할 수 있다. "창조의 기쁨에 외설물[포르노그래피]을 제공하는 일이 이 마녀망상의 소임으로 남겨져 있었다. 마녀유령은 자연종교의 신화처럼 초자연적인 것을 향하였는데, 이번에는 신적인 것의 밤의 측면을, 즉 악마적 잔인성(Satanie)을 향하였다. 디오니소스가 마왕으로 부활하였다. 마왕은 그리스도교의 섹스신(神)이며 마녀는 마왕의 여자친구다."[49] 숫양 모습의 마왕은 그리스인의 성(性)적 힘의 상징을 다시 넘겨받는다. 마녀는 남근 모습의 빗자루를 타고 다닌다. 그러나 그 차이는 엄청나다. 사탄[마왕]은 이제 더 이상 다산성을 제공하는 디오니소스가 아니라, 더러움 속에서 만나는 괴물이다. 이리하여 순수한 에로스는 그리스도교 시대에, 모든 성적인 것에 관한 혐오의 분위기에 빠지게 된다. 사랑

....

48 C . S. Lewis, *The Four Loves*, pp. 107f.
49 W. Schubart, *Religion und Eros*, pp. 58f.

은 죄악이 되며 중요한 대죄(大罪, 죽을 죄)가 된다. 이로써 에로스는, 이번에는 왜곡되어서, 다시 중심에 서며 거기서 오늘날에 이르기까지 반복적으로 확인된다.[50]

자연종교에서 유래하여 전승된 많은 관습이 민속학에 의해 기술된다. 많은 것은 의식적으로 보존되기보다는 감정적으로 파악된다. 예컨대 피카소(Picasso, 1881-1973, 스페인 화가; 역주)의 몇몇 그림은, 두 명의 풍만한 밀 베는 사람이, 즉 남녀 일꾼이, 추수가 끝난 들판에서 서로 몸을 감싸고 구르는 장면을 보여준다. '신부잠자리'(Brautlager, 신랑 신부가 결혼 첫날밤을 보내는 침대; 역주)에 대한 기억을 그 장면과 연결시키는 사람은 거의 없을 것이다. 이 '신부잠자리' 밑에는 여인을 수정시키는 일과 어머니 대지를 수정시키는 일이 분리 불가능한 동일한 과정을 형성한다는 생각이 깔려 있다. 오늘날에도 프랑스, 영국, 스웨덴 같은 매우 '계몽된' 나라에서조차 민중 신앙은 창녀와의 조우는 행운의 징조로, 수도승이나 수녀와의 조우는 불운으로 간주한다. 이 경우에도 여전히 어머니 종교의 관점에서 다음 내용이, 의식적으로 판단되는 것은 아니지만, 본능적으로 느껴지고 있다. 성적인 것을 긍정하고 수행하는 사람은 생명과 행복을 약속한다. 그것을 금욕적으로 부정하는 사람은, 그가 자연과의 조화 속에서 살지 않기 때문에, 피해야 한다. 영주(領主)의 **첫날밤** 권

....

50 교황 요한 바오르 2세가 1983년 11월에 다시 천명한 도덕 지침서를 독일 언론의 일부가 '인간 적대적이고 극도로 치욕적'이라고 규정한 사실을 참조하시오.

리(*ius primae noctis*)는, 결혼의 시작은 처음에는 사제에게 바쳐지고, 나중에는 보호자에게 바쳐진 어떤 희생을 통하여 얻을 수 있다는 동의가 잠재의식으로 있지 않았더라면 결코 강요될 수 없었을 것이라고 발터 슈바르트는 생각한다.[51] 이탈리아, 프랑스, 벨기에에서 오늘날에도 열광적으로 경배되는 남근-성인(Phallus-Heiligen)은 '그리스도교적인 것'이라는 얇은 이불 아래 있는 근절할 수 없는 자연종교적인 힘의 증거다. 움브리아 지방의 구비오에서는 성(聖) 우발도(Sant' Ubaldo, 11세기 중엽 구비오의 주교; 역주)가 매년 오월 십오일 음란한 시가행진으로써 경배되고 있는데, 이때 남자들의 거대한 '초(燭, Kerzen)'가 시내를 거쳐 교회로 달려가는 동안 땀을 뻘뻘 흘린다.

1913년 시월 "인간과 대지"라는 주제의 강연에서 루트비히 클라게스(Ludwig Klages, 1872-1956, 독일 철학자; 역주)는, 바흐오펜(J. J. Bachoffen)의 연구에서 자극을 받아, 위대한 어머니로 느껴지는 자연의 노예화를 반대하며 무조건적 복종을 요구하는 신 여호와의 지배에 대해 항거한다. 그는 여호와를, 만물이 그것에 굴복해야 하는 "세계의 적대심장(Gegenherz der Welt)", 본래 "생명에 적대하는 원리"라고 부른다. 그리스도교의 역사가 그것의 연속이다. 왜냐하면 클라게스에 따르면 "그리스도교"는, 본래 올바르게 표현하면, "바울주의"이고 이 바울주의는 여호와주의의 특수 형태이기 때문이다. 만일 오늘날 그리스도교의 세속화가 아주 많

---

51 참조, W. Schubart, *Religion und Eros*, pp. 61ff.

이 언급되며[52] 근대 자연과학이 이 세속화와 연결된다면, 유대 종교에서 발생한 그리스도교가 "저 지구행성적인 세속화 과정을 시작했다"는 점이 간과되어서는 안 된다. "계몽주의, 경험적－합리적 자연과학, 기술적－산업적 세계정복은 그리스도교적－유일신론적인, 자연의 탈(脫)마법화와 탈(脫)신성화에 그 뿌리를 내리고 있다. 그리스도교 자체가 이미 '탈신화화', '세속화', '계몽주의'다."[53]

그리스적이자 그리스도교적인 로고스가 자연을 무자비하게 탈마법화한 것처럼, 이 로고스는 인간을 이러한 재앙발현의 집행자로서 자신의 파괴적 작업 안에 끌어 들일 것이라고 클라게스는 경고한다. 자신에게 대지를 굴복시키는 인간이 자연에 가한 것이 거꾸로 인간 자신에 대하여 가해질 것이다. 인간이 지구라는 행성을 "농업이 포함된 시카고"로 변화시키는 그만큼, 인간은 자기 자신을 "기생적 로봇"으로 변화시킨다. 이 로봇은 자신 안에 있는, 기술적 목적합리성을 초월하는 모든 것을 말살시켰다. "황홀한 관조의 능력, 우주와의 공감능력, 축제의 능력, 신화, 상징, 예술에 관한 이해력. 그리스도교에서 발생한 기술－산업적 현대 문명은 반(反)－축제적, 반(反)－에로스적, 반(反)－우주적이다."[54]

그렇게 되어서는 아니 되었었다!－이러한 말투는 일상에서는 자주

....

52 참조, H. Blumenberg, *Säkularisierung und Selbstbehauptung*; H. Lübbe, *Säkularisierung*; D. Martin, *A General Theory of Secularisation*.
53 참조, L. Klages, *Mensch und Erde*; 참조, 같은 저자. *Vom kosmogonischen Eros*; 참조, G.－K. Kaltenbrunner, *Europa II*, p. 317. (클라게스와는 달리 저자 비트만은 그리스 정신은 높이 평가한다. 역주)
54 L. Klages, Mensch und Erde, pp. 18-20 u. 25.

적절하지만 역사가에게는 완전히 금지된 것이다. 왜냐하면 역사가는 이미 한 번 그렇게 일어난 일을 분석해야 하기 때문이다. 하지만 보다 자유로운 사상가에게는 예외적으로 잠시 다음과 같이 묻는 일이 허용될 수 있다. 만일 르네상스에 새롭게 깨어난 자연이해가 반(反)개혁(Gegenreformation)에 질식하지 않았더라면, 혹은 만일 이미 그보다 삼백 년 전에 프란치스코의 종교개혁이 성공했더라면 ─ 이 경우 마르틴 루터의 나중의 종교개혁은 일어날 수 없었을 것이다 ─ 무슨 다른 일이 벌어졌을 것인가? 한층 더 뒤로 돌아가자면: 우리에게 종교와 연구(Forschung)의 조화가 ─ 이러한 조화가 있었더라면 신적인 것과 인간적인 학문이 자연 안에서 협력했을 터인데 ─ 유지되었더라면! 발터 오토는 호메로스의 시를 예로 들면서, 어찌하여 그 시의 세계에서 신적인 것이 자연 발생에 대해 우월한 힘으로 상위에 놓이지 않았는지를 설명한다. "신적인 것은 자연적인 것 자체의 형태 속에서 자연적인 것의 본질과 존재로 계시된다. 비(非)그리스인에게 기적행위가 일어난다면, 그리스인의 정신 안에서는 더 큰 기적이 일어나는데 그 기적의 내용은 다음과 같다. 생생한 경험의 대상들이, 자연적 현실성을 조금도 상실하지 않은 채, 신적인 것의 경배할 만한 형세를 보여주는 방식으로, 그리스인은 경험 대상들을 볼 수 있다. 여기서 우리는 인류에게 ─ 인간 안에 있으며 인간 주위에 있는 ─ 자연을 탐구하는 일을 가르쳐야 했던 민족이 갖는 정신방향을 깨닫는다. 우리에게 오늘날 그토록 친숙한 자연(Natur)의 이념을 그리스 민족이 인류에게 처음으로 제공했다는 점을 우리는 여기서 깨닫는다."[55]

자연(Physis) 개념은 우리에게 그리스인이 제공했다. 물론 자연정복이라는 과제는, 모든 살아 있는 것에 대한 완전한, 재앙초래적인 지배권은, 보다 배타적인, 보다 자연적대적인, 완전히 다른 마음가짐으로부터 유래했다. 사람들은 정복명령이 실려 있는 (1장, 26절, 28절) 바로 그 창세기의 책 안에 아브라함(Abraham, ? B.C. 2160-?1991, 영원한 신앙의 아버지, 셈족의 아버지; 역주)에 대한 잔혹한 신앙시험이 등장한다는 (22장, 1절 이하) 점을 간과해서는 안 된다. 그 이후로 우리에게, 즉 두 종교의 후예에게, 세계는 분열되고, 이해는 상실되고, 영혼은 분열되어 정신병이 정상상태로 되었다.

일차 세계대전 훨씬 전에, 또한 전체주의적 독재정치라는 숙명[재앙] 훨씬 전에, 루트비히 클라게스는 "썩어가는 지구 껍데기 위에 번지는 곰팡이"(1903)에 관하여 쓰고 있다. 이득, 경제적 발전, 심지어 문화라는 구실 아래 진보는 생명의 절멸을 향해 나아가고 있다. 인간은 동료인간들에 대한 혈투 안에서 그가 자기 자신에게 이미 가한 바를 완성할 따름이다.[56] 클라게스는 핵무기의 일차 시도가 '삼위일체(Trinity)'라는 암호 아래서, 즉 그리스도교의 삼중적(三重的) 신의 이름으로 일어났다는 것을 경험할 만큼 오래 살았다. 펜실베이니아의 베들레헴에 있는 베들

....

55 W. F. Otto, *Die Götter Griechenlands*, p. 13.
56 참조, L. Klages, *Mensch und Erde*, p. 19 und G. - K. Kaltenbrunner, *Europa II*, pp. 319f.

레헴-철강-회사라는 미국의 최대 무기생산기업 중의 하나는, 헤른후트의 형제공동체(Herrnhuter Brüdergemeine, 1722년 헤른후트에 설립된 경건파 복음주의 자유교회; 역주) 출신인 어떤 가난한 대장장이가 18세기 초 '베들레헴'이라는 전도(傳道)공동체로 산악지대에 창립했던 수공업 공장에서 생겨난 것이다.[57] 동등성을 위해, 사회주의적 체제의 무기 공장 지붕 위에 있는 붉은 별을 지적하기로 하자. 이 별도 한때 베들레헴의 별을 상기시켰던 상징이었다.

이 장을 끝마치기 전에 자연종교적 개념의 명료성을 위하여, 우리는 부주의하게 개입시킬 수도 있는 하나의 영역을, 즉 마법적인 것의 영역을 배제해야만 한다. 마법(Magie)은 어떤 목적을 부가시키기 때문에 종교와 구별된다. 신성(神性)은 마법사에게 사적(私的) 목적을 위한 수단이 된다. 종교연구가 프레이저(J. G. Frazer, 1854-1941, 영국의 사회 인류학자; 역주)는 종교와 마법의 대립성을 단숨에 이렇게 표현한다. "종교의 본질은 헌신이고, 마법의 본질은 강요다."[58] 카펜터(J. E. Carpenter)도 마법의 본질을 "어떤 종류의 강요 혹은 강제"에서 확인한다. "이렇게 주장되는 힘은 종교적 태도와는 전혀 다른 태도를 내포한다."[59] 종교적 인간

....

57 참조, E. Benz, *Schöpfungsglaube und Endzeiterwartung*, p. 114.
58 J. G. Frazer, *The Golden Bough*, I, p. 224.
59 J. E. Carpenter, *Comparative Religion*, pp. 76f. 다른 측면에서 카펜터는 마법이 종교를 선행한다고 생각한다. "현대 인류학자인 프레이저 박사는, 마법이 첫 번째로 등장했다는 점에서 철학자 헤겔과 예상 외로 의견이 일치함을 확인한다."(같은 책, p. 75) (비트만은

은 초세계적인 힘과 친숙해지려고 한다. 그는 그 힘을 사랑하면서, 경외하면서 만난다. 그에 반해 인간 안의 마법사는 이 힘을 자기 자신에게 봉사하게끔 강요한다. 따라서 마법은 종교와 가까운 것이 아니라, 자연정복을 향하는 과학에 가깝다. 카펜터는 마법을 "어떤 기초적 공리에 근거한 일종의 원시 과학"[60]이라고 부른다. 마법사는 마술적인 지식을 추구한다. 그는 자연의 비밀을 활용하고자 한다. 앎이 힘이다 — 마법사의 신념의 전형적인 신조가 바로 이것이다. 이른바 과학적 무신론, 전체주의적 마르크스주의 국가이데올로기는 순수한 마법이다. 왜냐하면 그것은, 신이 자연과학의 계산 가능한 법칙 안에서 허공으로 해소되었으면 하는 정말 오래된 의도를 실현했기 때문이다. 일찍이 마법적인 마술주문이었던 것이 이제 과학의 자연법칙이다. 이로써 사람들은 신을 사라지게 할 수 있다.

과학과 이데올로기에서만 마법을 발견할 수 있는 것은 아니다. 마법의 틀을 인식한 사람은 그 틀을 종교적인 경건으로 보이는 것의 많은 형태 안에서도 확인할 수 있다. 예컨대 어떤 사람이 사랑하는 사람의 생명을 위한 기도가 이루어지지 않아서 신과의 관계를 완전히 청산했다면, 유감스럽게도 이 사람은 마법적인 생각 안에서 움직였던 것이다. 그는 신을, 마치 무용(無用)함이 입증되면 그냥 버리는 마법수단(Fetisch,

....

이 부분을 영어 그대로 인용하고 있다. "in some kind of compulsion or constraint …… The power which is thus claimed implies an attitude wholly unlike that of religion"; 역주)

60 같은 책, p. 75; 참조, W. Schubart, *Religion und Eros*, pp. 81ff. (비트만은 이 부분을 영어 그대로 인용하고 있다. "a kind of primitive science, founded on certain elementary axioms"; 역주)

物神)처럼 다루려 했다. 기도하는 자가 신에게 요구할 때에도, 또 그가 금식, 보시 혹은 다른 것으로써 요구를 정당화할 때에도, 종교는 마법으로 이행한다. 성지순례도 부분적으로 신의 사랑을 강요하는 이러한 강한 성격을 갖는다.

많은 경우 유대교도 '마법적'이라고 부를 수 있는 방식으로 신과 관계한다. 여호와는 이스라엘 민족, 즉 선택된 민족과 스스로 맺은 계약에 영원히 묶여 있다고 유대교는 오늘날까지 가르친다.[61] 인간적인 계약 당사자가 계약을 취소하더라도, 선택의 사실이 신에 의해 결코 취소될 수 없다고 고집스럽게 주장할 때, 이 점은 정말 극치에 이른다. 이러한 방식으로 인간은 신을 활용하고 신에게 합법적 능력의 지상적(地上的) 활동공간을 지정해주거나, 신을 보통의 법률관계 영역으로부터 추방한다.

로마인에게 종교는, 이미 앞에서 언급한 바처럼, 일차적으로 **Do ut des(네가 줄 수 있도록 내가 준다, 상호계약)**라는 법질서의 소관이었다. 이를 두 당사자인 인간과 신은 준수해야 했다. 제의 행위 및 재판 행위를 올바른 형식으로, 즉 법률상으로 정확하게, 수행하는 일이 가장 중요했다. 마법적인 소원은, 즉 신들을 계약에 묶이게 함으로써 신들을 강요하려는 시도는[62] 고대 로마의 국가종교에서뿐만 아니라, 후대의 많은 형태에서도 나타나고 있다. 오늘날에도 여전히 행해지는 면죄(免罪) 관

....

61 참조, Th. Walker, *The Teaching of Jesus*, chap. II, pp. 85-125.
62 참조, E. Renan, *The Hibbert Lectures*, lect. I, ferner p. 152 und pp. 154ff.

행에 대하여(면죄부 판매라는 악습에 대해서가 아니라 관행적인 용서에 대하여), 정밀한 법적 규범에 묶여 있는 성사(聖事)의 효용에 대하여, 예컨대 고해성사와 성직임명식[敍品式] 및 교회결혼식의 타당성에 대하여 생각해보자. 그 마법적 유래가 깨끗이 은폐되어 있는, 목표 지향적이고 사실 정향적인 성향이 근대와 현대에 주도하고 있다. 그 사이 관행화된 이 성향의 너무 많은 표출이 있어서 더 이상 입증할 필요가 없을 정도이다. 어쨌든 그 성향은 파악 가능하고 명백하다.

일반화에 대하여 아무리 조심해도 다음과 같이 주장하는 일은 완전히 틀리지는 않을 것이다. 종교는 탈신비화되고, 자연은 착취되고, 운명적으로 일어나는 모든 것은 사물화되고, 우연히 남아 있는 것은 컴퓨터가 처리한다. 만일 루트비히 포이어바흐와 지크문트 프로이트의 이론이 옳다면, 이제 영[귀신]과 함께 인간의 불안도 사라져야만 할 것이다. 그러나 이와 반대로 신과 자연에 대한 멋진 처분권이라는 마법은 불안을 초인간적으로 확대하였다. 이제 우리는 신에 대하여 어떤 두려움도 더 이상 갖지 않는다. 그리고 자연은 그 비밀을 모조리 노출시킨 것처럼 보인다. 그러나 우리는 우리 자신에 대한 엄청난 불안을 갖고 있다. 우리에게는 그럴 만한 충분한 이유가 있다.

3/

구원의 동경

(Die Erlösungssehnsucht)

'자연(Natur)'은, 인간이 신적이고 우주적인 힘과 원천적으로 하나임을 보여주는 다양한 형태의 표어(標語)였다. 이 '자연'과 비교할 만한 개념으로서 종교의 두 번째 구성요소를 이루는 개념을 찾아 나선 나는, 달리 말하자면, 구원(救援)에 대한 동경(憧憬)을 찾아 나선 나는 만족스럽지 못한 것 하나, 즉 'Re-ligion(종교)'을 함께 형성한 접두어 **re 하나**를 발견한다.

그런데 **re**에 관해 언급하기 전에, 내가 '구원종교(Erlösungsreligion)'라는 용어를 별로 내키지 않아 하며 넘겨받는다는 점을 우선 말하고 싶다. 그 이유는 이 용어가 19세기 종교학 및 종교철학에서 발전의 최고단계로

도입되었기 때문이다. 최하단계는 당시, 헤르만 지벡(Hermann Siebeck, 1842-1920, 독일 철학자; 역주)이 표현했던 것처럼, "다소 원시적인" 자연종교가 이루고 있다. 자연종교를 그는 "아직 본래적인 문화 아래에" 있게 하였다. (자연종교에 대한 그의 견해와 나의 견해 사이에 이보다 더 큰 대립은 거의 없다.) 그 근본단계 위에 "도덕종교"가 부상하는데, 이 도덕종교의 특징은 종교적 의식(意識)의 "강화된 윤리적 동기"이다. 결국 그리스도교의 창시자인 숭고한 인격의 획기적 등장이 있게 되며, 이로써 완성된 형태인 "구원종교"가 "나머지 모두를 고유한 방식으로 능가하는 어떤 윤리적 고귀성을 얻는다."[63] 이에 반해 자연종교와 구원종교 사이에서 내가 확인하는 차이는 어떤 발전도 어떤 평가도 내포하지 않는다. 무엇보다 '구원'은 나의 용법에서 어떤 인격과 연관되지 않으며 더욱이 '구원자 예수 그리스도'와는 전혀 연관되지 않는다.

(독일어 언어발달에서보다 영어, 불어 사전에 라틴어 형식이 더 잘 보존되어 있기 때문에) 영어와 불어 사전을 일별해보면, '남자의 세계'에 속하며 권위, 권력, 정치적 행동주의로 가득 차 있기 때문에 내가 우선 주로 '남성적'이라고 규정하고 싶은 놀랄 만큼 많은 수의 낱말결합이 're'라는 표제어에 등장한다. 조금만 열거해보자: 반역, 항의, 신병, 속죄(구원), 반성, 개혁, 개혁자, 지배자, 통치, 조정자, 보고자, 대표자, 공화국, 사직, 결정, 존경, 복구, 내성, 계시, 검사관, 반란, 혁명, 혁명가.

....

63 모든 인용: H. Siebeck, *Religionsphilosophie*, pp. 50, 71 und 101f.

(Rebellion, Reklamation, Rekrut, Redemption[Erlösung], Reflexion, Reform, Reformator, Regent, Regiment, Regulator, Reporter, Repräsentant, Republik, Resignation, Resolution, Respekt, Restauration, Retrospektion, Revelation[Offenbarung], Revisor, Revolte, Revolution, Revolutionär.) 이 무슨 말놀이인가? 이것이 무엇을 증명하는가? 구원과 종교가 혁명과 동열에 서 있다는 것은 정말 우연처럼 보인다. 어쩌면 우연이 아닐 수도 있다. 're'는 어떤 것을 향해 되돌아가도록 지시한다는 암시 하나가 여기 최소한 포함되어 있다. '재획득(Wiedergewinnen)'이 더 좋은 말이라는 점이 곧 밝혀지겠지만, '반복(Wiederholung)'도 여기 포함되어 있다.

인류의 상고(上古) 신화는 황금시대, 에덴동산, 극락(Sukhavati), 행복한 자들의 섬에 대해 이야기한다. 이 신화는 모든 시대에 인간의 내부에서 동의(同意)를 발견하는 것을, 즉 우리는 분명히 무엇인가를 상실했다는 것을, 어떤 원천 자체를 떠났다는 것을, 혹은 사람들이 우리를 추방했다는 것을 암시한다. 자주 우리는 스스로를 아이로 느끼는데, 이 아이를 사람들이 형편없는 처지에 놓여 있는 채로 다시 발견했다. 그럼에도 이 아이의 얼굴, 처신, 심정은 이 아이가 고귀한 집안 출신일 수 있음을 희미하게 표시한다. 고독하게 내던져진 채로 우리는 예전의 고향을 찾는다. 이때 결코 '논리적'이지 않은 설명, 여전히 신화에 속하는 설명이 제공된다. 예컨대 인류의 타락(Sündenfall) 이야기가 제공된다. 즉 천사들의 추락 이야기가 제공되는데, 나중에 '원죄(原罪, Erbsünde, 후대에 상속[유전]되는 죄; 역주)'로 새롭게 해석되는 인간의 최초의 죄(Ursünde)

가 이 추락을 뒤따른다. 이 모든 것은 이곳(그리스도교 사회; 역주)에서 '그리스도교적'이라고 간주되는데, 실은 이 생각은 페르시아적—오르페우스교적이고 신플라톤주의적이며 영지주의(靈智主義)적이다. 불교의 가르침에 *atta*(我)라는 구원비유가, 아니 그보다 훨씬 중요한 *an-atta*(無我)라는 구원비유가 있는데, 이 비유에 자기해방이—고통의 윤회로부터의 자기해방이라는 구원이—근거한다.[64] 그리스인은 **생성의 순환**(*kyklos tes geneseos*)에서 이와 비슷한 생각을 표현하는데, 이 생각은 전체, 연관, 그로부터의 해방을 포함한다. 접두어 're' 안에 감추어져 있는 동경은 이제 귀환(되돌아감)이라기보다는 재획득(다시 얻음)을 표현한다. 그리스도교적 세례는 재탄생으로 생각되는데, 이는 영원한 생명을 다시 얻고 새로 시작함을 의미한다. 플라톤은 인식을 Anamnesis(=이전에 직관한 것의 상기[想起])로 본다.[65] 아우구스티누스는 사람이 찾는 잃어버린 것이 완전히 잊힐 리는 없다는 점을 알고 있다. 모두가 찾는 것은 *vita beata*, 즉 행복한 삶이다. 아니 행복한 삶을 원하지 않는 사람이 누구 하나라도 있는가? 그렇다면 그들은 어디에서 그들이 행복을 그토록 간절히 원한다는 것을 알게 되는가? 우리의 앎이 기억으로부터 온 것이라면, 우리는 언젠가 이미 한 번은 행복한 삶의 상태를 즐겼어야만 한다. 게다가 이 행복한 삶은 이름이야 다를 수 있지만 다 마찬가지다.

....

64 참조, E. Conze, *Der Buddhismus*, pp. 16ff.
65 참조, Platon, *Menon*, 81d und 85d.

왜냐하면 핵심 자체는 그리스어도 라틴어도 아니기 때문이다. 행복한 삶에 대해 생각하는 일은 기쁜 일이다. 행복과 지복(至福), 진리에 대한 기쁨, 신의 인식에 대한 기쁨.[66]

구원의 동경에서 무엇이 문제인지에 대한 이와 같은 첫 번째 암시가 자연종교적 형태와의 차이를 정당화하는 일에 충분할 것이다. 이제 실제로 완전히 다른 계기가 바탕에 놓여 있다. 이 계기가 모성(母性)종교, 대지(大地)종교보다 먼저 나타났느냐, 나중에 나타났느냐, 혹은 항상 동시에 나타났느냐 하는 문제는 단정할 필요가 없다. 구원종교는 자연종교와 **다르다(anders)**. 이러한 확인으로 우선 충분하다.

향수(鄕愁, Heimweh)는 우리가 꿈꾸는 고향이 있음을 증명한다고 발터 슈바르트는 생각한다.[67] 이 생각은 옳지 않다. 왜냐하면 우울한 동경의 경우 그 방향이 공간적으로 규정되지 않기 때문이다. 우울한 동경이, 느끼고 표현하는 사람의 우울한 상태 말고는 아무것도 '증명하지' 못한다는 점은 말할 것도 없다. 그러나 잃어버린 통일성에 대한 이러한 동경을, 부분이 전체를 그리워하는 이러한 동경을 사랑으로 부르는 일은 틀림없이 올바르다. 적어도 사람들은 이로써 다시 플라톤을 증인으로 불러올 수 있다. 향연(Symposion)에서 아리스토파네스(Aristophanes)는 원래 온전한 인간을 절단하는 일을 내용으로 하는 신화를 소개한다. 오만과

....

66 참조, Augustinus, *Conf.* X, 20-23.
67 W. Schubart, *Religion und Eros*, p. 95.

불경, 외경의 결핍이 우리가 지금 처한 상황을 초래하였다. 우리의 부정의(不正義, a-dikia)가 그러한 결과를 낳았으며 그때부터 우리는 애인과의 근접과 융합으로써 둘로부터 하나가 되려는 열망을 우리 안에 품게 된 것이다. 전체를 향한 이러한 열망과 노력이 사랑으로 불린다.[68]

구원의 동경은 잃어버린 통일성을 재획득(Wiedergewinnung)하려고 한다. 구원의 동경은 복구(復舊, 原狀回復, Wiederherstellung)를 목표로 하기보다는 새로운 형태로 반복(反復, Wiederholung)하는 일을 목표로 한다. 이는 이미 언급한 세례에서 가장 잘 표현된다. 세례는 분명히 종교의 전형적으로 그리스도교적인 표시로 간주되지만, 나는 이제 이 세례를 '그리스도교적'이라고 부르지 않겠다. 예수가 세례 요한(Johannes der Täufer, 신약성경의 예언자, 유대인 제사장의 아들, 예수에게 세례를 줌; 역주)과는 달리 세례설교자가 아니었음은 입증할 수 있다. 물속에 빠졌다가 다시 나옴은 옛날의 삶이 죽음 안에서 사라지고 새로운 삶에서 재탄생하는 일의 상징이다. 이 세례는 그리스도교-이전(以前)의 관행, 그리스도교-외적(外的)인 관행에서 전수된 것이다. 유아세례는 결코 모성적 자연종교에서 유래한 것이 아닐 것이다. 그것은 오로지 남성적 구원종교 안에서만 발견될 수 있다. 어떤 어머니도, 새로운 정신적 삶을 위해, 즉 어머니의 삶과는 무관할 어떤 삶을 위해, 다시 태어나게 하기 위해 자연존재로서의 자신의 아이가 (상징적으로 물속에 잠김으로써) 먼저

....

68 Platon, *Symposion*, 192e; 참조, 193a und d.

죽어야만 한다는 생각을 스스로 할 수 없을 것이다. 여인이 아이를 세상에 낳았을 때, "자, 보아라. 모든 것이 좋았다."는 창조주의 말을 생생하게 이해할 수 있다. 어머니 종교는 원천으로부터 사유하고, 남자 종교는 목적을 향해 사유한다. 여인은 생명을 긍정하고 승인하며, 남자는 생명을 극복하고 구원한다.

세례는, 특히 오늘날 미국에 널리 퍼진 '재탄생자들' (개종자들은 스스로를 재탄생자[re-born]라고 부른다) 운동은 창조물에 대한 관계에서의 어떤 결함을 지시한다. 우리는 (오늘날이 처음은 아니다) 기초적인, 이유 없는 행복을 상실했다. 우리는 더 이상 신을 가까이 느끼지 못하고 자연의 신성함을 느끼지 못한다. 이미 1500년 전에 아우구스티누스는 신을 피조물들 안에서 더 이상 인식할 수 없었다. "하늘도, 땅도, 어떤 다른 물체도 너의 신이 아니다."[69] 이제 우리는 창조물 때문에 괴로워하고 사물들의 진리를 우리 자신 안에서, 아우구스티누스처럼 일관적으로 곰곰이 생각하고 찾는다. *Noli foras ire, in te ipsum redi, in interiore homine habitat veritas*", 밖으로 나가기를 원하지 말라, 너 자신 안으로 되돌아가라, 인간의 내면에 진리가 살고 있다.[70]

어찌하여 이렇게 되었는지 말하기 어렵다. 그러나 여러 차례 언급된 남성적 지배가 이와 관계한다. 몇몇 종교 역사가는 지난 삼천 년의 발

69 Augustinus, *Conf.* X, 6.
70 Augustinus, *De ver. rel.* cap. XXXIX, 72 (Migne *PL*, tom. XXXIV, p. 154).

전이 하나의 주제에서, 즉 여자에서 남자로의 이행(移行)에서 정점을 이룬다고 본다. 오늘날, 사람들은 이보다는, 성(性)의 기본적 차이는 심하게 약화되었지만, 여성이 피해 없이 남성 시대에 돌입한 것은 아니라는 종교 심리학자들의 견해에 관해―이 견해는 종교 역사가들의 주장을 수반하는데―더 흥분한다. 여인의 본성이 아마 함께 변화했을 것이다. 자연스럽고 행복한 창조를 위한 헌신이 여성에게 싫어짐으로써 더욱더 여성은 남성의 구원동기에 순응하게 되었다.

발터 슈바르트는 이에 관한 종교 심리학자들의 견해를 상세히 조사하고 요약했다. 바로 간결한 표현에서 그 견해는 극단적으로 효력을 발휘한다. 그 견해가 무조건적으로 내 주장은 아니지만, 그것을 인용해보겠다. 구원을 필요로 하지 않는 여인이, 남자의 불행한 의식에, 그리고 구원을 향하는 남자의 음울한 세계관에 매우 강하게 참여한다. 자연, 생명은 여인에게는 수수께끼가 아니다. 여인의 세계는 충만하며 구원을 필요로 하지 않는다. 여인은 건강하고 더 좋은 상태에 있으며 세계 근거와 하나로 결합되어 있다. 이에 반해 남자는 "**개별화**(*individuatio*)의 비극적 영웅"이며 불행한 자, 세계의 분열에 시달리는 자, 모든 것을 분별하는 자, 엄청난 욕구를 가지고 쉼 없이 사유하고 발견하는 자다. 남자는 정신문화의 창조자가 된다. "왜냐하면 자연이 남자에게 더 이상 만족을 주지 않기 때문이다. 자연이 그러한 이유는 남자가 사연에게 만족을 주지 않기 때문이다." 여인을 "더 약한 성"이라고 부르는 일은 자연 사실에 대한 조롱이다. 생명이 약한 존재는 남자다. 남자는 "생명이 가장 많이 고갈된 피조물, 자연의 질병(疾病)발생"이다. 그리하여 남자는 "다른 존재질서로부터 무적(無敵)의 연합동지인 바로 정신적인 것(das Geistige)을 불러 온다." 이로써 남자들에 의해 창조된 문화는 자연적 결핍의 결과로 나타난다.[71]

아놀트 겔렌(Arnold Gehlen, 1904-1976, 독일 철학적 인간학자; 역주)의 (원래는 요한 고트프리트 헤르더[Johann Gottfried Herder, 1744-1803, 독일 철학자, 문학자. 직관주의적 신비주의적임; 역주]의) '결핍존재(Mängelwesen)' 인간은 남자만을 지칭했어야 한다. 이에 반해 생명적 건강, 내적 강인성, 생명 과제의 힘찬 해결, 사물과의 까다롭지 않은 관계는 여인의 특성이다. 특히 여성에게는, 캐묻고 예감하는 양심의 불안정한 태도에서 유래할 수 있는 민감성이 없다.

이러한 주장에 관해 사람들이(남자와 여자가) 어떻게 생각하든지 간에, 문화 창조의 영역에서, 특히 음악, 미술, 건축에서 여자가 별 역할을 수행하지 못한다는 점은 이 주장을 부분적으로 입증한다. 남성적 종교형태의 지배를 통해 어머니 신이 엄격한 아버지에 의해 밀려난 이후에 성애(性愛)가 사악하다고 매도되는 점도 이 주장의 부분적 입증이다. 그런데 경건성의 영역에서보다 오히려 외적인 정치 생활에서 더 잘 알아볼 수 있는 결과도 나타난다. 물론 위의 주장은 이 외적 결과 안의 내적인 과정을 형성한다.

....

71 모든 인용: W. Schubart, *Religion und Eros*, pp. 112-115.

종교에서 남성적 구성요소의 강화는 특히 독일 종교개혁 안에서, 더 정확히 말해, 종교적 영역의 정치적 공간으로의 이행 안에서 일어난다. 후고 발(Hugo Ball, 1886-1927, 독일-스위스 저술가; 역주)은 "질서의 신"을 발견한 일을 루터의 공로로 인정하였다. 이 질서의 신은 집권층을 임명하였는데 이를 통해 "국가의 신성화(神聖化)"가 "노예의 그리스도교화"로써 지불되었다. 루터가 "신을 권력에 팔아먹었다"고 발은 이어서 썼다. "국가를 향해 방향전환을 할 수 없었던 개인적인 양심의 부담초과(負擔超過, Überlast)는 전체 국민을 울적함과 우울증에 병들게 했다. 전체 국민이 엄숙해졌으며 우울해지고 변덕스러워지고 불만스러워졌다. 바쿠닌(Bakunin, 1814-1876, 제정 러시아 귀족 출신의 급진적 무정부주의자; 역주)이 말하는 저 '자기 자신에 불만스러운 자기만족감', 흠집 내기와 불평하기, 정신적인 무기력이 독일인의 표식이 되었다. 독일인을 웃음거리로 만들었던 저 어색한 초라함. 괴테는 클롭슈톡(Klopstock, 1724-1803, 독일의 서정시인, 근대시의 선구자; 역주)에 관해 다음과 같이 주석을 달았다. 마땅한 넓은 영향권이 없는 위대한 인간들은 기이함 속에서 스스로를 강하게 분출한다. '그런데 우리 국민 전체는 기이함 속에서 쇠약해진다.'고 니체는 첨언했다."[72]

놀랍게도 이러한 신랄(辛辣)함은 1984년이 아니라 일차 세계대전 시대에 표출되었다.

....

72 H. Ball, *Zur Kritik der deutschen Intelligenz*, pp. 61f.

지금까지 구원종교의 두 구성요소가 언급되었다. 두 요소는 하나의 주제의 상이한 측면이었다. redemptio(구원)의 're'는 한편으로 '반복'을 지시했고, 다른 한편으로 이른바 '여성적' 자연종교에 대항하는 이른바 '남성적' 반란을 지시했다. 이제 세 번째 고유성이 부가되어야 한다. 그것은 보편적으로 등장하는 최초의 두 특성과는 달리 분명히 그리스도교적인 특성이다. 더 정확히 말하자면, 이 세 번째 고유성은 그 시초에서는 전형적으로 원(原)그리스도교적, 초기그리스도교적 발전이며, 19세기의 말기 단계에서는 전형적으로 유럽적 발전이다. 나는 그 구원종교에 특유한 방향 전환, 즉 기억으로부터 희망으로의 방향 전환에 대해 말하고 있다. 우리는 진보이념의 사투(死鬪)가 불러일으킨 장엄한 혼란의 한 가운데에 박혀 있다. 그 사투는 문명화한 인류의 종말에 이르기까지 우리를 떠나지 않을 것이다. 또한 그것이 단순히 유럽적 현상이기를 멈출 것이라는 점은 자명하다.

시대적으로 우리는 콩도르세(Condorcet, 1743-1794, 프랑스 진보주의자; 역주) 이래 전개된 진보 신념의 완성과 연결된다.[73] 그러나 우리에게 더 중요한 단계는 지진계(地震計)의 방식으로 알아챘던 '신의 죽음'에 대한 그다지 경사스럽지 않은 고백이다. (이 고백은 크게 오해된 진화론과 병립한다.) 신이 죽었다는 소식은 헤겔, 장 파울(Jean Paul, 1763-1825, 독

....

73 Condorcet, *Esquisse historique de progrès de l'esprit humain*, 1794. 참조, *Die Philosophie und die Frage nach dem Fortschritt*(참고문헌 목록에서 "Fortschritt[진보]"항으로 소개된 책), pp. 72; auch 20, 40, 55 und 92.

일 소설가; 역주), 도스토예프스키 그리고 니체에 의해 퍼졌으며 우리 세기에까지 옮겨졌는데, 이 소식은 미국에서 그리고 이곳(독일; 역주)에서도 한 이십년 전에 전적으로 새로운 정보인 것처럼 발견되었다. 그런데 그 배후에 '무신론적 신학' 전도자의 피상적 소음(騷音) 이상의 것이 숨어 있다. 간단히 표현하자면, 신이 더 이상 살아 있지 않다면, 우리는 신 없이 살아갈 준비를 해야만 한다고 사람들은 생각했다. 앞으로는 동경이 기억된 낙원을 향하지 않고 — 어쨌든 그곳으로 우리는 결코 다시 돌아갈 수 없었을 것이다 — 미래를 향해 투사된 낙원을, 우리가 스스로 창조할 수 있는 낙원을 향한다. 오래된 형이상학적 향수가 뒤집혀서 의식 안에서 진보 신념으로 모습을 갖추었다.

하지만 진보의 이념을 언급함으로써 우리는 본말을 전도시켰다. 우리는 모든 것이 시작했던 그곳에서, 모든 역사적 결과를 함께 결정하게 된 형태를 구원종교가 스스로 점차적으로 갖추게 되었던 그곳에서, 시작해야 할 것이다. 대체로 말해서 그것은 두 단계로 이루어졌다. 한편으로 기억된 낙원이, 도래할 신의 왕국에 대한 기대로 전환되는 일이 나타난다. 그 이유는 히브리인의 특별히 불행하게 진행된 역사 때문임이 분명하다. 그들은 전쟁, 황폐화, 포로로 잡힘, 기나긴 타향살이로 얼룩진 과거에 대해 더 이상 듣고 싶어 하지 않았다. 그들은 현재[당대]에도 좋은 상태에 있지 않았기 때문에, 희망 전체를 — 사람들은 희망이 없으면 살 수 없다 — 미래에 설정하였다. 이 점은 이해 가능하다. 상식을 충족하는 설명은 대체로 위와 같을 것이다. 이에 관해 오직 역사가만이 보충적, 교정적(矯正

的) 사실을 가르쳐 줄 수 있을 것이다. 그런데 여기서 훨씬 더 중요한 것은, 문헌자료를 통해 더 잘 접근할 수 있는, 나중의 이차적인 해석변경을 파악하는 일이다. 즉 고대 유대교적 견해에서 출발하여 일차 그리스도교 공동체의 구원표상이라는 중간단계를 거쳐 종말론적 생각이 (제도화되는 교회에서) 지양되는 방향으로 해석변경이 일어났다.

종교 역사가는 구약성서 신학자와 다음 견해를 공유한다. 사람들은 고대 유대교의 구원실현에서 근본적으로 상이한 두 개의 개념을 구분해야만 한다. 더 오래된, 분명히 정치적인, 외화(外化)된 기대; 그리고 바빌론 유수(幽囚) 이후의, 더 나중의, 분명히 경건한, 내화(內化)된 기대. 마르틴 부버(Martin Buber, 1878-1965, 오스트리아－이스라엘 종교철학자, 역주)는 예언적 종말론과 계시록의 종말론을 구별한다. 전자는 이스라엘에서 유래하고, 후자는 고대 페르시아에서 유래한다. 두 형태는 후기 유대교에서 그리고 유럽 그리스도교의 후속시대에 융합된다. 이 두 근본형태의 다툼, 균형을 얻으려는 시도, 혼융의 형성, 여러 번 시도된 재(再)분리, 이것들을 부버는 그리스도교 내부 역사의 중요한 장(章)으로 여긴다. 그는 예언적 형태는 이른바 유토피아주의자 안에, 계시록의 형식은 마르크스주의자 안에 가장 잘 보존된 것으로 간주한다.[74]

가장 오래된, 앞선 기대는 다음과 같이 요약, 기술할 수 있다. 유대민족 역사의 종말에 메시아[구세주]가 다비드 가문에서 출생하여 메시아 왕국

....

74 참조, M. Buber, *Pfade in Utopia*, in der Ausgabe *Der utopische Sozialismus*, p. 24.

을 건립하는데, 이 왕국은 물론 순수한 지상의 왕국이다. 그는 예루살렘에서 이스라엘과 유대 종족을 불러 모을 것이다. 나머지 민족들은 복종하게 될 것이다. 이러한 구체적 정치적 기대가 그리스 및 로마의 외세적 지배에 대한 모든 반란의 가장 강한 동인이었다. 나사렛의 예수가 등장하기 바로 전 시대에 반란과 혁명분위기는 일상적이었다. 몇 주 간격으로 새로운 메시아가 자신의 권리요구를 공공연히 알리며 기적행위를 통해 자신을 정당화하고 추종자와 함께 수도(首都)로 승리의 입성을 하기 위해 준비한다. 수천 명에까지 이르는 반란군이 점령군에 대항하여 유대 민족 왕국을 위하여 비밀리에 준동하며 기도를 통해 초빙된 신의 영웅과 함께 그의 명령에 따라 급습할 준비가 되어 있었다. 예수가 예루살렘에 입성할 때 만났던 열광을 함께 느껴보려는 사람은, 정치적 메시아주의라는 이러한 기본 분위기를 감안해야만 한다. 해방하는 자가 오신 것 같았다. 위대한 행위가 기대되었다. 민족의 꿈의 충족이 실현될 수 있었다. 이에 상응하여 실망도 컸다. "십자가에 매달아라!" 이러한 민중의 외침은 사기당한 자의 반작용으로 이해 가능하다. 사원의 사제는 민중분위기를 이용했고 이 선동을 로마 점령세력에 대항한 반란이라고 고발했다. 조롱으로 십자가에 붙인 '유대인의 왕'이라는 패가 예수에게 귀속되었던 역할을 기술하고 있다.[75]

기대의 두 번째 방식은 경건한 집단들, 예컨대 에세네파(Essener, B.C. 150-A.D. 70, 엄격한 규율을 갖춘 반[反]기득권적 유대교 종파; 역주), 에녹-집단

....

75 참조, E. Benz, *Schöpfungsglaube und Endzeiterwartung*, pp. 11-46.

(Hennoch-Gemeinde, 계시록의 하나인 구약 외경 '에녹서'를 소의본성[所衣本經]으로 하는 집단; 역주) 혹은 쿰란(Q'um-Ran) 집단(B.C. 130-A.D. 68, 유대교의 근본정신을 회복하고자 했던 개혁세력; 역주)이 품고 있었다. 그들은 정치적 자유 투사를 희망하지 않았다. 그들은 향유(香油)로써 경배된 자를, 다비드 가문 출신이 아니며 그 왕좌에 앉지 않을 그리스도를, 하늘종족 출신이며 신의 아들로 정당하게 지배할 그리스도를 희망했다. 두려운 우주적인 심판이 무신론자들을 쳐서 없앨 것이며 낡은 시대는 거하고 새로운 미래 세계가 신의 개입으로 열릴 것이다. 이 사람들의 기본 분위기는 반란, 파괴력, 긴장상태와는 무관하였고 겁에 질려 있었으며 은둔적, 염세주의적이었다. 세상의 종말이 곧 닥칠 것이다.

양(兩) 구성 요소는 후기 유대교에서 통일되어 외부에서 넘겨받은 일련의 요소와 특이한 하나의 혼합을 형성하게 되는데, 이 혼합에 근거하여 사람들은 예수의 공적(公的)인 등장, 예수의 자기이해와 제자들의 자기이해를 비로소 올바르게 평가할 수 있다.

여기에 부가되었던 것은 아리아족의 종교, 즉 페르시아의 조로아스터 (조로아스터는 '짜라투스트라'라는 페르시아어 원래 형태의 개악[改惡]임) 종교에서 유래한 다음과 같은 생각이었는데, 이는 많은 사람에 의해 전적으로 그리스도교에 고유한 것으로 간주되기 때문에 간략히 요약되어야 한다.[76]

76 참조, R. Otto, *Reich Gottes und Menschensohn*, pp. 141ff. und 160ff.: 참조, Zoroastrianism, in: *Readings from World Religions*, pp. 79-86; 참조, J. E. Carpenter, *Comparative Religion*, pp. 246ff.

기원전 500년에서 300년 사이에 이집트에서 인도까지 펼쳐졌던 거대한 페르시아 제국의 종교는 오늘날에도 여전히, 작지만 높은 명망을 누리는 공동체, 파르센(Parsen＝페르시아인) 안에 살아 있다. 이 사람들은 인도 봄베이(Bombay) 북부에서 대체로 유복하게 살고 있다. 페르시아 제국의 몰락 뒤에 그들은 처음에는 쫓겨 다녔으나 기원후 3세기에서 7세기까지 르네상스(부활)를 경험하였고 언급된 나머지를 제외하고는 모슬렘에 의해 거의 몰살당했다.

다음 내용은 유대교에 막강한 영향력을 행사하고 이로써 간접적으로 그리스도교에 영향력을 행사하는 짜라투스트라(Zarathustra, 기원전 18세기 혹은 11세기 혹은 7세기에 활동한 페르시아의 예언자; 역주) 종교의 특성이다. 영원한 생명의 하늘나라가 있다. 거기에서 신의 아들이 인간을 죄로부터 구원하기 위해 광명형체로 지상에 강림할 것이다. 개인에게는 사후에, 인류에게는 시간의 끝에, 엄정한 심판이 행해질 것이다. 모든 말, 생각, 행위가 '생명의 책'에 기록되어 있다. 도덕적인 선이 더 많으면 그 영혼은 영원한 행복에 동참한다. 악이 더 많으면 영혼은 신의 거대한 적(敵)의 수중에, 즉 사탄의 덫에 떨어진다. 사탄은 뱀의 형상으로 인간을 유혹하고, 사후에 인간에게 지옥의 고통을 주며 자신의 두려운 진짜 모습을 내보일 것이다. 선택은 인간에게 자유롭다. 그러나 인간의 결정은 취소불가능하다. 따라서 인간은 수호천사로 불리는 천상의 조력자와 충고자가 필요하며 인간적인 중재자인 사제도 필요하다. 이 사제의 주요과제는 참회를 듣고 영원한 저주를 대신할 한시적인 벌을 가하는 일이다. 각 가족은, 사제의 생계를 책임질 수 있다면 스스로를 위해 이러한 사제 한 사람을 고용할 수 있었다. 젊은 사람은 15세까지 짜라투스트라의 가르침에 대해 수업을 받았다. 이 가르침은 대단히 아름다운 언어로 이루어진 시와 찬송가, 모든 피조물에 생명을 부여한 창조주 신의 신화, 선택된 사람을 위해 신이 그의 아들과 함께 마련한 낙원의 신화, 죽은 자가 육신과 영혼으로 부활하는 내용의 신화, 또 세례규칙, 성찬규칙, 15세로 완전한 구성원이 된 자의 견진성사(堅振聖事, 주로 가톨릭에서 성세성사[聖洗聖事]를 받은 신자에게 성령과 그 선물을 주어 신앙을 성숙하게 하는 성사; 역주)에 관한 규칙으로 구성되었다.

유대인이 이로부터 채용한 것은 쉽게 확인할 수 있다. 그런데 우리에게 중요한 것은 유대교적-메시아적 말세기대(末世期待, 終末期待) 안으로 흘러 들어간 몇몇 특징에 국한된다. 메시아는 더 이상 이 세상의 정치적 지도자가 아니고, 천상의 광명형체로 간주되는데 그는 악의 나라에 강림하여 그의 권속을 구원하여 광명의 나라로 귀환하게 할 것이다. 예전에 히브리인은 부활에 대한 희망도 없었고 사후에 개인으로 계속 사는 문제에 대해 많은 생각을 하지도 않았다. 이제 비로소 그들은 페르시아의 부활사상을 그들의 신-왕국-기대에 첨가하였고 (모든 앞선 세대를 대신한 유일한 이득향유자이어야 하는) 지금 현존하는 자로 이루어진 원래의 작은 세대를 옛날 및 오늘날의, 타향살이 중이거나 어니에서는 살고 있는 모든 유대인의 거대한 공동체로 확장하였다. 이러한 변형과 함께 그 다음 단계도 이미 정해졌다. 모든 인간, 모든 시대,

모든 민족으로의 보편주의적인 확장이 바로 그것이다.

　나사렛의 예수가 (원래 갈릴리 남자; 왜냐하면 베들레헴에서의 탄생에 대해 기원후 60년까지 아무도 몰랐기 때문이다. 다비드 집안 출신이라는 권리요구를 정당화하기 위해 예수탄생은 나중에 전설로 각색되었다.) 방랑 설교자로 등장했을 때, 그는 무수한 참회요구자와 방랑하는 랍비 중의 하나였다. 바로 예수 이전에 요한이라는 사람이 그 지방에 있었는데, 그는 세례를 행하고 신의 왕국이 임박했음을 알렸다. 비록 예수가 요한으로 하여금 자신을 세례하게 하고 또 요한의 추종자로 생각되었지만, 예수는 요한과 다음과 같은 점에서 구별되었다. 즉 예수는 도래하는 새로운 왕국을 이미 벌써 시작한 것으로, 이미 현재 안에 들어온 것으로, 정신적인 현실로 묘사하였다. 에른스트 벤츠(Ernst Benz, 1907-1978, 독일 복음주의 신학자·교회역사가; 역주)[77]에 따르면 예수는 에녹서의 '사람의 아들'의 약속을 자신에게 그냥 옮기지 않았다. 예수는 천사를 동반하고 천상에서 내려온, 신적 권능과 영광을 갖춘 승리자로 이 세계에 등장하는, 광명형체의 모습을 결정적으로 새롭게 해석했다. 승리자가 아니라, 고통 받는 신의 종으로 그는 이 세상에 등장하며 가난하고, 경멸받으며 나중에야 있을 높임과 영광을 기대한다. 이렇게 해야만 그리스도교적 역사신앙의 고유성이 이해될 수 있다. 한편으로 사람들은 도래하는 구원 시대의 약속이 예수 그리스도를 통해 실현된 것으

....

77　참조, E. Benz, *Schöpfungsglaube und Endzeiterwartung*, pp. 17ff.

로 간주한다. 다른 한편으로 그 약속은 완전히 실현되지 않았으며 예수의 생존시대에 (비로소 실현되기) 시작만 하였다. 구원의 실현은 재림 때에야, 즉 두 번째 오실 때에야, 비로소 완수될 것이며 이 재림은 최초에 기대된 장엄한 방식으로 나타날 것이다.

직접적인 후속시대에는 상이한 기대양태가 교차한다. 핵심－사도(使徒)들, 제자들에게는 세계몰락 분위기가 우세하였다. 곧 종말이 온다는 희망을 통해 이 몰락 분위기가 약간 완화되기는 했다. 바울에게는 자신의 당대에 일어날 임재(臨在, parousia, 그리스도의 재림)의 확신이, 심판받기 위해 모든 죽은 자가 부활한다는 생각과 균형을 이룬다. 이 양자는 제일 막과 제이막으로 생각되고 그 사이의 간격은 얼마나 걸릴지 정해지지 않는다. (저자의 이름을 따른) "요한(Johannes, 신약성경 "요한계시록"의 저자, 역주)"의 계시록에서 "천년"이 여러 번 언급된다.[78] 이 시기에 뱀은 사슬로 묶여서 심연으로 던져진다. (예수를 위한 피의 증인인) 순교자들은 그리스도와 함께 천년의 시간 동안 지배한다. 다른 죽은 자들은 그 이후에야 비로소 살아날 것이다. 그러므로 첫 번째 부활에서 깨어난 자들은 우선적으로 선택된 자다. 천년이 흐른 다음 보편적인 심판이, 이른바 "최후의 심판"이 인류의 나머지에 대해 행해질 것이다. 이 때 악마는 다시 풀려나게 된다. 이어서 새로운 세상이, 새로운 하늘과 새로운 땅이 열린다.

천년왕국설 이데올로기에서 중요한 것은 사람들이 제일천년 동안 특

----

78 요한계시록 20, 4 ff.

권자에, 즉 특수위상으로써 보답 받는 사람에 속하려고 노력하는 일이다. 여기서부터 많은 사회적, 정치적 유토피아를 위한 자극이 이해 가능하다. 국가사회주의 폭력범죄자의 이른바 '제삼제국'도 '천년왕국'으로 선전되었다. 민족의 어떤 잠재의식적 동경을 적중하기를 희망할 수 있는지를 나치 사상가들은 분명히 알고 있었다. 세계심판보다 이러한 천년왕국이 종교적 직관에, 특히 환상에 한층 더 가까이 있었다. 왜냐하면 천년왕국은 동경과 구체적 기대의 대상일 수 있었고 정서적으로 강화되어 직접적으로 효력이 있었기 때문이다. 이미 고대 교회는 더 나은 시대의 시작을 천년왕국과 연결시켰다. 여기에는 종교적 유토피아와 사회적 유토피아의 동기가 혼합되어 있다. 노동과 노고(勞苦) 없이 도달되는 전체적 만족의 삶도 인간의 모든 소망의 충족에 속한다.[79] 기원후 1000년의 천년왕국 도취감이 순수하게 종교적인 열광으로 치부될 수는 없다. 오히려 새로운 시대의 시작에 대한 꿈과 함께 들어온 것은 정말 분명한 약속, 즉 물질적인 풍요로움, 병과 궁핍으로 인한 불행의 종말이라는 약속이었다. 신학적 해석인 종말론은 하나의 측면이며, 또 다른 ('세속화'되지 않은!) 측면은 유토피아다.

마르틴 부버는 두 개의 기준에 따라 구분한다. 계시 쪽에서 이 생각은 시간 안에서의 완성으로, 즉 메시아적 종말론으로 나타난다. 철학적 이념에 따라서 그것은 공간 안에서, 사회적 유토피아로 완성된다. 전자

....

79 참조, E. Benz, *Schöpfungsglaube und Endzeiterwartung*, p. 20.

는 더 포괄적이며, 피조물에, 이니 우주석인 것에 해당된다. 후자는 사회에서의 인간의 변화에 국한된다. 바로 다음 기준은 분명하다. 종말론의 경우 모든 것은 "위로부터" 일어나고, 유토피아의 경우 모든 것은 인간의 의식된 욕구에 의존한다.[80]

그리스도의 재림은 일어나지 않았다! 그것은 틀림없이 고통스러운 인식이었으며 그 소식은 서서히 퍼졌고 최초의 성령은사적(charismatisch, 聖靈恩賜的, 카리스마적, 성령이 고맙게 주신 탁월한) 추진력을 마비시켰다. 사도들이 죽었고 세례받은 '성인(聖人)들'은 그들의 주님을 고대하면서 다른 사람들처럼 그들의 마지막 날에 무덤 속으로 쓰러져 갔다. 종말이 곧 닥칠 것이라는 기대의 도식은 포기되어야만 했으며, 오늘날 방식으로 말하자면, 폐기되어야만 했다. 예수의 복음 선포, 즉 케리그마(Kerygma)는 새롭게 해석되었고 헬레니즘 형이상학 양식의 다른 도식으로 대체되었다. 헛되이 기다렸던, 오지 않는 그리스도 대신에 **einai en Christo**(그리스도 안의 존재)라는 공식이 등장하였다.[81]

세례받은 자들의 공동체는 마지막 세대의 선택된 자들의 무리와 동일하지 않음이 정말 분명했다. 공동체 내부적으로 스스로 그렇게 이해했을 뿐만 아니라 세상 사람들도 그렇게 보았다. 따라서 그 공동체가 계속 존속하기 위해서는 좋든 싫든 이번 세상에 제도(Institution)로 설립

....

80 참조, M. Buber, *Phade in Utopia*, in op. cit., pp. 20f.
81 참조, A. Schweitzer, *Die Mystik des Apostels Paulus*, pp. 324ff.

되어야 했다. 오리게네스(Origenes, 185-254, 그리스 신학자; 역주), 에이레나이오스(Irenäus, Eirenaios, 140-202, 소아시아 태생 프랑스 리옹 주교; 역주), 키프리아누스(Cyprianus, 200/210-258, 카르타고 주교; 역주)의 성령주의적인, 구원신비적인 다양한 단초가 우선 정말 실증주의적인 입장에서—이 입장이 결국 관철되었다—그 결말을 보았다. 이 입장은 제도적인 교회를 현전하는 신의 왕국으로 보는 이론이다. 이 이론은 나중에 '그리스도의 신비한 육체'로 변형되어 다시 조금 더 탈(脫)물질화되었다. 가까운 미래에 예기된, 그러나 도래(到來)하지 않으려는 신의 왕국 대신에 가시적(可視的)인 제도가 등장하였다. 이 이론을 정식화할 수 있었고 동시에, 이행기를 극복하기 위한 다른 시도들에 대항하여 이 이론을 관철시킬 수 있는 권위를 가졌던 사람이 바로 아우구스티누스라는 천재였다.

그런데 이 이론을 강화하는 방향의 다음 단계도, 예컨대 *extra ecclesiam nulla salus*(교회 밖에는 구원이 없다)라는 근본원리도 아우구스티누스로부터 유래한다. 세례받지 않은 사람 모두를 구원으로부터 필연적으로 배제하는 일을 완화하기 위해 사람들은, 아우구스티누스가 교회 안에 있지만 구원되지 않은 사람들과 구원을 동경하는 외부에 있는 많은 사람에 관해서도 말했다는 점을 언급할 수 있다. 그러나 그렇다면 사람들은, 교회 밖에 있는 사람은 성령을 갖지 않는다는 아우구스티누스의 추론 및 이에 관해 정통교회가 채용한 견해를 중요함에도 감추는 것이다.[82]

....

82 Augustinus, *Epist.* 185, 11, 50; *CSEL* 57, 43.

또한 아우구스티누스는, 좋은 알곡과 나쁜 알곡이 있기 때문에 교회의 창고에서 타작해야 하지만, 창고 밖에는 쭉정이만 있다는 점에 대해 전혀 의심하지 않았다.[83] 온건한 아우구스티누스가 분파주의자들(Schismatiker = Nonkonformisten, 교회이론은 동일하나 교회 정치적 이유 때문에 생긴 다른 의견을 갖는 자들; 역주)에 대한 어떤 국가적 개입 및 폭력행사도 거부했다는 점을 아무리 거듭 강조해도 별로 도움이 안 된다. 그의 교회 이력의 시초에는 그 점이 들어맞는다. 당시 그는 화해를 설교하고 호의적인 통합 쪽으로 권고했다. 그러나 이미 기원후 400년 즈음에 그는 분열(Schisma)을, 즉 그리스도교 분파의 이탈을 ─ 이교도의 '완강함'이 아니라는 점을 주목할 것 ─ 제압하기 위한 법률을 선포할 황제의 권리를 인정하였다. 몇 년 뒤에(408년) 비켄티우스(Vicentius)에게 보낸 편지 93에서 그의 심경 변화의 분명한 증거를 보여준다. 그는 누가(Lukas, 신약성경 "누가복음"·"사도행전"의 저자, 그리스의 의사; 역주)복음 14장 23절에 ─ 초대받은 사람들이 잔치에 나타나지 않자, 주인이 종에게 이르되 길가의 사람들을 "들어오게끔 강권하라"에 ─ 근거한다. 물론 채찍과 칼이 아니라 부드럽고 사랑스러운 도움으로써 망설이는 자들을 그 자리에 모셔야 할 것이다. 그러나 이 "*cogite intrare*(들어오게끔 강권하라)"가 교회의 권력요구를 관철하는 데 무슨 역할을 수행했는지는 누구에게서보다

....

83 Augustinus, *Contra Secundinum Manichaeum* 26; CSEL 25m 1; 참조, E. Benz, *Schöpfungsglaube und Endzeiterwartung*, pp. 39ff.

존 로크(John Locke, 1632-1704, 영국 경험론자; 역주)에게서 읽어볼 수 있다.[84] 나는 폭을 넓혀 그것까지 살펴볼 생각은 없다. 왜냐하면 이단자 박해의 광범위한 혈흔(血痕), 신학적 정당화를 포함한 종교재판의 체계, 이러한 것을 교회역사를 관통하여 살펴보는 일이 나에게는 전혀 내키지 않기 때문이다.

오랜 시간을 거쳐 신-왕국-사상(Reich-Gottes-Gedanken)의 총독(總督)으로서 스스로를 세운 교회가 이 왕국의 조속한 도래에 더 이상 관심을 갖지 않았다는 점은, 종말론적 이념을 점차적으로 억제하고 너무 시끄럽고 강하게 아버지 나라가 도래하기를 기원하는 사람을 (이는 교회의 소멸을 기원하는 셈이다), 즉 주(主)기도문의 실현을 고집하는 사람을 박해하기까지 했던 점에서 입증된다. 게르트-클라우스 칼텐브루너(Gert-Klaus Kaltenbrunner, 1939-, 오스트리아 철학자; 역주)는 허버트 마르쿠제(Herbert Marcuse, 1898-1979, 독일태생 유대계 미국 사회철학자; 역주)에 관한 비판에 대하여 알맞은 주석을 단다. "오늘날의 그리스도교도는, 마르쿠제가 성서적 약속을 사회철학적으로 세속화했다고 비난하는 대신에, 종말론적 요소를 이단의 가장자리로, 아니 그 너머로 몰아내고 이미 일찍이 신의 나라의 조심스러운 연기(延期)를 기원하게끔 가르쳤던 자가 바로 교회였다는 점을 반추하는 편이 더 나을 것이다."[85]

....

84 참조, J. Locke, *A letter concerning Toleration*; 참조, W. Baumgartner, *Naturrecht und Toleranz*; 참조, G. Mensching, *Toleranz und Wahrheit*.
85 G.-K. Kaltenbrunner, *Europa II*, p. 402.

기억으로부터 예기(豫期)로의 180도 방향전환, 즉 기억으로부터 핵심(核心)으로 이해된 시점을 향한 180도 방향전환이 이로써 매우 간결하게 요약되었다. 그런데 이러한 변화는 구원에 대한 오래된 동경에 완전히 다른 방향을 제시하였다. 신성한 일의 외경적인 내재화인 *pietas*라는 고전적 덕은, 이 세상 모든 영역의 상태의 개선에 대한 희망이며 인간적 행위에 대한 희망인 *spes*라는 현대적 덕으로 변화하였다. 그러나 항상 여전히 근본적으로 종교적인 충동이 문제라는 점, 마르크스주의자의 모든 사회 유토피아적 개념 및 인간을 행복하게 만들고자 하는 다른 사람들의 모든 사회 유토피아적 개념이 종교적인 구원의 동경으로부터 유래한 흔적을 갖는다는 점, 이 점은 몇몇 예로써 직관되어야만 한다. 동경의 흐름이 미래를 향하여 얼마나 강하게 전도(顚倒)되는지에 관해서는, 모든 희망행복[희망기쁨]에 대조적인 입장 하나가 미리 제시되면 아마 도움이 될 것이다.

극단적인 반(反)-미래주의자의 한 사람은 루트비히 클라게스였다. 그는 유래(由來, Herkunft)와 미래(未來, Zukunft)를 분리개념, 대립표시로 간주했다. 이 대립표시에 의거해 인간의 운명이 결정된다. 그의 확신에 의하면 모든 살아 있는 것은 자신의 유래에 의해서 위대해질 따름이다. 그런데 이러한 기초명제에 대립하여 인간 대부분의 노력은 미래를 향하는 것처럼 보인다. 그 결과 나타나는 현상은 평화롭지 않은 번잡함이고 내적인 불안이다. "수천 년 동안 미래라는 유혹적 환상보다 더 많은 궁핍, 고난, 피를 요구한 환상은 정말 없었다! 이 환상은 생명과 생명을 차례로 살해하며 집어 삼킨다. 유래라는 창조적 생명원천에 미래라는 만족을 모르는 몰록(Moloch, 만족을 모르는 악귀; 역주)이 대립한다! 역사적 인류는 지나간 것[과거의 것]의 현실을 '미래'라는 유령으로써 **때려죽였고 때려죽이고 있다.**"[86]

이제 그 반례를 살펴보자. 에른스트 블로흐(Ernst Bloch, 1885-1977, 독일 신좌파 철학자; 역주)의 전체 인생작업은 미래주의적 주제에 바쳐진다. "희망 원리(Prinzip Hoffnung)"는 동경, 기대, 유토피아라는 개념처럼 그의 사유 특성을 잘 보여준다. 블로흐에게서 "존재론적 명예"[87]를 얻은 유토피아적 희망은, 새로운 것과 더 나은 것에 향해 열려 있는 인간의 영혼의 덕이 아니라 우주의 근본분위기이다. 블로흐는 미래라는 우주적 가능성의 철학자로 스스로를 이해했다. 이 우주적 가능성이 신화, 종교, 음악, 미술, 문예 안에서 표출될 뿐만 아니라, 농민전쟁, 러시아 혁명 등 사회혁명적인 노력에서도 표출되며, 일차 세계대전 종결 뒤에 나타난 단기간의 스파르타쿠스 운동(독일의 극단적인 사회주의 운동, 독일 공산당의 전신; 역주)에서도 표출된다. 블로흐는 사회주의에서 항상 현전하는 "황금시대"라는 원형에 관하여 말했다. 그는 "레닌(Lenin, 1870-1924, 러시아 혁명가·정치가; 역주)이 있는 곳, 거기에 예루살렘이 있다. (Ubi Lenin, ibi Jerusalem)"는 모토로 올라간다. 이로써 그는 어떻게 마르크스

....

86 L. Klages, *Werke*, Supplement, 1. Teil, p. 240.
87 G. - K. Kaltenbrunner, *Europa II*, p. 363; 참조, E. Bloch, *Das Prinzip Hoffnung*, passim.

주의가 하나의 종교 운동, 하나의 반(反)교회(Gegenkirche)가 되었는가를 아주 분명히 한다. 이 반교회는 자신의 계시록적 – 메시아적 유래를 부인할 수 없다.

마르쿠제가 1967년 7월 10일 베를린 학생들 앞의 강연에서 말한 것이 아마 그의 철학적 의도의 정수는 아니었을 것이다. 그러나 어쨌든 그 당시 그의 말은 구약성서 예언의 비유와 유대교적 – 그리스도교적 계시록의 비유로 가득 차 있었다. 억압적 수단인 노동의 폐지에 대하여, 인간과 동물이 형제가 되는 일에 대하여, 시간의 종말에 대하여, 원죄의 청산에 대하여, 충만의 질서에 대하여, "젖과 꿀이 흐르는 나라"(출애굽기 3, 17)에 대하여, "이리가 어린 양과 함께 거하며 표범이 어린 염소와 함께 있는"(이사야 11, 6) 나라에 대하여 마르쿠제는 말했다. 이는 옛날의 에덴동산처럼 들린다고 의심할 수 있지만 마르쿠제는 어떤 복귀도 생각하지 않는다고 고백했으며, 단지 인류 역사에서 이러한 나라의 실현 가능성이 아직 한 번도 (오늘날처럼) 이렇게 크지 않았다는 점을 지적하고 싶다고 고백했다.[88]

야콥 타우베스(Jakob Taubes, 1923-1987, 오스트리아 태생 유대계 종교사학자; 역주)는 마르쿠제의 주장을 "예언적 영감의 세속적 해석"[89]이라고 불렀다. 이는 매우 적절한 주석인데 다만 "세속적/비종교적"(profan)이라

....

88 참조, G. – K. Kaltenbrunner, *Europa II*, p. 400f.
89 J. Taubes, *Abendländische Eschatologie*, p. 87.

는 작은 단어가 방해될 뿐이다. 이 단어는 말하자면 pro(앞)-fanum(사원), 즉 사원의 앞마당을 지시하며, 오늘날 사람들이 자주 '세속화된'(säkularisiert)이라고 부르는 - 이는 아주 틀린 말이다 - 넓은 지역을 갖는 어떤 구역을 지시한다. 나는 충분한 이유로써 다음 반론을 제기한다. '황금시대' 혹은 '에덴동산'은 인간의 아주 오래된 동경을 시간-공간적으로 신비화한 표현이다.[90] 이 동경은 결코 차안(此岸)적-구체적· 사회적·정치적 제도 없이 피안(彼岸)에만 거주할 수 없다. 유대교적이든 그리스도교적이든 어떤 형태의 계시록적 재림론(再臨論)에서도, 그 표상내용을 '성스러운/종교적인'(sakral) 것이라고 부르는 일은 적절하지 않았을 것이다. 따라서 그 표상내용의 비종교화가 전혀 일어날 수 없었다. 그러한 (재림의) 희망을 키우고 있는 사람의 범위가 정통교회의 합법적 성원에 한정되지 않았으므로, (세속화라는) '법률상으로 양도된 권한'(juristisch entäußerte Titel)을 (재림의) 희망과 결합시키며 '세속화된(säkularisiert)'이라고 말하는 것은 전적으로 옳지 않다. 설사 세상에게 주지 않았던 것을 돌려준다는 비유적인 의미에서라도 마찬가지로 옳지 않다. 모든 예언은 정치적이며, 모든 신학, 경건주의 신학도 똑같이 정치적이다. 그것들이 이제야 비로소 정치화, 비(非)종교화, 세속화될 필요는 없다.

....

90 참조, H. Kuhn, *Die Philosophie und die Frage nach dem Fortschritt* (참고문헌 목록에서 "Fortschritt[진보]"항으로 소개된 책), Vorwort, pp. 9-12.

사회정치적 유토피아가 구원종교적 모범의 변형 결과로 검토할 필요가 있었던 주요노선 중 하나였다. 자연종교에는 이러한 유토피아적 요소가 없다. 이와 똑같이 자연종교에는 없는, 아니 자연종교에서는 도저히 생각할 수 없는 또 다른 고유성 하나를 언급해야 한다. 이 고유성은 대개의 구원종교의 특징이다. 물론 이 구원종교가 유일신(唯一神)을 향해 고정된 한에서 그러하다. 여기서는 어떤 한 사람에 대한 인간적인 사랑관계에서 알려진 질투(Eifersucht)의 종교적 변형태가 문제다. 즉 신앙열성(信仰熱誠, 狂信, Glaubenseifer)이 문제다.

열광적인 것의(des Enthusiastischen) 이 두 가지 병(病)적인 강화는, 인간이든 신이든, 어떤 **하나**에 좁게 집착함에서 출발한다. 단지 이 **하나**만 있어야 하며 그에게 나는 최대-연인이다. 여기 또 다른 계기인 뚜렷한 자기사랑이 이미 벌써 부가되어 나타난다. 이 자기사랑이 없으면 "열성으로써 추구하고 수난을 겪는" 정념도 존재하지 않는다. 마찬가지로 종교적 광신주의도 자기과대평가의 강한 참여가 없이는 이루어질 수 없다. 종교사를 연구하는 모든 학자와 민속학자에게 잘 알려진 연구결과에 따르면 일부다처제의 자연민족에게는 어떤 질투장면도 없으며, 다신교에서는 어떤 광신도 없으므로, 신의 영광을 위해서 신의 이름으로 수행하는 "성전(聖戰)" 및 민족말살을 포함한 모든 종류의 범죄행위를 지향하는 치명적 경향성도 없다.[91]

'종교'가 개인의 문제일 뿐만 아니라, 또한 공동체, 교회, 민족, 국가

....

91 참조, W. Schubart, *Religion und Eros*, p. 173.

의 문제라는 점을 고려하게 되면, 상황이 그렇게 단순하지만은 않다는 점이 자명하다. 사회적 결사체의 통일성, 폐쇄성, 자립성을 위한 열성이 일깨워질 수 있다. 그 열성은 신의 지배력 요구를 위해서뿐만 아니라, 왕, 사제왕(司祭王, Priesterkönig), 교회국가의 지배력 요구를 위해서도 싸운다. 이 종교가 성서의 전승에 입각할 수 있다면, 전통의 유지를 위한 열성이 부가될 수 있다. 왜냐하면 전승도 어떤 인격처럼 성스럽기 때문이다. 전승은 계시종교에서 알맞게 경배된다. 유대교의 예배에서 경배되는 법전(Thora-Rolle, 모세[Moses: 기원전 13세기경 이스라엘 민족을 이집트의 노예상태에서 해방시킨 민족지도자, 율법의 모범] 오경이 적힌 양피지 두루마리; 역주)의 제의적 대표성을 생각해보고, 공의회 이전의 로마-가톨릭 전례에서 복음서에 분향하는 일과 키스하는 일을 생각해보면 이를 알 것이다. 여기에 절대적 의미의 진리주장이 제기된다면, 이로써 모든 다른 종교는 유일한 진리의 태양으로부터 배제된다. 이는 아마 전도(傳道) 과제와 결부될 것이고, 결국 배제의 위험, 즉 (예전에는 생명을 위협하는 결과를 낳았던) 파문(破門)의 위험 때문에 믿어지고 천명되어야만 하는 신앙고백과ㅡ이 신앙고백은 독단적 교리에 입각한다ㅡ결합될 것이다. 그러면 제도적 무관용을 확립시킬 수 있는 요소들 모두가 대체로 주어진다. 이 제도적 무관용은 이제 신앙열성＝질투(Glaubenseifer＝Eifersucht)라는 단순한 비교를 통해서는 더 이상 적절히 기술될 수 없다.

관용 혹은 무관용에서 다음 관점들이 신중하게 분리되어 고찰되어야 한다. 그것이 내적으로 혹은 외적으로 행하여지는지; 그것이 원리적으로 혹은 우연히 일어나는지; 그것이 형식적인지 혹은 내용석인지; 예언자적 근본[극단]주의, 광신주의가 핵심인지 혹은 앞에서 언급되었던, (무엇을 믿든 상관없는) 신앙문제(Glaubenssache)로 확인하는 일이 핵심인지.

형식적 관용은[92] 낯선 신념을 그냥 손대지-않고-내버려-둠(Unangetastet-sein-lassen)으로 이해된다. 이것이 자유주의 헌법에서 통하는 관용의 일반 유형이다. 형식적 무관용은 어떤 교회나 국가라는 제도 아래 순종할 것을 강요한다. 낯선 신념 혹은 종교를 적극적으로 인정할 경우, 즉 타인의 다름[差異]을 명시적으로 인정할 경우, 사람들은 내용적 혹은 실질적 관용에 관해 말한다. 내용적 무관용은, 다름 아니라, 자신의 진리로 생각된 것을 위해 다른 종교를 극단적으로 거부하는 일로, 즉 그 종교에 대한 투쟁과 박해로, 나타날 수 있다.

논리적으로 이러한 근본요소들의 결합도 가능하다. 1) 내용적 무관용과 결합한 형식적 무관용. 이는 가장 나쁜 경우이며 유감스럽게도 논리적 가능성의 형태로만 있는 것이 아니다. 2) 내용적 무관용과 결합한 형식적 관용. 이는 우리나라(독일)에서 일반적인 태도인데, 예컨대 유명한 '명예로운 심정'에서 발휘된다. 명예로운 심정은 "나는 당신의 어떤 주장에도 동의하지 않지만 당신이 당신의 입장을 방해받지 않고 개진하는 일을 모든 허용된 수단으로써 옹호할 것이다."는 마음이다. 3) 형식적 무관용과 내용적 관용의 결합도 역사적으로 등장했으므로 언급되

---

92 나는 다음의 표시와 구별을 따른다. G. Mensching, *Toleranz und Wahrheit*, pp. 18f.

어야 한다. 끝으로 4) 형식적이며 실질적인 관용의 형태가 남아 있으나, 위에서 주어진 규정에 따르면 이 결합은 배제된다.

범주적으로 정리된 다음, 직관을 위해 이제 하나의 구체적인 예, (유대교적-그리스도교적 교회의 영역의 예가 아니라) 계시종교의 이른바 세 번째 가지인 이슬람교에서의 구체적인 예가 뒤따를 것이다. 이 문제는 다층적이며, 다음 자료들이 구별될 때에만, 짧게 요약될 수 있을 것이다. 1) 종교창시자인 예언자 모하메드(무함마드, Mohammed, 570-632, 이슬람교의 시조; 역주)의 태도. 2) 이른바 메디나의 장(章)들 (메디나에서 그리고 기원후 622년 메카로부터의 성천[聖遷, 헤지라]에서 예언자에게 계시되었던 코란의 장들). 3) 이슬람 국가의 정치적 실천.

모하메드는, 자신의 신념에 따르자면, 유대인과 그리스도교도에 의해 왜곡된 아브라함의 종교를 신의 명령으로 재건하였다. 이 명령은 알라의 의지에 복종하는 일을 무조건적으로 요구한다. 따라서 원칙적으로 이 명령은 무관용적 명령으로 해석된다. 하지만 상대적인 관용이 '성서소유자들'에 대하여, 즉 질투와 불일치 속에서 다투며 분열되어 진정한 의미인 완전한 복종(=이슬람)이 사라지기는 했지만 계시된 성서를 경배하는 종교들에 대하여 베풀어진다. 강제적인 개종은 금지되어 있다. (코란 2장, 258절: "신앙에 관해서는 어떤 강제력도 행사되어서는 안 된다.") 한정된 형식적 관용을 넘어서 성서를 소유한 다른 종교들의 핵심계시의 부분까지도 인정된다. 왜냐하면 그 종교들은 바로 동일한 원천에서 유래하기 때문이다.

반대로 성서적 게시에 이르지 못한, 엄밀한 의미의 비(非)신앙인들, 즉 '우상숭배자들'은 극단적인 외적 무관용을 경험할 것이다. 그들에 대해서는 성전(聖戰)의 영구 상태가 지배하고 심지어 매복(埋伏)을 통한 죽임까지 허용된다. 그러므로 이 세계의 대부분의 나라에서 항상 알라의 문제로 성전이 본래 벌어져야 할 것이다. 바로 1972년 뮌헨과 1983년 베이루트에서 그러한 일이 정확히 발생한다.

자기 진영의 배교자(背敎者)에 대해서는 가장 엄격한 최고의 내적인 무관용이 적용된다. 이슬람의 법전은 그들을 죽일 것을 명령한다. 그들이 흘린 피는 어떤 복수도 수반하지 않으며, 결혼은 해체되고, 재산은 정통 신자에게 귀속된다.[93] 이러한 일이 오늘날까지 대부분의 이슬람 국가에서 실행되고 있다. 비신앙인으로 그곳에 체류하는 사람은 일련의 심각한 제약에 복종해야 한다. 금주(禁酒)는 말할 것도 없고 모하메드나 이슬람 종교에 대해 비판적으로 말하는 일도 허용되지 않으며, 휘장(徽章, 배지)을 착용할 수도 없고, 이슬람 사원보다 더 높은 건물을 지을 수 없으며, 다른 신앙의 성서로부터 강연하는 일, 종을 울리는 일 등도 금지된다.

이에 반대되는 그림을 얻기 위해 나는 신비적 구원종교의 순수 형태인 불교를 언급하고자 한다. (내용적으로는 들어가지 않겠다.) 부처(Buddha, B.C. 560-480, 석가모니의 다른 이름, 불교의 창시자; 역주)의 말씀[94] 가

....

93 참조, 같은 책, p. 36 mit Anm. 31, und p. 32, p. 37.
94 *Udana* VI, 4, Ausgabe Oldenburg 1922, p. 134.

운데 '선천적인 맹인들과 코끼리'의 비유에서 근본원리 하나가 나타난다. 맹인 각자는 자신의 부분적 지각을 보편적이라고 간주한다. 한 사람은 머리를, 다른 사람은 배를, 제삼자는 꼬리를 지각한다. 각자는 이것이 코끼리이며, 자기 말이 진리라고 주장한다. 무엇이 진리이고 무엇이 진리가 아닌지 알지 못하면서 말다툼하고 서로 싸운다.[95]

종교창시자 모두처럼 부처도 가르침[교리]을 설파했지만 (부처의 가르침이 도대체 종교로 파악되어야 하는지는 지금은 고려하지 않기로 하자), 다른 창시자 모두와는 달리 한 번도 이 가르침에 자기목적성을 부여하지 않았으며 그 가르침을 (선인과 악인을 가르듯; 역주) 사람들을 가르는 것으로 간주하지 않았다. 바로 여기 부처의 내용적 관용이 드러난다. 이는 뗏목의 비유에서 아름답게 표현된다. "가르침은 뗏목과 같다. 사람들은 강(변화세계)을 건너 저 언덕(열반)에 도달하기 위해 이 뗏목을 이용하지만 목적지에 도달하면 뗏목을 더 이상 끌고 가지 않는다."[96] 나는 철학도 이와 마찬가지로 탈것[수레]과 같아서 사람들은 이 탈것을 통해 본질적인 것의 통찰에 이르기를 배우고, 더 나은 삶을 영위하기를 배우고, 아마 우아하게 죽기를 배울 수 있다고 생각한다. 나는 철학에 자기목적성을 결코 한 번도 부여할 수 없었다.

부처의 경우 부가되는 것은, 그가 어떤 종류의 권위신앙도 — 보편적

95 참조, E. Conze, *Der Buddhismus*, pp. 57ff.; 참조, G. Mensching, *Toleranz und Wahrheit*, p. 27.
96 H. v. Glasenapp, *Gedanken des Buddha*, p. 9.

전승을 통한 것이거나 성스러운 경전의 보고(報告)를 통한 것이서나 간에―거부한다는 점이다. 너희가 스스로 올바르다고 혹은 올바르지 않다고 인식한 것에 따라서만 살라고 그는 제자들에게 권유한다. 여기 짧게 암시된 이 모든 단초로부터 분명한 것은, 불교가 **탁월한**(*par excellence*) 관용종교처럼 보인다는 점이다. 불교는 한 번도 박해나 탄압을 낳지 않았으며 자주 다른 종교와 나란히 함께 있었다. 불교는 중국에서는 유교 및 도교와 함께, 일본에서는 국교인 신도와 나란히 함께 있었다. 불교는 또한 정말 다양한 정치체제와 쉽게 어울릴 수 있었다. 이 모든 것은 19세기 말까지의 고전적 불교에 해당된다. 그 당시 식민 통치와 함께 들어 온 공격적인 그리스도교적 전도에 대한 반응으로서 불교의 현대화가 일어났다. 이 현대화는 호교론(護敎論, 변호론, Apologetik)의 방편을 채용했으며 조직체적 실천주의에서도 서구적 영리(營利)회사에 적응하였다. 그러나 이로써 순수 관용이 부분적으로 현저히 제한되었다. 관용개념의 설명은 이만큼만 하자.

  이 결과는 **유일신**에 대한 열성적 고백과 유일신적인 구원종교의 무관용적 실천 사이의 내적 연관성을 보여주는 듯하다. 하지만 이는 단지 외적인 확인일 뿐이다. 이 주제 자체는 이제 진리주장 및 이데올로기의 관점에서 탐구되어야 한다. 진리물음을 제기하는 일은 피할 수 없다. 그러나 이 일이 그리스도교의 '진리'와 숭고함을 합리적으로 증명하는 일을 목표로 하는듯한 기소신학의 방식 혹은 호교론적인 종교철학의 방식으로 진행되지 않을 것임은 자명하다. 우선 한번 살펴보면, '진리'

는 상이한 종교에서 아주 다른 역할을 수행한다. 이는 세 개의 거대 종교에서, 즉 불교, 고대 유대교, 그리스도교에서 비교의 방식으로 제시될 수 있다. 이때 종교에 의해서가 아니라 철학적으로 대답되어야 할 문제가 나타난다.

4 /

진리와 진이라고-믿음

(Die Wahrheit und das Für - Wahr-Halten)

"모든 종교는 진리에 이르는 하나의 길이다(Jede Religion ist ein Weg zur Wahrheit)." 이 주장에 아마 대다수의 사람은 동의할 것이다. 상이하게 강조될 경우에 특히 그렇다. 모든(jede) 종교는 결국 그곳으로 이끈다. 모든 종교는 여러 길 가운데 단지 하나의(ein) 길이다. 종교는 단지 도중에(道中, 길 가운데, unterwegs) 있으며 목적이 아니다 등. 그런데 거의 모두가 올바르다고 간주하는 하나의 명제를 우리는 원리(Prinzip)로부터, 즉 병적인 반대정신에서가 아니라 앞으로 설명되어야 할 이유 때문에 의심해야 한다.

따라서 나의 반정립(反定立) 명제는 다음과 같다. 종교가 일사적으로 진리에 관심이 있는 것은 아니다. 더 많은 종교, 더 적은 관심(Je mehr

Religion, um so weniger) ― 이렇게 말하는 것이 허용될지 모르겠다. 혹은 역으로: 어떤 종파가 더 정통교리적(orthodoxer)일수록, 교훈적으로 합리적인 언표에 더 많이 근거할수록, 그만큼 더 적은 '종교의 몫'을 그 종파는 갖는다.

진리에 대한 관계는 몇몇 거대 종교에서 매우 상이하다. 그러므로 그 가운데 세 종교가 대표적으로 연구되어야 한다. 하지만 독일어 'Wahrheit (진리)'와 같은 아주 단순한 보따리를 갖고 출발하는 일은 별 의미가 없다. 좋든 나쁘든, 더 나쁠지 모르지만, 적어도 언어적으로 헤매지 않기 위해, 즉 해당 문제, 인식방식, 생활태도를 다른 언어들로 표현된 개념, 문제, 생활방식에서 재발견하기 위해, 우리는 몇몇 약속에 동의해야 한다.

일반적 언어사용에서 '진리'는 우선 판단의 성질이다. 달리 말하면, 진리는 어떤 언표(言表, Aussage)가 표현된 사태에 일치한다는 성질이다. 이를 명제진리(Satzwahrheit) 혹은 진리의 논리적 형식(die logische Form der Wahrheit)이라고 부른다. 그 대립(혹은 그 모순)은 비(非)진리인데 이는 두 가지 형태로, 즉 모르고 한, 참이 아닌 언표(오류로 불림)와 알고 한, 참이 아닌 언표(거짓말로 불림)로 나타난다. 그런데 명제진리 옆에, 아니 명제진리 앞에 사태진리(Sachwahrheit), 존재론적 진리(die ontologische Wahrheit)가 있다. 여기서는 어떤 언표의 합리적 올바름이 문제가 아니라, 실제 [현실] 대상과의 연관(Beziehung zum Objekt der Wirklichkeit)이 문제이다. 이 대상은 물론 인식되어 있어야만 한다. 또 그것은 존재론적 진리로 규정될 때 언표, 명제 혹은 고백의 형태로 옷을 입고 나타난다. 이 진리는 명제 안에 있는 것이 전혀 아니기 때문에, 이 진리는 내립이 없다. 여기서 모순은 모든 현실의 부정이라는 근거 위에서만 생각할 수 있다. 이것이, 아우구스티누스가 *veritas*(진리)와 *deus*(신)의 동일시를 시도할 수 있었다는 점을 이해할 수 있게 하는 실마리의 하나다. ***Deus, qui veritas es; ubi enim inveni veritatem, ibi inveni deum meum, ipsam veritatem.***[97] (진리이신 신; 진리를 만나는 곳에서 나의 신, 즉 진리 자체를 만난다.) 이제 우리는 진리탐색을 위한 적어도 대충 만들어진 광학적 도구 하나는 갖고 있으며, 진리를 언표 안에서만이 아니라 생활형식과 기대 안에서도, 행위 자체 안에서도 찾을 수 있는 실마리를 갖는다. 다양한 형태의 자연종교에 관해서는, 진리개념이 그 종교와 무관하다고 대체로 주장할 수 있다. '자연종교에서의 가르침의 올바름'은 도대체 말할 수 없다. 그러면 '종교적 현실성으로서의 진리'는 어떠한가?

고대 이집트에는 *Maat*라는 글자가 있었다.[98] 그것은 신(태양신) *Re*와의 결합 안에서 사용되었는데, 이 신에 대하여 다음 노랫말이 있다. Maat가 당신과 함께 계시므로, 당신은 하늘을 두루 다니시고 땅을 지배하십니다. 당신이 저승에 계실 때도 Maat가 당신과 함께 계십니다. 당신이 계시는 한, Maat가 계십니다. 당신의 숨이 Maat고, 당신의 몸, 당신의 심장이 Maat입니다. 동일한 의미에서 우주신(창조신) *Amon*에 대해서도,

....

97 Augustinus, *Conf.* X, 22 u. 24.
98 참조, H. Bonnet, *Reallexikon der ägyptischen Religionsgeschichte*, 1952; 재인용, G. Mensching, 앞의 책, p. 147; 참조, 같은 책, pp. 148f.

그가 날마다 Maat를 먹고 사는 신이라고 노래한다. 이집트의 Maat에 상응하는 인도의 산스크리트어는 *satyam*이다. 이 말 안에 *sat*(=존재, 전[全]포괄적 현실성)가 들어 있다. 마하나라야나 우파니샤드 63장 2절에 "satyam 안에 Sat가 머물고 있다.", "신들은 satyam에서 유래한다."고 쓰여 있다. 몇몇 번역은 satyam 대신 그냥 '진리'를 선택한다. 나는 여기서 그 선택을 망설인다. 그러나 위의 두 말을 '신적인 현실성', '진실한 존재자', '생명이 충만한 존재'로 바꾸어 쓰는 일은 아마 틀리지 않을 것이다.

시편의 얼마 전 독일어 번역에서 히브리어 *emet*가 거리낌 없이 '진리'로 표현되었는데, 1975년의 통일번역에서는 '선함(Güte)', '충실함(Treue)'이 선호된다. 두 가지 예가 그 연관성을 해명할 것이다. 시편 36장 6절은 예전에는 (프로테스탄트 번역에서) 다음과 같았다. "당신의 진리가, 구름이 가는 만큼 퍼집니다." 이제는 그 대신 다음과 같다. "주여, 당신의 선함은, 하늘이 있는 만큼 퍼지고, 당신의 충실함은, 구름이 움직이는 만큼 퍼집니다." 시편 117장 2절은 한때 다음과 같았다. "주님의 은총과 진리는 영원히 우리를 지배하신다." 이제는 다음과 같다. "왜냐하면 주님의 호의가 강력하게 우리를 지배하시며, 주님의 충실함이 영원토록 존속하시기 때문이다." 여기서 의심 없이 '진리'는 '신적 현실성'(선함, 충실함, 성스러운 의지)의 의미로만 말해진다. "당신의 정의는 영원히 정의로 머물며, 당신의 법은 진리입니다."라고 시편 119장 142절에 쓰여 있을 때, '법'은 여기서 단지 '계시된 신의 의지'만을 의미하고 이로써 '신적인 현실성'만을 의미한다.

자연종교, 어머니 종교, 디오니소스적인 제의형태 안에는, 정말로 자연에 대한, 우주에 대한, 신적인 것에 대한 불굴의 신뢰 안에는, '올바름으로서의 진리'가 차지할 자리가 전혀 없다고 우선 말할 수 있다. 이에 반해 '현실성으로서의 진리'는 많은 다양한 표현으로 살아남아 있다. 물론 사람들은 이러한 이중 표현이 필요한지를 스스로에게 물을 것이다. 왜 '진실한 현실성(wahre Wirklichkeit)'인가? '진실하지 않은 인식'이 존재하지 않는 것처럼, '진실하지 않은 현실성'은 정말 없다. '진실한 현실성'이 수사학적으로 유의미하다면 사용 가능하지만, 그렇지 않으면 불필요하다. 이제 세 종교로 향하자. 즉 진리의 역할에 관하여 세 종교를 구체적으로 검토해보자.

a. 세 종교의 진리(*Wahrheit in drei Religionen*)

불교에 진리가 있는가? 그렇다. 그것도 하나의 진리만 있는 것이 아니라, 부처의 '네 가지 성스러운 진리(四聖諦)'가 있다. 태어남이 고통이고, 늙음이 고통이며, 죽음이 고통이다. 미워하는 사람과 함께하는 것이 고통이고, 사랑하는 자와 헤어지는 것이 고통이며, 욕구하는 것을 얻지 못하는 것이 고통이다.

알버트 슈바이처는 이를 "생명에 대한 일면적, 비관주의적 직관"[99]이

---

99 A. Schweitzer, *Werke* Bd. II, p. 514.

라고 부른다. 슈바이처의 관점에서 보자면, 이는 이해 가능하다. 왜냐하면 부처는 정말 다음과 같이 말하기 때문이다. 중생을 윤회전생으로 몰아대며 고통이 끝나지 않게 하는 것은 바로 무의미한 생명 의지다. 따라서 인간이 자신 안에서 이러한 생명 의지를 완전히 죽이지 못한다면, 즉 생명이 우리에게 즐거움을 줄 것이라는 망상을 근절하지 못한다면, 고통이 끝나지 않는다. 슈바이처가 아니라면, 세상은 눈물의 골짜기이고 세상의 짐을 벗어버리는 것은 기쁨이라고 말하는 에드워드 콘즈(Edward Conze, 1904-1979, 불경 번역으로 유명한 영국-독일 학자; 역주)가 옳다. 즉 세상 부정을 통해 사람들은 "신적인 왕국"을 얻게 된다. 따라서 소득이 상실보다 훨씬 더 크다. 그러므로 "비관주의" 같은 표식을 포기하는 편이 더 낫다.[100]

사람들이 이러한 입장에 대해 어떻게 생각하든, 하나는 분명해 보인다. 부처는 그 자신이 올바른 것으로 인식했으며 포교하고 싶었던 가르침을 세웠다. 그는 그의 통찰을 진리로 분류해야만 했다. 그러므로 이로부터 불교에서 진리에 어떤 역할이 귀속된다는 점과, 진리는 높은 인정을 받고 있다는 점, 진리를 추구하는 일은 구원에 굶주린 사람의 과제라는 점을 추론할 수 있을지 모른다.

그러나 사실은 그렇지 않다. 우리의 성급한 추론은 전형적으로 서(西)유럽적이다. 부처에게 이러한 확인은 헛되고 쓸모없을 것이다. 그

....

100 E. Conze, *Der Buddhismus*, p. 19.

는 병을 고치는 의사다. 논리 혹은 형이상학에 그는 관심이 없다. 우파
니샤드에서 그는 브라만의 철학을 배워 알게 되었고 그것을 불필요한
것으로 거부하였다. 그에게는 진리를 발견하는 일이 중요한 것이 아니
라 구원의 존재상태로 옮겨가는 일이 중요하다.

선(禪)－불교(Zen-Buddhismus)[101]는 바로 그 세밀화 때문에 이미 부처
의 원래 가르침과 구별된다. 불교가 인도에서 중국과 일본으로 옮겨갔
을 때, 일본의 선－사원에서는 날마다 불경의 한 부분을, 즉 (서유럽적
의미의) 진리 모두의 단적인 부정을 표현하는 불경의 한 부분을 낭송하
였다. 모든 '말할 수 있는 진리'는 다음 구절에서 웃음거리가 된다. "지
혜도 없다. 무지도 없다. 무지의 극복도 없다. 네 가지 진리도 없다, 고
통도 없고, 고통의 원인도 없으며, 고통의 사라짐도 없으며, 고통이 사
라지는 길도 없다." 조금 다른 방식으로 선－불자는 오래된 시로써 다
음 역설을 암송할 수 있다.

> "빈손으로 내가 간다.
> －그런데 삽 하나 들고 있다.
> 걸어서 내가 간다.
> －그런데 소의 등에 타고 있다.
> 내가 다리를 건널 때
> －다리 아래 물이 흐르지 않는다.

....

101 참조, 같은 책, p. 53 u, pp. 210ff.; 참조, W. Kaufmann, *Religion und Philosophie*, § 63.

다리가 흐른다."[102]

　이는 우리 귀에 다소 혼란스럽게 들린다. 논리의 이러한 왜곡은 아마 우리에게 불안을 야기할 것이다. 이를 개념적으로 이해하는 일에 우리는 전혀 어려움이 없다. 우리도 이것이 무슨 뜻을 가져야 하는지를 보다 심오한 의미에서 이해한다. 즉 말할 수 있는 진리 모두는 공허하고, 결론적, 개념적 정식화 모두는 쓸모없으며, 고정된 정리(定理)로서의 교의(敎義)는 가증스럽다는 점을. 그렇지만 전달 방식은 우리에게 정말 낯설다. 우리는 발밑의 기반을 상실할까 봐 두려워한다.

　만일 그리스도교 형이상학이 처음에 테르툴리아누스(Tertulianus, 160-220, 카르타고의 교부; 역주)의 제안에 따랐더라면, 우리도 유럽에서, 논리에 묶여 있지 않으며 이성으로부터 벗어나지도 않는 어떤 종교를 가졌을 것이다. 테르툴리아누스는 알다시피 모순과 불가능성을 진리의 기준이라고 설명하고자 하였다. *Et mortuus est Dei filius: prorsus credibile est, quia ineptum est. Et sepultus resurrexit; certum est, quia impossibile est.*[103] (신의 아들은 죽는다. 이는 알맞지 않기 때문에, 완전히 믿을 만하다. 파묻혔다 부활한다. 이는 불가능하기 때문에, 확실하다.) 대개 이 부분은 요약되어 다음과 같이 인용된다. *credo, quia absurdum*: 불합리하기 때문에, 믿을 만하다. 불가능하기에, 확실하다. 그런데 유럽의 정신역사는 다른 길을 택했다. 바

....

102 참조, W. Kaufmann, *Religion und Philosophie*, p. 299.
103 Tertullian, *De carne Christi* 5; II, 434.

로 그 이유 때문에, 논리를 배제하기가 우리에게는 어렵다. 그래서 아마 우리는 발언보다 몸짓에 더 주의하는 듯하다.

스승과 제자 사이에 많은 이야기가 있다. "스승님, 당신의 삶에서 가장 중요한 통찰이 무엇입니까?" 이렇듯 신참 제자는 정말 합리적인 물음을 던진다. 많은 경우 질문자는 다음과 같은 대답을 얻었다. 어제 비가 왔다. 아주 자주 질문자는 대답 대신 따귀를 맞았다. 그런데 그것은 가장 부드러운 형태였다. 그는 물속에 거꾸로 내던져지거나, 마루에서 밀쳐 떨어지거나, 혹은 다른 방식으로 거칠게 다루어질 수도 있었다. 종교가 말이나 명제진리의 문제가 전혀 아닌 경우, 도대체 어떻게 말로 하는 대답을 질문자가 기대할 수 있을까! 제자들은 경험세계의 현실로 거칠게 되던져졌다. 바로 거기서 찾아야 한다. 말로 전할 수 있는 생활지혜 형태 안에서 찾아서는 안 된다.

선(禪)은 새로운 길을 찾는다. 이 길과 비교하면, 네 가지 고귀한 진리[四聖諦]를 품는 부처의 길은 아직 우회로였다. 깨달음의 새로운 길은 지름길이자 왕도다. 따귀 때림은 갑작스러운 통찰로 이끌 수 있으며 젊은 중을, 예컨대 대승불교[104]와 같은 불교의 다른 방향에서 저술된 천 권의 책의 독서보다 원하는 목적지에 더 가까이 데려갈 수 있다.

줄여 말하자면, 논리적, 학문적 의미의 진리, 이론적 진리, 혹은 '종교'

....

104 Hinayana(소승)과 구별되는 Mahajana(대승); 참조, A. Schweitzer, *Der Spätbuddhismus in Indien*, Werke II, pp. 535-549.

라는 책에 정식화되어 포함되는 이러한 진리들이 존재했으면 하는 그저 단순한 바람, 이것들은 불교에서 중요하지 않다. 그런데 불교의 범위는 부처의 가르침에서부터 인도의 후기 불교를 거쳐 중국, 티베트, 일본 불교에 이르며 19세기부터는 국경 없는 보편적 불교에 이른다. 불교는 진리에 대해 그때그때 상이한 입장을 취한다. 이 입장은 꺼림에서 시작하여 극단적인 거부에까지 이른다. 왜냐하면 명목상의 진리를 위한 독선적인 개입은, 꼭 필요한 하나를 지향하는 일을 왜곡하기 때문이다.

유대교(Judentum)에서의 진리의 역할은 이와 다르다. (Judentum이라는 말은 여기서 이스라엘 국가가 아니라, 고대 유대 종교를 의미한다.) 불교에서는 진리 대신 구원이 문제라고 말할 수 있었다면, 유대 종교에서는 진리보다 생활방식(Lebensweise)이 더 중요하다.[105] 모든 것은 토라(Thora)를 중심으로 돈다. 토라라는 이 명사를, 바울이 (의도적으로) 그랬던 것처럼, 또 바울 이후 그리스도교 문헌에서 바울을 모방했던 것처럼, 곧바로 '율법(律法)'으로 번역해서는 안 된다. 인도어 '다르마(dharma, 達磨, 法)'는 라틴어 '포르마(forma, 形相)'와 마찬가지로 히브리어 '토라(thora)'와 비슷하다. 내부에 좋은 형상(Form)이 항상 들어 있으며, 친숙한 모범(模範, Vorbild)이 들어 있지만, 우리가 오늘날 법규로 이해하는

....

105 참조, Judaism, in: *Readings from World Religions*, chap. 4 und W. Kaufmann, *Religion und Philosophie*, § 64, und A. J. Heschel, *Gott sucht den Menschen*, pp. 12f.

것과 같은 어떤 '율법(Gesetz)'이 들어 있는 것은 아니다.

생활방식은 여러 의미를 포함한다. 관습과의 결합, 세계질서에 대한 의무감, 신에 대한 경배, 짧게 말하자면, 강한 전통의식.

토라, 법(Weisung, 지시)은 규율뿐만 아니라, 창조의 영광을 보고하는 창세기 책을 포함한다. 유대 종교의 핵심에 문서, 즉 성서가 있지만 성서는 집합명칭이다. 사람들은 유대인의 풍부한 전체 문헌 가운데 나타나는 다음 구별만은 주목해야 한다. 1. 이미 언급한 토라. 2. 탈무드(Talmud). 탈무드는, 처음에는 글로 쓰이지 않았고 기원후 2세기에야 비로소 글로 쓰인 전체적인 해석을 포괄한다. "탈무드는 인간 지성의 편에서 신의 말씀에 붙인 주석이다."[106] 탈무드는, 본질적으로 상이한 의미와 차별적 가치를 지닌 두 개의 주요 부분을 포괄한다. 1. 할라카(Halacha), 이는 규범의 위상을 가지며 율법의 힘을 가질 수 있다. 2. 하가다(Haggada), 이는 단지 개인적인 의견, 견해이며 누구도 이것에 묶여 있지 않다. 왜냐하면 그것은 명령하지 않기 때문이다.

성서는 신화, 역사, 문학 작품—서정시든 종교적인 산문이든 간에— 이 모든 것의 매우 다양한 자료 모음이다. 없는 것이 없고 그 풍요로움은 고갈될 수 없는 듯하다. 유대인에게 이 다양성은 생명력을 갖고 있으며 개별 특성을 고정시켜 정식화하는 일을 불가능하게 한다. 따라서 완고한 정식화가, 인간 지성의 희생을 강요하는 교의론(敎義論, Dogmatik)

---

106 R. Aron, *Die verborgenen Jahre Jesu*, p. 174.

으로 잘못 발전하는 일은 결코 생기지 않았다.

유대교에서 진리는 무엇인가? 자, 모든 진리는 성서에서 발견될 수 있다는 것이 바로 진리다. 성서의 무한한 창조성이 진리다. 그러면 이러한 내용적 다양성은 논리적인 모순 및 실질적인 모순을 아울러 내포한다. 성서의 무수한 주장은 서로 모순된다. 그러나 그것은 아무것도 아니다. 왜냐하면 주장의 언표를 글자 그대로 받아들여야 한다고 아무도 요구하지 않기 때문이다. 해석이 중요하다. 특히 랍비의 전통에서 그러하다. 그리고 해석의 실행은 또한 자주 모험적이었다. 그러나 이 해석이 조건 없이 반드시 '믿어져야(geglaubt)' 했던 것은 아니다. 비록 키에르케고르는 아브라함을 신앙인이라고 주장하지만, '신앙인'은 유대인들이 발명한 것이 아니다. 유대 전통의 언어에서 독실한 사람은 '신앙인'으로 불리지 않고 *jare haschem*으로, 즉 '신을 두려워하는 자', '외경을 품은 자'로 불린다.[107]

유대교에서 연구와 학문은 항상 높은 위상을 차지했다. 그러나 진리를 향한 추구는 우리가 '자유로운 연구'로 이해하는 것과는 완전히 다른 것이었다. 사람들은 오늘날의 관점에서 다음과 같이 말할 수 있다. "성서 안에 있는 진리를 향한 추구는 명제로 파악 가능한 어떤 진리를 목표로 하지 않았다. 아니 사람들은 이 진리 개념을 전혀 몰랐다. 가장 절실한 정신적 노력과 가장 놀랄 만한 분석적 긴장이 전승의 성성스러

....

107 참조, A. J. Heschel, *Gott sucht den Menschen*, p. 60.

운 보살핌에만 쏟아졌으며, 윤리성과 제의에 대한 이름답고 심층적인 해석 및 질문의 지속적인 발명에만 쏟아졌다."[108] 가장 간략하고 동시에 완벽한 요약이 선지자 미가(Micha, 기원전 8세기 후반에 활동한 구약성경의 예언자; 역주)에서 나타난다. "사람아, 주께서 선(善)한 것이 무엇임을 네게 보여주셨다. 네가 올바르게[정의롭게] 행동할 것, 자비심을 사랑할 것, 네 하나님 앞에서 너의 길을 외경 안에서 걸어갈 것을 빼고 주님이 너에게 무엇을 요구하겠느냐."[109]

진리에 대한 우리의 아리스토텔레스적-논리적으로 한정된 파악, 합리적-데카르트적 파악에서 벗어나, 다른 언어감각이나 시간감각에 작은 시선을 던지는 일은 매우 유용할 것이다. 우리가 텍스트를 독일어 번역으로 읽고, 지금은 지금이고, 오늘은 내일이 아니며, 아직 존재하지 않는 것은 결코 존재했었을 리 없다는 식의 우리의 사실규정 방식에서 출발한다면, 우리는 성서와 유대인의 종교를 이해할 수 없다. 진리에 대하여 전적으로 새로운 어떤 관계가 있다는 점이 곧 제시될 것이다. 철학처럼 혹은 비교 언어학처럼 들리는 것이 어떤 다른 종교적 체험세계의 분위기를 묘사하는 데 기여한다.[110]

히브리어(Hebräisch)와 아람어(Aramäisch)는 둘 다 셈족 언어다. 둘 사

....

108 참조, W. Kaufmann, *Religion und Philosophie*, p. 305.
109 미가 6, 8. (한글성서: 사람아 주께서 선한 것이 무엇임을 네게 보이셨나니 여호와께서 네게 구하시는 것이 오직 공의를 행하며 인자를 사랑하며 겸손히 네 하나님과 함께 행하는 것이 아니냐, 역주)
110 전체 문단에 관하여 다음을 참조할 것; R. Aron, *Die verborgenen Jahre Jesu*, 2. Kapitel, pp. 47-68.

이의 관계는 이탈리아어와 프랑스어의 관계와 같다. 두 언어는 상당히 쉽게 상대방 언어로 번역될 수 있다. 그 글자는 어떤 홀소리(모음)도 갖지 않으며, 단지 닿소리(자음)만 발전시켰다. 이는, 유대인이 알파벳을 배우기 이전에 어린이 시절부터 토라를 들었다는 점에 그 원인을 갖는다. 작은 표시를 하고 어떤 틀을 표시하는 것으로 충분했다. 나머지는 기억과 전승이 채웠다.

또 다른 특징은, 우리 언어와 같은 다른 언어에서 명사를 엄청나게 변화시킬 수 있는 형용사들이 여기서는 거의 완전히 빠져 있다는 점이다. 사람은 사람이다. 그런데 단순한 어떤 형용사가 선량한 사람을 비열한 사람으로 만들 수 있다. 이와 같은 일을 셈족은 생각할 수 없다. 항상 명사가 지배권을 장악한다. 명사는 작은 형용사적 꼼수로 변화될 수 없다. 게다가 셈족은 많은 형용사를 필요로 하지 않는다. 큰, 작은, 어려운, 쉬운, 지혜로운, 또 몇몇 다른 형용사만 있으면 충분하다. 사람들은 형용사 없이도 잘 지낼 수 있다. 그러면 성스러운 장소는 성스러움의 장소가 된다. 영원한 집은 영원함의 집이 되고; 온화한 지배자는 온화함의 왕이 된다. 보다시피 형용사는 없어도 된다. 이제 시인의 심장이 열린다.

나아가 비교급과 최상급, 즉 비교단계도 없다. 강화는 다음과 같이 일어난다. 특별히 성스러운 어떤 장소는 성스러운 것의 성스러운 깃이다. 가장 아름다운 노래는 노래의 노래다. 가장 행복한 여인은 '모든 여인 가운데 축복받은 자'이다.

행위의 담당자(Träger)인 명사와 행위를 표현하는 동시만 있으면 된다. 까다로움이 없는 이러한 언어는 종교적 사유로부터 자라났다. 이는 신과 시인의 간결한 언어다. 이 언어는 변증법을 위한 언어는 아니다. 따라서 몇몇 철학자는 이 언어를 좋아하지 않는다. 그러나 이 언어는, 무엇보다 말과 사물 사이에 아무 차이가 없다는 근본적인 사실 때문에, 우리로서는 거의 생각할 수 없는 확실성을 제공한다. 대상은 그 표현과 일치한다.

우리에게는 아무것도 맞지 않는다. 이름은 소리요 연기며, 사물의 본성은 우리에게는 오래 전에 사라졌다. 아니, 더 잘 표현하자면, 인식 불가능해졌다. 우리는 이름표에 우리의 개념을 적는다. 바로 이 이름표로써 우리는 사물의 본성을 다룬다. 이렇게 하여 우리는 우리에게 사라진 사물의 세계를 파악한다. 이러한 분열로부터 형이상학적 불안이 생겨났다.

히브리적인 인식에서 이름은 신적인 영감이다. 이름은 모든 사물의, 모든 장소의 가장 내밀한 본질을 표현한다. 요하네스(Johannes)는 '여호와가 자비로웠다.'를 의미한다. 에마누엘(Emanuel)은 '신이 우리와 함께 하시길.'을 의미한다. 예수(Jesus)는 '신이 우리를 구원할 것이다.'를 의미한다. 엘리자베스(Elisabeth)는 '신은 (일곱 배[七重]의) 완전성이다.'를 의미한다. 마찬가지로 장소도 어떤 표시가 아니라 그 규정을 표현한다. 골고다(Golgatha, Golgotha)는 '해골이 땅[骸骨處, 刑場]'을 의미하며, 겟세마네(Gethsemane)는 기름방앗간을 의미한다. 언어가 분열되지 않은 하나의 세계를 지시한다. 이곳에서 지성은 결코 길을 잃지 않는다.

보편개념 또한 추상적인 의미에 묶여 있지 않다. 유대 윤리의 핵심개념인 'Zedek'은 정의, 사랑, 진실을 동시에 함의한다. 여기서 세 가지는 분리불가능하게 결합되어 있다. 'Schalom'은 평화, 행복, 완전을 포괄한다.

이러한 예리하지 않음은—물론 그렇게 보일 뿐이고 실은 그렇지 않다—사실상, 유사한 내용의 화환(花環, 동그라미, Kranz)을 통해 세밀하게 다양해진 풍요로움과 보다 큰 심오함을 낳으며 지성과 영혼의 공명을 낳으며 또한 이미 말한 바처럼 평온과 안정을 낳는다. 신에 대한 신앙에서가 아니라 언어의 포근함 속에서, 독일의 집단 학살 수용소에 있던 죽음으로 내몰린 많은 유대인이 안정을 얻었다. 뇌 없는, 비인간적인 경비병은 시편을 낭송하는 희생자를 비웃었다.

또 다른 놀랄 만한 특성은 소유격의 사용이다. 그리스어, 라틴어, 게르만어에서 어떤 사물의 소유는 소유격으로써 표현된다. *domus patris*, 아버지의 집. 여기서 사람은 소유격이라는 어형변화[굴절]를 겪게 되며, 반대로 사물은 주격으로 불변한다. 우리처럼 이렇게 생각하고 말하는 사람은, 고정적이고 불변적이며 계속 존립하는 요소가 사물 세계에 있다는 점을 시인한다. 인간은 (세계에) 적응해야 한다.

성서 히브리어의 경우, 위와 같은 생각은 거의 이해될 수 없다. 히브리어는 반대되는 생각을 견지한다. 대상이 사람의 소유로 넘어가면, 사람이 아니라 대상이 변화한다. 사람은 세계와 언어의 중심에 위치한다. 또한 동사(활동어)도 항상 사실을 표현하는 것이 아니라, 그보다 훨씬 자주 사람으로부터 출발하는 어떤 것을, 즉 그의 의심, 소망 등을 표현한다. 어떤 동사가 '객관적'인 경우는 드물다. 대개 동사는 명령법, 금지법, 긍정법, 원망법(願望法) 혹은 의혹법(疑惑法, Dubitativ; Duden 사전에 따르면 "의혹을 표현하는 접속법"임; 역주)으로 나타난다.

시간은 인간의 영향 아래 놓여 있다. 그 언어[히브리어]는 이러한 점을 나타낸다. 우리의 언어에서는 동사가 항상 어떤 규정된 시간 영역 안에 놓여 있다. 현재, 반(半)과거, 완료, 과거완료, 미래, 미래완료.

그러나 여호와 신은 문법가를 좋아하지 않는 것처럼 보인다. 여호와에게 모세가, 신이 누구냐는 물음에 이스라엘 사람들에게 무엇을 말해야 할지를 물었을 때, 모세는 다음 대답을 듣는다. "나는 있었으며, 지금 있으며, 미래에 있을 것이라고 그들에게 말하라." 어쨌든 우리는 이렇게 번역한다. 그러나 히브리어 텍스트에는 단 하나의 시제가 나타난다. 반과거와 완료가 어떤 시점을 표시하는 것이 아니라 시간운동을 표시하는 것이라고, 셈족언어 방식으로(semitisch) 사람들이 생각하면, 사정은 완전히 분명하다. (한글성서: "나는 스스로 있는 자니라."; 역주)

신, 구 독일어 번역에 따르면, 여호수아서(1장 3절)에 다음 구절이 나타난다. "내가 모세에게 약속한 것처럼, 무릇 너희 발바닥으로 밟을 곳을 내가 다 너희에게 주노라." 여기서 세 동사가 세 시제로 나타난다. "밟을"(미래), "내가 주노라"(현재), "약속한"(완료). 그러나 히브리어 텍스트에는 세 가지 모두 동일한 시제로 나타난다. 그렇다면 어떻게 번역해야 하는가? (한글성서: "내가 모세에게 말한 바와 같이 무릇 너희 발바닥으

로 밟는 곳을 내가 다 너희에게 주었노니.”; 역주)

이러한 시간감각을 갖는 사람들에게는 사실적인 발생의 순간이 아니라 오직 시간의 흐름만이 관심을 끈다는 점을 그들의 언어 표현이 보여준다. 신은 달력의 연대기적으로 확정된 시점(Zeitpunkt) 안에가 아니라, 시간흐름(Zeitenverlauf) 안에 적어 넣는다.

누구나 아우구스티누스를 새로운 시간개념의 발견자로, 즉 아리스토텔레스의 시간-공간적, 물리학적 파악을 대신하는 심리학적 시간의 발견자로 간주한다. 고백록 11권에서[111] 현재가 주도적 범주가 된다. 현재는 과거를 기억된 것의 현재로, 미래를 기대된 것의 현재로 아울러 포괄한다. 아마 그는 고대 유대교적 시간이해를 다시 붙잡았던 것 같다. 이에 따르면 현재의 순간은 그 한계를 확장하여, 처음부터 끝까지, 즉 세계창조부터 메시아의 강림에 이르기까지 확장되는, 단절되지 않은 시간흐름 속에서 사라진다.[112]

이렇게 이해하면 모든 사건은, 그것이 지나간 것이건, 미래적인 것이건, 현재로 존재하고 머물 수 있다. 파샤축제(Passahmahl)는 이집트로부터의 탈출을 기념하는 축제가 아니다. 모든 참가자가 **지금(soeben)** 포로상태에서 풀려난다. 선지자 엘리아를 위해 식사가 차려지며, 그의 자리가 비어 있다. 왜냐하면 그는 메시아의 강림을 알리기 위해 언제든지 참석할

....

111 Augustinus, *Conf.* XI, pp. 20ff.
112 참조, R. Aron, *Die verborgenen Jahre Jesu*, 2. Kapitel, pp. 47-68.

수 있기 때문이다. 로베르 아롱(Robert Aron, 1898-1975, 프랑스 역사가·문필가;
역주)은 유대교의 예배에서 과거를 다시 현재화하는 일을, 경찰관이나 형
사가 (아니, 검사나 판사가) 사고나 범죄에서 죄인을 찾아내기 위해 실시
하는 현장검증과 같은 방식의 재구성과 비교한다. 그들은 사건장소로 가
서 공범과 증인을 불러 모아 사건을 다시 한번 일어나게 한다.[113] 이렇듯
유대교 축제는 사람들을 결코 사라져버리지 않은 사건 안에 집어넣는다.

우리는 영원성이 무엇인가를 파악하기 매우 어려워한다. 하지만 유
대교 전통에서는 영원성이 시간 안에서 경험될 수 있다. 미래 세계는
영혼이 육체를 떠난 다음에 곧 도달하는 사후의 상태가 아니다. 이러한
생각은 그리스적이다. 그런데 이것을 그리스도교적이라고 잘못 생각한
다. 영원한 생명은 우리 안에 뿌리박고 있으며 미래 세계의 본질은 유
대인에게는 영원한 안식일 휴식이다. 안식일 휴식이 영원성의 비유다.
시간은, 각자가 자신의 삶을 엮는 실타래이다. 시간은 유대인이 소유하
는 유일한 것이다. 이에 반해 로마인에게는 공간의 정복이 더 중요하다.
시간은, 군대출정과 정복전쟁에서의 공간적 성공이 측정되어 역사책에
고정되는 잣대일 따름이다.

유대인에게는 영원성이 세계의 시작 이래 시간 안에 들어와 있다. 그
러므로 어떤 자연적인 영역 혹은 심지어 신이-없는 영역 혹은 정치적
인 것이라는 '무종교적인 영역'으로부터 구별될 수 있는 '초(超)자연적

....

113 R. Aron, *Die verborgenen Jahre Jesu*, pp. 93f.

인 것'의 영역은 도대체 존재하지 않는다. "가이사의 것은 가이사에게, 하나님의 것은 하나님께 바치라."[114]는 랍비 예수의 결단은, 정치가의 말 속에서 매우 의도적으로 나타나는 것처럼, 두 개의 독립적 왕국의 분리로 해석해서는 안 된다. 이는 유대교적 사유에서는 생각할 수 없다. 왜냐하면 이 지상의 어느 구석도, 어느 것도 하나님 것이 아닌 것이 없기 때문이다. 어떤 '프로판(profan; 비종교적, 세속적)'한 행위도 없다. 기적 또한 초자연적이거나 예외적인 것이 아니다. 유대인들은 기적에 대해 매우 자연스러운 태도를 취한다. 그들은 기적을 자주 말하는데, 그들이 기적을 말할 때는 부드러운 유머의 멋이 수반한다. 기적에 관한 농담을 비방이나 모욕으로 오해하는 사람은 그리스도교도다. 그리스도교도는 모든 것을 — 물론 기적도 포함하여 — 신앙물음(Glaubensfrage)으로 만든다. 유대인은 기적을 '믿지' 않는다. 유대인의 태도는 무한한 신뢰(Vertrauen), 안도감인데, 이 안도감은 '신앙인'이 도대체 예감할 수 있을 정도보다 훨씬 더 풍요롭고, 확실하며, 성스럽다. 신앙인의 신앙 저편에 유머가 있다. 청교도적인 사람은 이 유머에 대해 고통스러운 미소만 지을 뿐이다. 시험 삼아 잘치아 란트만(Salcia Landmann, 1911-2002, 유대계 저술가; 역주)의 선집에서 하나 살펴보기로 하자.[115]

....

114 마태, 22, 21.
115 S. Landmann, *Jüdische Witze*, p. 75.

"랍비가 이야기한다. 어느 날 가난한 나무꾼이 숲 속에서 갓난아이를 발견했다. 도대체 어떻게 그가 이 아이를 먹일 수 있을까? 신께 기도했다. 그러자 기적이 일어났다. 나무꾼에게 젖퉁이가 자라나서 젖을 먹일 수 있었다.

제자가 반문한다. 랍비여, 이야기가 마음에 들지 않습니다. 왜 남자에게 여자 젖퉁이 같은 기이한 것이 필요합니까? 신은 전능합니다. 신은 금화 한 보따리를 아기 곁에 놓아 둘 수 있었고 그랬다면 나무꾼이 유모를 고용하고 지불할 수 있었을 것입니다.

랍비는 오래 생각해보고 결단을 내렸다. 틀렸다! 신이 기적으로 상황을 타개할 수 있는데, 왜 현금을 지출하겠느냐?"

자, 이제 비교를 위해 그리스도교적−성서적 의미의 '진리'의 역할을 살펴보자. 예수가 아람어를 말했고 그의 말씀의 현존하는 그리스 번역이 더 이상 권위 있지 않다는 어려움은 도외시하자. 바울은 그리스어로 썼으며, 바로 이 바울이 문제다.

그리스어 **aletheia**(진리)는 역사가에게는 (신화적 보고와 구별되는) 역사적인 사실을 표시하고 철학자에게는 (세계의 가상과 구별되는) 진정한 존재자를 표시하며, 고대 그리스 후기 시대의 일반적 언어사용에서는 '어떤 사태를 감추지 않음'[非隱蔽性]을 표시한다. 이 세 가지 관점을 함께 모아보면, 사람들은 기원 전후의 성서 외(外)적인 글에서의 **aletheia**의 의미를 대체로 맞출 수 있다. 진리는 무엇보다, 확인 가능한 올바름과 드러난 현실성을 표시한다.

신약 성서에서 사람들은 **aletheia**라는 말의 사용에 관하여 세밀히 구분해야만 한다. 공관복음 저자(최초의 삼인의 복음서 저자)의 경우, 이 표현은 '진리를 말하다'는 아주 단순한 의미로 두 번 나타난다. 제사 복음서에서 '진리'는 '광명'과 '생명', '은총'과 '영광'의 동의어다. 이전에는 알려지지 않은 신격화가 여기서 아주 분명하게 나타난다. 이에 반해 바울의 경우, 그 개념은 이전에는 거의 확인되지 않는 의미로 사용된다.

디모데 후서[116]에서 바울은 다음과 같이 쓴다. "진리의 말씀을(**ton logon tes aletheias**) 드러내어 분명하게 옹호하는 사람으로서 너는 부끄러워 말라. 망령되고 헛된 말을 버려라. 저희는 경건치 아니함에 점점 나아가나니. 저희 말은 독한 창질의 썩어져감과 같은데 그중에 후메내오와 빌레도가 있느니라. 부활이 이미 지나갔다 주장하므로 진리에 관하여 저희가 그릇되었도다(**peri ten aletheian estochesan**)." 혹은 디도서[117]에서 주교는 교리의 확실한 말을 지킬 것을 미리 권고 받으며 (바울은 디도를 전도를 완수하라는 과제를 주어 크레타에 남겨둔다) 자신들 스스로의 판단에 의해서도 "거짓말쟁이며, 게으른 배이며 위험한 짐승"인 (바울은 다음 말을 덧붙인다. **he martyria haute estin alethes** 이 증거가 참되도다) 크레타[그레데]인들을 엄히 꾸짖을 것을 권고받는다. 이로써 그들이 더 이상 유대인의 허망한 이야기(**Ioudaikois mythois**)를 믿지 않도록

....

116 디모데 후서, 2, 15-18; 참조, G. Mensching, *Toleranz und Wahrheit*, p. 150.
117 디도서, 1. 10-16.

하고 신리를 배반하는(apostrephomenon ten aletheian) 더럽고 가증스러운 사람들을 믿지 않도록 한다.

이른바 목회서신에서—주석자의 일반적 견해에 따르면 기원후 2세기 전반에 쓰인 것으로 간주되는데—자주 "올바른 교리", "유익한 교리", "깨끗한 교리"라는 표현을 읽을 수 있다. 이제 진리는 항상, 교회에서 공(公)적으로 확정된 교리의 올바름이라는 의미로만 이해되며 이는 그 후 1800년 동안 그대로 유지된다.

신앙(Glaube)이 아니라 신뢰(Vertrauen)가 유대교의 탁월한 특징이다. 어떤 교리 아래 예속됨도 없고, 어떤 형이상학적 신론(神論)에 대한 고백도 없으며, 어떤 주장이 진이고 다른 주장은 이단이라는 믿음도 없다. 이에 반하여 욥(Ijob, 구약성서 "욥기"의 주인공; 역주)의 친구들은 긴 주장을 펼쳐 놓는다. 결국 그 주장은 모두 부정된다. 그리고 욥은 그의 신뢰를 통해 정당화된다.[118] 오래된 제임스 왕 성서의 영어판에서 욥은 셰익스피어(Shakespeare, 1564-1616, 영국의 극작가·시인; 역주)의 막강한 언어로 다음과 같이 말한다. *Though he slay me, yet I will trust in him*(그가 **나를 죽여도 나는 그를 신뢰할 것이다**). 이는 1964년 수정된 루터판보다 훨씬 더 히브리말에 잘 들어맞는다. "보라, 그는 나를 죽일 것이다. 나는 아무 바람[희망]도 없다. 하지만 나는 그의 앞에서 나의 길을 책임질 것이다"; 혹은 1931년 취리히 성서보다 더 잘 들어맞는다. "보라, 그는 나를

------

118 참조, W. Kaufmann, *Religion und Philosophie*, p. 314.

죽이며 나는 이를 견뎌낼 수 없다. 이제 나는 나의 길을 그의 면전에서 설명할 것이다"; 혹은 새로운 통일번역보다 더 잘 들어맞는다. "그가 나를 죽일지도 모르지만, 나는 그를 기다린다. 나는 정말 나의 길을 그의 앞에서 옹호할 것이다." *To trust in somebody*(**누군가를 신뢰하는 일**)는 '기다린다' 혹은 '바란다' 혹은 '믿는다'는 일 이상이다.

만일 그리스도교적 신앙에서도 진이라고—믿음(Für-wahr-Halten)의 계기뿐만 아니라 바람, 기다림, 신뢰함의 계기가 존재한다고 사람들이 말한다면, 한 걸음 더 나아가야만 한다. '신뢰함(Vertrauen)'은 유대인의 특별한 종교적 태도에 본래 아직 충분히 정확하게 들어맞지 않는다. '친밀함(Vertraulichkeit, 허물없음)'이 더 나을 것이다. 유대인의 위트에서 이러한 사정이 아주 분명히 드러난다. 신과의 거리낌 없는 교제는 시편[119]에서도 뽑아볼 수 있다. 바울과 루터는 다음과 같이 말한다. 신뢰함은 신앙[믿음]에 속한다. 그렇다. 하지만 그들에게 일차적으로 중요한 것은 명제 안에 확정되어 있는 신앙교리의 인정이다. 바울, 토마스 아퀴나스, 루터, 칼뱅(Calvin, 1509-1564, 프랑스 종교 개혁가; 역주), 키에르케고르 같은 사람들은 모두 '신앙'을 높이 평가하는 일에 몰두하며 모든 유머를 상실한다. 그들은 라인홀드 니버(Reinhold Niebuhr, 1892-1971, 미국 복음주의 신학자; 역주)처럼 "냉소주의와 통회(痛悔) 사이의 무인지대(無人地

....

119 예컨대 시편, 90, 91과 92.

帶)에 있는"[120] 웃음에 관해시만 알고 있을 뿐, 신앙 저편에 있는 유머에 대해서는 전혀 아는 바 없으며, "어떤 사람이 웃으면서 죽는 일은 그가 잘 될 것을 암시하는 좋은 징조라고 사람들은 말한다."는—이는 그리스도교도에게는 충격적인 확인인데—탈무드 말씀에서 표현되는 저 생활태도에 대해서는 전혀 모른다.

어떤 서평[121]에서 (성서) 해석학자 루돌프 페슈(Rudolf Pesch, 1936-2011, 독일 가톨릭 신학자·성서학자; 역주)는, 그 책은 "신을 신뢰하기 때문에 고대 이스라엘 사람들이 창조, 육체, 우정과 사랑, 생명, 먹고 마시는 일, 이 모두에서 어떻게 기쁨을 느꼈는지, 심지어 죽음에 직면하면서도, 생존의 부조리, 모순, 무의미성에 직면하면서도 어떻게 기쁨을 느꼈는지, 또 신과 인간에 대해 말하면서 멋있는 유머를 어떻게 유지했는지"를 보여준다고 쓰고 있다. 이러한 특성화는 정말 정확하며 내가 금방 번잡하게 전하려고 노력했던 내용을 한 문장으로 요약한다. 모든 것이 알맞다. 다만 책제목 "신앙이 낳는 기쁨" 하나만 제외하면 그렇다. 이 책제목은 그리스도교도가 유대인의 체험세계에 갖다 붙이는 하나의 비유이다.

릴케(Rilke, 1875-1926, 독일 시인; 역주)는 편지[122]에서 다음과 같이 쓰고

....

120 R. Niebuhr, *Humor and Faith*, in *Discerning the Signs of the Times, Sermons for Today and Tommorrow*, New York 1949, p. 121; 참조, W. Kaufmann, *Religion und Philosophie*, pp. 317 und 481.

121 Rezension von F. J. Stendebach, *Glaube bringt Freude*, Würzburg 1983, in: LR 83, p. 40.

122 Brief vom 28, 12, 1921, in; R. M. Rilke, *Briefe aus Muzot* 1921-1926, Leipzig 1937; 재인용, W. Kaufmann, *Religion und Philosophie*, p. 318.

있다. 그는 "신을 신앙의 길을 통해 만나지는 않은 민족들에 대해 말할 수 없는 신뢰를" 갖고 있다. 왜냐하면 신앙은 파생적인 것이며, 사람들은 "경건하고 근원적인 사람에게는 진실인(*ist*) 것을" 신앙 안에서는 진으로 간주해야만 할 것이기 때문이다. 이로써 신앙적 종교는 쉽사리 도덕적인 것으로 이탈한다. 이에 반해 진정한 종교는 "끝없이 단순한 것, 소박한 것"이다. 그것은 지식도, 감정내용도 아니다. 단지 "마음의 방향(Richtung des Herzens)"일 뿐이다.

그런데 유대인들은 신이 현존한다는 것은 적어도 믿지 않았던가? 아니다. 한 번도 그들은 그것을 '믿지' 않았다. 그들이 '현존(Existenz)'이라는 개념조차 몰랐다는 점을 도외시해도 그렇다. '창세기'에서 그들은 다음과 같은 궁극적 추론을 요구하지 않았다. 그러므로 신은 무로부터 세계를 창조했음에 틀림없다. 낙원 이야기로부터 그들은 어떤 원죄이론도 도출하지 않았다. 외부로부터, 즉 짜라투스트라―종교로부터 사후의 삶에 대한 생각이 도입되었을 때에도, 그들은 사두개인처럼 좋은 유대인이면서 그것을 거부할 수 있었으며, 바리세인처럼 좋은 유대인이면서 그것을 받아들일 수 있었다. 신이 유일하다는 것도 원래 신앙으로 받아들여야만 할 공식이라기보다, 차라리 신적인 것을 다신론적으로 사물화하는 모든 일에 대한 단호한 거부일 뿐이다. 유일신은 공통언어(코이네 그리스어는 알렉산더 대왕이 그의 제국에서 강제로 사용하게 한 세계어로서 B.C. 4세기경부터 A.D. 6세기까지 지중해 세계에서 사용된 세계어이다. 신약성경과 70인역, 교부문헌 등이 코이네로 기록되었다. 역주)의 본질적 표현이었다. 사람들은 신을 정의하기 위해 진혀 노력하지 않았다. 매우 상이한 생각이 가능하였다. 무관용은 신앙내용에는 별로 해당되지 않았으며, 오히려 이방인의 관습에 해당되었다.

b. 신앙의 오해(*Das Mißverständnis des Glaubens*)

내가 이성의 이름으로 신앙을 심판하지 않겠다는 점을 (독자에게) 미리 확신시켜도 좋을 것이다. 신앙이 이성적이지 않기 때문에 신앙을 거부하는 사람은 18세기의 입장을 취한다. 이 입장은 기껏해야 역사적으로 기억할 만하다. 강조해서 말하자면, 나는 비합리적 신앙내용에 반대하여 이성을 옹호하는 사람이 아니다. 나는 다만 스스로 '신앙'으로 나타났던, 종교적대적·종교파괴적인 발전에 반대하여 종교(Religion)를 옹호하는 사람이다. 신앙은 특별히 '그리스도교적인' 범주다. 그리스도교 이전이나 동시대에 신앙조항(信條, Glaubensartikel)을 그리스도 교회처럼 중심에 두는 어떤 다른 종교도 없었다.

아무도 그리스도교도만큼 많이 믿지 않는다. 혹은 더 정확히 말하자면, 누구도 그리스도교도만큼 많이 믿어서는 안 된다. 즉 헤아릴 수 없이 많은 교리, 교의내용, 교회명령에 직면하여 그 모두를 믿는 일이 인간에게 단적으로 불가능하기 때문에, 아무도 사실상 그만큼 많이 믿지 않는다고 말할 수는 없다. 그만큼 많이 믿는 일은 아직 최악의 상황은 아니다. 최악은 거의 주목되지 않는 의무, 즉 그리스도교도는 이러저러한 것을 믿어**야만 한다**(*muß*)는 의무다. 그것은 논리적으로 불가하다. 왜냐하면 '믿어야만 한다'는 '사랑해야만 한다', '희망해야만 한다'처럼 불합리한 요구이기 때문이다.

이 분석에 들어가기 전에, 나는 앞 절에서 인용했던, 결코 허구가 아닌[실제적인] 반론을 다시 한번 살펴보고자 한다. 그것은 계시신앙의 특수성은 사랑을 통한 신앙적 인식, 영감을 통한 신앙지식, 신뢰를 통한 승인, 희망 속의 안도감 등이며 결코 교리에 대한 신앙(Glauben an Dogmen)만은 아니라는 내용의 반론이다. 하지만 이 반론을 인정하더라도, 그리스도교도들을 그들이 얼마나 서로 사랑하는지를 통해서 알아볼 수 있다는 생각은 어느 누구에게도 떠오르지 않는다. 오히려 그리스도교도들은 그들이 무엇을 믿어야만 하는지(glauben müssen)에 의거하여 비(非)그리스도교도들과 구별된다. 만일 오늘날의 신학자가 이를 오판(誤判)이라고 부른다면, 왜 공식적인 신학과 목회의 실천이 (지금) 갑자기 비(非)그리스도교적이라고 의심되는 것을 수 세기 동안 조장하였는지 하는 물음이 남는다.

기초신학자들(Fundamentaltheologen)은, 신앙은 평범한 태도인 '믿음을 바치다(Glauben schenken)' 혹은 '진이라고−믿다(für-wahr-halten)'와 혼동되어서는 안 되며, 신앙은 차라리 견디어냄, 기다림, 신뢰함, 바람 및 다른 대체표현이라고 기꺼이 강조한다. 그렇다면 지속적으로 오해를 야기하는 (신앙이라는) 상투어를 포기하고 곧바로 분명한 표현을 선택하라는 제안이 제시되면 좋지 않은가?

이 일이 가능하다는 점을 교부학자인 노버트 브록스(Norbert Brox, 1935-2006, 독일 교회역사학자·교부학자; 역주)의 예가 보여주며, 나는 이 예를 글자 그대로 재현해야만 한다. 그는 성서적 사유와 헬레니즘 철학은 신(神) 문제에서 비교 불가능한(inkommensurabel) 주요입장이라고 주장하면서 출발한다. 신(新)플라톤주의라는 해당 철학을 소개한 다음, 그는 성서적-그리스도교적 지평에 있는 '신에 대하여 사유함과 말함'이라는 전혀 다른 단초를 다음 말로써 요약한다. "말하자면 여기서는 신을 향해 (결과에서 원인을 찾아가는 방식으로) 추론하는 것이 아니라, 신의 현존이 계시로부터, 즉 역사 안에서 생생하게 경험되는 만남으로부터 인식된다(erkannt). 아브라함과 이삭과 야곱의 신, 나사렛 예수의 신은 사람들이 사유 필연적으로 전제해야만 하는 세계원리가 아니다. 그는 역사의 운동에서 인식가능하게 스스로를 드러내는 신이다. 신은 세계 및 세계역사의 의미근거와 미래로 경험된다(erfahren). 이때 세계와 세계역사는 신의 유출도 아니고 신의 본질적 대립물도 아니며, 오히려 신의 자유롭고, 은총적인 창조(물)이다. 여기서(성서적 사유에서; 비트만)도 신은 자신 밖의 모든 현실적인 것의 원천이다. 그러나 신은, 자립적인 것으로 산출된 창조물에 대립하는 자유와 주권을 갖는 원천이다. 여기서도 신은 현존하는 것으로부터 인식된다. 그러나 신은 불변적 구소나 합법식적 성과로부터 추론되는 것이 아니라 변화하는 것 안에서, 즉 그때그때 새로운 것과 놀라운 것 안에서, 역사에서 성공하는 것과

난파하는 것 안에서 경험된다."[123] '믿는다(glauben)'를 여기서 말하지 않았다. 이에 반해 '경험한다(erfahren)', '인식한다(erkennen)'를 말했다. 즉 (여기서) 세계는 신의 창조이지(ist), 세계가 신의 창조라고 믿어지는 것이 아니다. 따라서 그리스도교에 특징적인 내용은 신앙이 없으면 더욱 더 잘 묘사된다. 그렇다면 누군가가 '신(의 현존)을 믿어야' 할 이유가 도대체 있는가! 진정 우리는 우리가 살고 있다는 것을, 우리가 사랑하고 있다는 것을, 우리가 희망하고 있다는 것을 믿지 않는다. 우리는 살고 있고, 사랑하며, 희망한다.

토마스 아퀴나스[124]에 따르면 신앙은 사람이 보는 것 혹은 증명할 수 있는 것과 관계하지 않는다. 아마 토마스는 여기서 요한복음 20장 29절을 생각하고 있을 것이다. "보지 않았으나 믿는 자들은 복되도다", 즉 증명할 수 없는 것을 믿는 자는 복되도다. 추가적 "근본요소"[125] 하나를 덧붙여 취하자면, 신앙에서는 "직접적으로 접근 가능하지는 않지만 해당 증인의 경험과 앎에 근거하여 받아들여지는 바인 어떤 사태에 대한 무제한적 승인"이 중요하다. 이것은, 앞으로 입증되어야만 하는 어떤 모험[위험부담]이, 즉 명증성과는 달리 앞으로 진으로 드러나야만 할 어떤 모험이, 수행되었다는 점을 내포하는 규정이다. 이로써 '아직 일어나지 않은, 미래에서의 충족'이라는 분명한 방향지시가 주어진다. 완전

....

123 N. Brox in: *Gott —wer ist das eigentlich*, p. 142.
124 Thomas von Aquin, *In sent*, III, d. 24, 1 u. 2, a. 1.
125 K. Lehmann, "*Glaube*" im *Handbuch philosophischer Grundbegriffe*, hg. v. H. Krings u. a., pp. 598ff.

히 올바르게 레만(K. Lehmann, 1936-, 가톨릭 신학자, 마인츠 주교; 역주)은 다음을 덧붙인다. "이것이, 희망이 바로 처음부터 현실적인 신앙과 서로 결합하는 내적인 이유이기도 하다." 이 주장에 사람들은 동의할 수밖에 없다. 왜냐하면 이 주장은 사람들이 아마 예수의 재림은 믿을 수 있으나 '신(의 현존)은(an Gott)' 믿을 수 없다는 점을 입증하기 때문이다.

"성서적 계시에서 발생한 신앙이라는 개념을 신학적 세계해석에 특별히 사용하게끔 허용하는 일에 대한 충분한 이유가" 있다고 칼 레만은 계속하여 쓴다.[126] 따라서 레만의 소망은 (나와) 정반대의 길을 간다. 내가 신학은 그 오해 가능한 개념을 포기해야 한다고 권고했음에 반하여, 그는 그 개념을 일상어로부터 분리시켜야 한다고 제안한다. 어떤 사람이 '믿는다' 대신에 그때그때 더 정확하게 '의심한다', '생각한다', '추측한다', '상당히 합리적으로 평가한다', '확신하고 있다' 혹은 '알고 있다'를 사용하는 일에 어떤 반론도 제기할 수 없다. 그러나 레만의 제안은, 혁명을 앞으로 계속하여 결국 지배자 대신에 민중을 제거하려는 일과 마찬가지다.

일상에서의 혼란스러운 사용실제를 한번 살펴보면, 우리가 어떤 범주와 관계하는지를 알 수 있다. 우리는 그 범주를 사용하지만, 사용 현장에서 붙잡히는 일을 전혀 원하지 않는다. 자신들의 전제(Hypothesen, 가설)가 '신앙명제(Glaubenssätze)'라고 불리기를 별로 원치 않는 실험과

----

126 같은 책, p. 604.

학자들은 열외로 하자. 누구나 경험영역에서는 '자신이 믿는다'는 추정 (Vermutung)을 부당한 요구(Zumutung)로 받아들이려고 한다. 사고 희생자가 죽었다고 믿느냐는 물음에 의사는 퉁명스럽게, 여기서 믿고 자시고 할 것이 없다고 대답할 것이다. '극단적으로 약하게 주장되는 의견'에서부터 확신의 가장 강력한 '개인적 확실성'에 이르기까지의 변동의 폭을 얼마나 빨리 횡단할 수 있는지를 다음 말다툼에서 확인할 수 있다. A: "에르나가 어디 있지?" B: "그녀가 차를 타고 프랑크푸르트에 갔을 거라고 믿네." A: "그래, 그녀가 자네를 속이고 프리츠와 함께 간 것을 알고 있나?" B: "아니, 그것을 나는 믿지 않아!" 첫 번째 '믿음'은 B씨에게 별로 중요하지 않다. 에르나가 가지 않았음이 확인된다고 해도 그는 거의 놀라지 않을 것이다. 두 번째 '믿음'은 이에 반해 더 강화될 수 있었다. 아니, 나는 그렇다는 **자네의(*dir*)** 말을 믿지 않아! 두 번째 '믿음'은 긍정에서보다 부정에서 더 예리하게 (그 의미가) 표현되며 강하게 감정을 담고 있다.

동일한 동사로, 한편으로 그것이 잘못 사용될 때 우리가 사과조차 하지 않는 아무것도 아닌 것을 표현하고, 다른 한편으로는 우리에게 결투신청이 올 때, 우리를 결투하게끔 하는 것을 표현한다는 사정은 매우 기이하다. 사람들이, '믿는다'가 퍼져 있는 그 전체 환경을 고찰한다면, 그 매우 애매한 표출형식 때문에 ─ 도대체 그러한 형식이 의식된다면 ─ 불안해할 것이다. 그러나 우리는 바로 그렇게 하지 않는다. 혹은 예외적으로만 그렇게 한다. 그러므로 우리는 거기서 무엇과 함께 우리가 살도록 강요되는지 주목하지 않는다.

마지막 예 하나가 그것을 해명할 수도 있다. 쉴러(Schiller, 1759-1805, 독일 시인; 역주)의 발렌슈타인(Wallenstein, 1583-1634, 보헤미아 출신의 독일 명장, 30년 전쟁 시 황제군의 총사령관; 역주)과 골로 만(Golo Mann, 1909-1994, 독일 역사학자, 토마스 만의 아들; 역주)의 동일한 이름의 역사적 전기(傳記) 사이의 차이가 무엇인가? 쉴러의 연극에서 우리는 그것이 정말 그러했는지에 대해, 그 모든 것이 들어맞는지에 대해 계속 묻지 않는다. 그 사람들이 살해당한 날에 실제로 에거(Eger)에 있었던가? 정확하게 살펴볼 때, 역사학자 골로 만의 경우, 우리는 모든 과정을 검토해야 할 것이다. 그런데 우리가 어디에서 그의 기술(記述)을 검토하는가? 그 역사가는 원천[사료]을 비판적으로 믿으며, 우리는 전문가의 명성을 믿는다. 그러나 '믿을 만한가?'라는 물음은 확실히 절박하지 않다. 극작가의 경우 이 물음은 전혀 제기되지 않는다. 왜냐하면 거기서는 기껏해야 연출(演出)의 특성만이 관심을 끌기 때문이다.

이로써 우리는 다시 성서에 도달하지 않는가? 이로써 우리는 다시 이 성서문헌에 대한 유대인의 태연한 자세에 도달하지 않는가? 무엇이 어찌어찌 되었거나 되지 않았다는 것을 믿느냐 마느냐는 조금도 중요하지 않다. 전혀 다른 것이 중요하다. 성서가 이야기하는 것에서도 그렇고, 발렌슈타인의 경우에도 그러하며, 일상생활에서도 그렇고, 종교적인 생활태도와 세계경험에서도 정말 그렇다.

철학적인 연구는 그 말이 쓸모 있느냐 없느냐를 확인하는 데에서 멈출 수 없다. 우리는 적어도, 그 혼동이 어떻게 또 무엇을 통해 발생했는 가를 제시하려고 노력해야 한다. 이를 위해 나는 두 가지 길을 택한다. 그 하나는 신화로부터 신앙고백에 이르고, 다른 하나는 두 사람의 주범 (主犯)인 플라톤과 바울로 이끈다.

1. 신화에서 신앙고백으로

신화(Mythos)를 종교적 언표의 가장 오래된 형태로 간주하는 일은 대체로 올바르다. 물론 해당 신화는 자신 안에서 종교적 현실이 발생하는 신화, 즉 제대로 이해된 신화이다. 19세기의 초기 종교역사학파가 신들의 원시적인 이야기로 파악하는 신화, 그 학파에서 다듬어진 신화가 문제인 것은 아니다. 신화를 영웅들의 행위와 신들의 행위의 단순한 보고로 간주하는 사람, 즉 과학적 사유를 통해 극복되어야 할 지나간 일로 간주하는 사람은 신화의 의미를 파악하지 못했다. 이는 매우 상세히, 탈(脫)신화화에 관한 칼 야스퍼스(Karl Jaspers)와 루돌프 불트만(Rudolf Bultmann, 1884-1976, 독일 프로테스탄트 신학자; 역주) 사이의 편지 교환에서 나타나 있다. 그러나 불트만 이전에 이미 빌헬름 네슬레(Wilhelm Nestle)가 그의 책 "신화에서 로고스로"(프로그램으로 파악되고 구호가 된 제목)에서 신화적 사유는 "그 생각을 현실에서 입증할 길이 전혀 없음"[127]

....

127 W. Nestle, *Vom Mythos zum Logos*, p. 2.

이라는 특성을 갖는다고 주장한다. 지전거를 '수영에는 부적절한 도구'로 규정하는 일이 이와 비슷하다. 왜냐하면 이는 신화를 측정할 수 없는 검증기준을 이용하여 신화를 측정하려고 하기 때문이다. 진리문제가 제기되는 순간에 신화와 로고스의 싸움은 처절하게 시작한다고 네슬레는 생각한다. 그러면 로고스는 환상의 창조물을 그 진정한 내용에서 검토하기 시작한다. 그는 이 과정을 탈(脫)마법화 혹은 탈(脫)신성화, 세속화 혹은 비종교화, 합리화 혹은 계몽이라고 부른다. 불트만은 그의 탈신화화로써 그 목록을 계속 확장한다. 네슬레는 신화에서 초(超)이성적인 것은 거의 파악 불가능한 것으로 인정하지만, 반(反)이성적인 것은 로고스가 철저하게 싸우는 대상이라고 생각한다.[128] 야스퍼스는 스스로를 계몽으로 오해하는 이러한 사유를 "계몽나부랭이(Aufklärricht)"라고 부르고 탈신화화를 "불경(不敬)에 가까운 말"[129]이라고 부른다.

신화는 보고라는 형식에서 시대 제약적이다. 그러므로 신화의 형식은 변화하고 신화의 내용은 부분적으로 해석과 설명에 의해 깨어질 수 있다. 혹은 신화는 합리적 논의로써 신화의 '올바름'을 지지하려는 거짓 친구들의 도움을 받을 수 있다. 이러한 '신화의 친구들'은 "성서는 그래도 옳다"와 같은 제목의 책을 저술하며, 무엇보다 베들레헴의 별이

....

128 같은 책, p. 4.

129 K. Jaspers─R. Bultmann, *Die Frage der Entmythologisierung*, p. 19. 그러나 "Aufklärricht"라는 표현은 더 오래된 표현이다. 그 표현은 H. Leo에 의해 1840년 10월 17일 자 복음주의 [에방겔리쉬] 교회신문 84호 667쪽에서 사용된다.

실제로는 혜성이며 그 별을 다른 곳의 천문학자도 목격하고 기록했다는 점을 입증한다.

부패하지 않은 형태의 신화는 하나의 물음을, 즉 그것이 실제로 일어났는가 하는 물음을 완전히 배제한다. '실제로(wirklich)'는 여기서 '자연법칙에 의해 가능한, 또 사실적—경험적으로 입증 가능한'을 의미한다. 이렇게 묻는 사람은 수천 년 뒤에 살고 있으며 그의 사유는 근대 과학에 의해 각인되어 있다. 신화의 진리성은 그 언표의 올바름이 아니다. 신화적 보고의 범위에서는 모든 것이 가능하며 이상한 것, 심지어 기적까지도 가능하다. 낯선 것은 낯익은 것 옆에 있다. **가능태(*dynamis*)와 현실태(*entelecheia*)** (스콜라 철학적으로는 *potentia*와 *actus*)를 아리스토텔레스가 구별함으로써 비로소, 가능한 것은 현실적인 것의 단순한 전제가 되었다. 이제 사람들은 기적을 쉽게 이해할 수 없으며 기적을 불가능하다고 천명한다. 그러나 성서의 **능력들(*dynameis*)**은 아리스토텔레스적 의미의 가능태가 아니라, 신적인 전능 안에서 수행되는 권능행위(Krafttaten)다. 단지 우리가 이를 '기적'으로 번역하고 오해할 따름이다.

따라서 현대 인간들은 그들의 도식을 수정해야만 한다. 신화의 기적은 자연법칙과 관계하는 것이 아니라, 신적인 활동과 관계한다. 생동감, 집중적·직접적 경험, "신적 분위기"(샤르뎅[Teilhard de Chardin], 1881-1955, 프랑스 가톨릭 신학자·인류학자·철학자; 역주)로 직접 흡입하는 현실 체험—이것들이 신화의 형식과 경험방식이다. 이에 반해 우리가 오늘날 신화에서 캐묻는 성질인 '진리'는 신화에서 아무 역할도 수행하지 않는다. 신화에 고유한 진리는 신화 자체 안에 있으며 외부에서 신문(訊問, erfragt)할 수 없다. 마찬가지로 신화가 이야기하는 것을 믿는 일은 어디에서도 요구되지 않는다. '진리'와 '신앙'은 신화라는 분열되지 않은 세계에서는 부적절한 잉여 개념이다.

마르틴 부버(Martin Buber)는 하시디즘(Chassidimus, 18세기 동유럽에서 일어난 유대교의 경건주의 종교운동; 역주)의 경전에서 예 하나를 가져온다.[130] 하시디즘 운동의 창시자인 바알 셈(Baal Schem)은─1760년 사망─어려움을 극복해야 할 때면, 숲속의 어떤 장소로 갔다. 거기서 그는 불을 피우고 기도했다. 그가 되돌아 왔을 때, 그는 과제를 해결할 수 있었다. 후계자인 마기트(Maggid)는 똑같이 했지만 다음과 같이 말했다. "우리는 불을 더 이상 피울 수 없다. 그러나 아직 기도는 소리 내어 할 수 있다." 그리고 그도 기도로써 원했던 조언을 받을 수 있었다. 다시 한 세대가 흘렀다. 랍비 모세 라이프(Mosche Leib)는 마찬가지로 숲으로 가며 말했다. "더 이상 불을 피울 수 없으며, 기도도 더 이상 알 수 없다. 우리는 숲속의 그 장소만은 아직 알고 있다"─그리고 그것으로 충분했다.

제4 세대인 랍비 이스라엘 폰 리친(Israel von Rizin)은 집에 머물며 말했다. "불을 더 이상 피울 수 없으며, 기도도 더 이상 알지 못하며, 숲속의 장소도 우리는 발견할 수 없다. 우리는 단지 이 이야기만 말할 수 있다."─그리고 그것으로 충분함이 입증되었다.

....

130 M. Buber, *Chassidische Bücher*, p. 517.

여기서 마르틴 부버의 세대사슬은 끝난다. 발터 카우프만(Walter Kaufmann, 1921-1980, 독일 태생 미국 철학자; 역주)[131]만이 그 다음 세대가 말한 내용을 알고 있다. 즉 "불을 더 이상 피울 수 없고, 기도도 모르고, 숲속의 장소도 모른다. 우리는 이 이야기를 말할 수는 있지만 전혀 믿지 않는다. 기도를 다시 발견하고 그 장소를 발견하는 일은 아주 힘든 일은 아닐 것이다. 그러나 우리가 그 두 가지를 알아낸다 하여도 그것이 도움이 되리라고 생각하지 않는다. 우리는 그것이 도대체 도움이 되었다고 생각하지 않는다." 이는 아주 멋진 이야기로 의미심장하다. 그러나 그 이상은 아니다.

가족, 집단, 민족에 묶여 있는 어머니 종교인 자연종교에서 신화는 종교적 현실에 대한 경험 및 보고의 정말 알맞은 방식이다. 신화, 의식(儀式), 상징, 제의는 자연종교의 특징이다. 또한 자연종교에는 신앙조항이 전혀 없으며 교리도 전혀 없다.

이에 반해 구원종교는 인간의 참혹한 상황으로부터의 해방에 대한 전형적인 동경을 품고 개인으로부터 출발하며 인간이 신으로 향하는 길, 신이 인간으로 향하는 길을 가르친다. 남자들이 장악한 이러한 세계에서 항상 형성되는 지도적 엘리트는 '생활 규범체계의 합리적인 관철'을 통해 부각된다. 종교적인 언표는 개념적 자기해명을 겪게 된다. 이리하여 구원종교에 석설한 구원이론이 발생한다. 이에 대한 가상 알

....

131 W. Kaufmann, *Religion und Philosophie*, p. 321.

맞은 예를 바울이 제공한다. 나는 그 예를 제시하기를 포기하겠다.[132]

지금 문제되는 급격한 변화는 다음과 같이 파악할 수 있다. (자연종교적인) 신화의 보편성으로부터 (인간으로부터 분리된) 보편-진리가 발생하는데, 이 진리는 믿어져야만 하고 모든 사람에 대해 합리적으로 구속력이 있다. 종교적 경험의 무제약성이 언표의 무제약적 타당성으로 변화하였다.[133] 이것이 정통교리의 탄생순간이다. 이 정통교리(Orthodoxie, orthe[올바른]+doxia[의견]; 역주)는 이미 그 이름에서 정말 중요한 것을, 즉 교리의 올바름으로서의 진리를 요구한다. 이로써 숙명적 불행의 역사가 시작하며, 종교와 신앙 공동체를—이 신앙 공동체의 중심에 '고백'이 있다—혼동하는 일의 역사가 시작한다. 다른 요소 하나가 여기 부가된다. 키케로(Cicero, B.C. 106-B.C. 43, 로마 정치가·학자·작가; 역주)의 경우, 종교 문제에서 종교적 전승의 **권위**(*auctoritas*)가 철학적 지성에 대립한다. 이 권위 개념은 그리스적 사유에는 새로운 것이며 지금까지 없었으며 아무도 그 개념을 필요로 하지 않았다. 그런데 이제 그 개념은 교회에서 또 교회의 교직(敎職)결정에서 중요한 의미를 획득할 것이다.[134]

오늘날 설문지에 종교 소속을 적어야 하는 사람은 보통 어떤 종파를 적어 넣는다. 대개 약자(略字)로(kath.=katholisch[가톨릭교], ev.=evangelisch

----

132 참조. G. Mensching, *Toleranz und Wahrheit*, p. 153; 참조. A. Schweitzer, *Werke* IV, pp. 5 510.
133 참조. G. Mensching, *Toleranz und Wahrheit*, p. 154.
134 Cicero, *De natura deorum*, lib. III; 참조. W. Jaeger, *Die Theologie der frühen griechen Denker*, p. 202.

[개신교]; 역주). 1530년의 **아우크스부르크 신앙 고백**(*Confessio Augustana*) 이래로 종파들이 내적, 외적으로 확립되었다. 즉 자신의 교리에 대한 확고한 고백으로 그리고 종파특유의 인식표를 갖춘 조직형태로.

'고백(告白, Confessio)'이라는 바로 이 개념이 그 의미의 역사적 변화에서 내가 말하고자 하는 바를 분명히 해준다. 처음에 이 개념은 종교적인 감동을 표현한다. 고백은 증언하는 행위이다. 아우구스티누스에게서 고백의 이중 특성이 보인다. 여기서 그 두 번째 측면이 도입된다. Confessio는 한번은 신의 영광에 대해 고백하는 칭송이며, 다른 한번은 인간의 멍청함의 고백이다. 그의 고백의 제일권은 다음과 같이 시작한다. "주님, 당신은 위대하십니다. 그리고 높이 찬양 받으실 만합니다. 당신의 권능은 위대하십니다. 당신의 진리는 헤아릴 수 없습니다. 한 인간이, 당신의 창조의 보잘 것 없는 모방이, 자신의 죽음을 짊어진 한 인간이 당신을 찬양하고자 합니다. 한 인간이 당신을 찬양하고자 합니다."

신화적-종교적 현실성이 합리적, 종파적 올바름으로 급격히 변화한 이래, 이러한 고백은 비현실이 되었다. 아우구스티누스의 고백은 아직 여전히 자신의 개인적인 경험의 표현이었다. 이에 반해 신앙 고백은 대중조직적 규율의 표현이며, 이 규율로부터의 어떤 일탈도 제도적 통일을 위협하는 일로 느껴지며 오늘날에도 여전히 **선교사 자격**(*Missio canonica*)의 박탈로써 벌 받고 있다. 신령한 실재성의 불꽃은 모두 밟혀 꺼졌으며 다 타버린 종교성의 재[灰] 한 무더기만 여전히 관리되고 있다.

2. 플라톤과 바울

동굴의 비유와 그 앞에 있는 선분도식[135]에서 플라톤은 불사적인 신화 하나를 창조했는데, 이 신화는 이천 년 이상 빛과 위대함을 전혀 상실하지 않았다. 그것을 건드리는 사람은 실수하는 것이다. 그런데 나는 바로 이 일을 하려고 한다.

아래에서 위로 향하는 단계에서 우리는 두 개의 세계를 각각 두 단계로 관통하여 지나간다. 아래의 세계에서는 그림자에서 사물로, 위의 세계에서는 사유대상에서 이데아로. 지식형태는 그림자지각[像意識], 신념, 추론지, 직관지에 이르는 단계를 이룬다(eikasia, pistis, dianoia, noesis 혹은 episteme). 우리가 살고 있는 세계는 그림자와 신념의 하위 세계이다. 상위 세계, 즉 사유된 세계는 이데아적인 세계인데, 이데아들만이 현실적이기 때문에 또한 실재 세계다.

플라톤은 이로써 우리를 전도(顚倒)된 세계관계로 강요한다. 우리가 눈앞에 가지고 있는 것, 우리가 붙잡을 수 있는 것, 우리에게 마주 서 있으며 우리가 그것과 함께 살도록 강요되는 것, 산, 바다, 숲, 도시, 인간, 동물로 이루어진 이 세계—이 모두는 가상(假像)일 뿐이고 비현실적인 것이며, 신(新)플라톤주의 해석을 부가하자면, 심지어 어떤 저급한 가치를 갖는 것이다. 이러한 사정이 자연에 대한, 동물에 대한, 일반적으로 사물에 대한, 사물을 다루는 일에 대한, 소유와 재산에 대한, 이

---

135 *Politeia*, VI. Buch, 509a-511a; VII. Buch, 514a-517a.

모두에 대한 인간의 위상에 관하여 어떤 결과를 낳았는지 하는 점이 동굴비유의 화려한 내면화에서 대개 간과된다. 오히려 사람들은 다음과 같은 지식측면에 주목하였다. 경험의 영역에는 어떤 지식도 없고 단지 의견이자 진이라고－믿음(Für-wahr-halten)인 신념만이, 따라서 글자 그대로 진실처럼－보이는－것(Wahr-scheinliches)만이 존재할 수 있다.

아리스토텔레스는 탐구의 상이한 대상에게 상이한 등급의 지식을 귀속시켰다. 대상 모두가 동일한 확실성을 허용하지 않는다. 따라서 수학자에게 추측을, 웅변가에게 증명을 기대하는 일은 바보스럽다. 그러나 플라톤에서 pistis(신념)는 지식과 비교할 때 그 자체 어떤 바보스러운 것이다. 신념은 단순한 의견에 가깝다. 의견은 doxa alethes(올바른 의견)로서 높은 단계의 개연성을 가질 수 있지만 그 확립을 위해 결코 어떤 기준 아래 놓일 수 없다. pistis라는 개념을 파르메니데스(Parmenides, B.C. 515-445, 고대 그리스 철학자, 엘레아 학파; 역주)로부터 물려받은 엠페도클레스(Empedokles, B.C. 490-430, 고대 그리스 자연철학자, 다원론자; 역주)도 어떤 기준에 메이지 않았다. 그에게 pistis는 한편으로 듣는 자의 심장에 다가오기 매우 어려운 소식에 대한 반응이며, 다른 한편으로 그는 pistis를 그의 자연이론에서 반복적으로 사용한다.[136] 맨 처음부터 이 개념은 흔들리며 모든 파악에서 벗어난다.

지식은 지성적 세계(Kosmos intelligibilis)라는 다른 세계에 속한다. 식

....

136 참조, W. Jaeger, *Die Theologie der frühen griechischen Denker*, pp. 165 u. 283, Anm. 76.

관과 지혜는 이데아의 빛의 광명 안에 서 있다. 여기 아래 어두움 안에서는, 즉 물질적으로 대상적인 사물과 접촉하는 더러움 안에서는, 단지 이에 상응하는 더러운 작은 어휘 하나, '믿는다(glauben)'만 존재한다.

바로 이 pistis(믿음)를 새로운 구원론의 총괄개념으로 삼아 지금까지의 모든 질서를 거꾸로 세우는 일을 헬레니즘 시대의 유대인 바울이 하게끔 한 것은 무엇이었을까? 고린도 사람들에게 그는 이렇게 쓰고 있다.[137] 신은 세상의 지혜를 어리석음으로 만들었다. 왜냐하면 바보스러운 소식으로써 이를 믿는 자를 구원하는 일이 신의 마음에 들었기 때문이다. 구원이 문제인 한에서, 유대인에게 껄끄럽고 그리스인에게 비이성적인 것이 신에게는 지혜롭다. 이성은 힘을 상실하고, 지식, 직관, 지혜는 바울의 신학에서 더 이상 중요하지 않다. 오로지 신앙만이 정당화한다. ("오로지"라는 말은 루터가 첨언했다.)

그런데 교부들이 바울의 독보(獨步)를 만장일치로 따른 것은 결코 아니었다. 대체로 그들은 신앙을 정말 선행적인 일(prolepsis)로, 즉 그것을 넘어 이해로, 또 거기서부터 직관으로 나아가기 위해 이수해야 할 시초 단계로 설명하였다.

알렉산드리아의 클레멘스(Clemens von Alexandrien, 140/150-215, 그리스 신학자; 역주)는, 그가 Gnosis(靈智)를 신앙보다 높이 놓을 때, 그리스적, 라틴적 교부학을 대표한다. 아우구스티누스도 서서히 가까스로 새로운

---

137 고린도 전서, 20-25.

위계질서에 친숙해질 수 있었다.

밀라노의 젊은 수사학 교수인 아우구스티누스는 기원후 386년 방학 동안에 카시키아쿰(Cassiciacum) 별장에서 기관지염을 치유하였다. 그때 독백(Soliloquia)이, 즉 Ratio(이성)와 Anima(영혼) 사이의 대화가 일어났다. 이성이 아니라 바로 영혼에게 그는 말하게 한다. 신과 영혼을 나는 알고자 원한다 *Deum et animam scire cupio*(Soliloquia, I, 7). 그러면 너는 어떻게 그 일이 일어날 수 있다고 믿느냐고 이성이 묻는다. 이에 영혼이 답한다. 나는 믿지 않는다. 나는 내가 무엇을 믿는가를 묻는 것이 아니라, 내가 무엇을 아는가를 묻는다. *Non credo, sed ego quid sciam quaero, non quid credam*(Soliloquia, I, 8); 나는 신앙이 아니라 지식을 추구한다. 이성이 다음과 같이 물을 때, 신플라톤주의적 저음(低音)이 결여되어 있지 않다. 그런데 너는 살기 위해서가 아니라 알기 위해서 생명을 사랑하는가? 그렇다(Concedo). 이 지식이 너를 불행하게 만들면, 어떻게 되는가? *Nullo id quidem pacto fieri posse credo*, 영혼이 흥분한다. 결코 그런 일은 일어날 수 없다. 만일 그렇다면, 아무도 행복할 수 없다. 나의 지금의 불행은 나의 무지에서 비롯한 것이라고 아우구스티누스의 영혼은 말한다. 만일 지식이 불행하게 한다면, 우리의 불행은 영원할 것이다 (Soliloquia, II, 1).

아우구스티누스 종단의 수도승인 마르틴 루터(Martin Luther)가 그의 종단 보호자를 따르지 않고 그에게 내적으로 훨씬 가까이 서 있는 바울을 따랐다는 점은 의심의 여지가 없다. 바울은 이성과 신앙의 가치전도를 언어적으로 정말 섬세하게 표현했었다. 그런데 이제 (루터의 경우) 이것이 순수 독일식으로 변한다. 루터는 이성을, 그 "창녀를", "악마의 신부를", "아름다운 계집을", "신의 가장 사악한 여자친구를" "지진 같은 원초 폭력"[138]으로써 비난한다. 전체 세상에 있는 모든 위험한 것 가운데 "지순한 이성"보다 더 위험한 것은 없다. 이성이 어떤 올바른 것을 인식하기보다는 당나귀가 읽기를 배우는 편이 더 쉽다. 이성은 없어져야만 한다. 신앙이 "이성, 이해력, 지성 모두를 발로 밟아버려야"[139]만 한다.

나는 루터의 비유의 근원적인 힘을 약화시킬 생각은 없으며 그러한 분노가 불가피하게 빠져드는 혼란을 들추어낼 생각도 없지만, 다음 질문은 반복하고자 한다. 무엇이, 제기랄, 바울로 하여금 플라톤의 공주인 인식을 노예로 만들게 하고 그 대신 신앙이라는 하녀를 왕위 계승자로 높이게 했는가? 어떻게 바울은 스스로 전혀 들어보지 못했던 신앙에 근거할 수 있을까?

오직 요한복음에서 예수가 여러 다른 표현으로써 "믿는 자는 구원을 받을 것이요, 믿지 않는 자는 파멸할 것이다."[140]라고 말한 부분이 중복된다는 점을 제외하면, 사람들은, 무엇이 이러한 말을 도대체 가능케 했던 조건인지를 자문해야만 한다.

신이 인류를 구원하기 위해 구원행위를 계획했으며 (이는 성서적 표

---

138 W. Kaufmann, *Religion und Philosophie*, p. 344; 참조, 같은 책, §69.
139 M. Luther, *Werke XII*, 1530; *VIII*, 2049; *V*, 1312; *III*, 215.
140 요한복음, 3. 18 u. 3, 36.

현이지만, 전제조건이 부담스러운, 단적으로 경솔한 신인동형설[神人同形說]적 표현이다), 신이 이 구원계획을 관철하기 위해 이스라엘 백성을 선택하였다는 생각은 우리에게 친숙한 생각이다. 그러나 만일 이스라엘 백성이 페르시아의 짜라투스트라의 광명종교로부터 다음 몇 가지를—육체와 영혼의 불멸성, 세계 심판, 영원한 행복과 영원한 저주, 또한 이에 대한 인간의 기여로서: 구원에 대한 기대와 동경—미리 받아들이지 않았었더라면, 신은 어쩌면 잘못된 선택을 할 수도 있었다. 이미 상론한 바처럼 유대인은 구원을 이와는 전혀 다르게, 말하자면, 지금, 여기의 군사적 억압으로부터의 정치적 독립으로 생각했었다. 저승에 대한 생각이 침투된 다음에도 랍비들은 다른 세상에 대해 거의 언급하지 않았다. 언급할 경우에도 사랑이 넘치는 측면이 우세하였다. 그들은 신의 축복은 언급했지만, 영원한 고통의 장소는 언급하지 않았다.

이와 정반대로 예수의 냉정함이 우리 눈에 띈다. 예수는 이러한 냉정함으로써, 즉 인류의 대다수에게 예정된 영원한 고통과 지옥으로써, 저주로써 협박한다. 왜냐하면 이번 삶을 빠져 나가는 길에 오직 두 가지가 있기 때문이다. 타락으로 가는 넓은 길과 구원으로 가는 좁은 길. 이 좁은 길은 부자와 낙타에게는 '바늘귀'처럼 좁아진다.

이러한 '당황하지 않음', 인간경멸적인 태연함 뒤에 고대적인 (이 정도를 '유내교적'이라고 밀할 수 없다면) 인간상이 시 있다. 이 인간상은 예컨데 노예의 부자유에도 만족했다. 소크라테스도, 플라톤도 불편해하지 않으며, 아리스토텔레스는 노예제를 자연스러운 제도로 간주하며, 예수는 노예제에 대해 그냥 언급하지 않는다. 이에 반해 바울은 노예에게 심지어 복종하도록, 자신의 운명을 기꺼이 감내하도록 권고한다. 신의 영광을 위하여.[141]

구원제공을 거부하는 경우의 광범위한 결과에 직면하여 사람들은, 예수가 전자의 길(넓은 길)이나 후자의 길(좁은 길)을 선택하는 사람이 분명히 어떻게 처신했는가에 대해 간명하게 말했었다고 생각할 수 있다. 하지만 이는 사실이 아니다. 예수의 명령과 비교할 때, 선지자의 명령은 기쁘게도 분명하다. 19세기는 예수를 때때로 인류의 가장 위대한 윤리선생으로 환영했는데, 이는 오류임에 틀림없다. 왜냐하면 "예수의 윤리설의 핵심이 무엇인가?"라는 수수께끼는 오늘날에도 아직 풀리지 않기 때문이다.

사도행전은, 예수의 제자들이 무엇을 해야 할지에 대해 분명한 생각이 없었다는 점을 보고한다. 단지 한 사람만 알고 있었다. 어떤 교리를 채택하는 일이 중요하며, 위임된 전권으로써 그 교리를 제시하는 사람들을 신뢰하는 일이 중요하며, 그들의 말과 행위를 믿는 일이 중요하다. 이로써 하늘나라에서의 보답이 확실하기를 기원한다.

신앙, "인간과 신에게 동일한 균형장애"[142]를 전제하는 바울의 발명품인 신앙은 그 후 역사에서 오락가락한다. 한편으로 신앙은, 만일 그 내용만 수용한다면, 복음, 보고, 선포를 **어떻게** 받아들이는가는 전혀 중

---

141 참조, 디도서, 2, 9f. u. 디모데전서, 6,1.
142 E. M. Cioran, *Die verfehlte Schöpfung*, p. 26.

요하지 않은 측면으로 기운다. 신앙은 또 다른 측면으로 기우는데, 여기서는 내용은 전혀 중요하지 않으며 단지 확신의 깊이만이, 즉 도대체 믿고자 원하는 열정만이 중요하다고 말해진다. 후자의 신앙에서 키에르케고르와 그의 후계자인 실존주의적 신학자들을 생각하는 일은 자연스럽다. 그들은 "믿어라, 믿어라, 믿어라 ― 무엇을 믿느냐는 아무래도 좋다!"라고 권고한다. 그러나 '믿는다(Glauben)'라는 말이 나타나는 곳에서는 어디서나 올바른 일이 일어날 수 없다. 신앙이 밟도록 유혹하는 그 바닥은 미끄러우며 받쳐 주지 않는다. 잠시라도 신앙을 갖는 자는 용기를 갖도록 스스로 격려해야 한다. '정말 신앙을 잃지 않았으면' 하는 영속하는 희망이 그에게 필요하다. 신앙은, 수세기 이래로 이루 말로 다할 수 없는 오해를 촉진시키고 있는 범주이며, 종교의 현실성을 기술하는 데 전혀 알맞지 않은 범주다.

5/

생명에 대한 외경(畏敬)
(Ehrfurcht vor dem Leben)

　올바른 민주주의에서는, 공개적으로 지배자에 대한 불신을 말할 가능성, 자유, 아니 법적 권리가 있다. 그러나 연방 공화국(Bundesrepublik)의 의회주의 질서에서만 수상은 의회개회 동안 곧바로 퇴진당할 수 있으며 새로운 정부수반에 의해 대체될 수 있다. 이러한 기이한 과정은 '건설적 불신임투표(Konstruktives Mißtrauensvotum)'라는 이름을 갖는다. 이는 보통의, 자주 실현된 불신임 표명과는 형용사 '파괴적' 대신 나타나는 형용사 '건설적'을 통해서 구별된다. 이는 더 낫다고 제안되는 다른 후보를 즉시 지명채야 함을 의미한다. 물론 후속 조건이 가장 이법다. 그 제안은 모든 국회의원의 다수에 의해 승인을 받아야만 한다.

만일 지배적 개념에 대해 이러한 제도가 존재한다면, 나는 다음의 짧은 연설을 할 것이다.

피데스[신앙] 부인(Frau Fides), 알아볼 수 없을 정도로 학대당한 종교의 이름으로 나는 당신에게 요구합니다. 물러나십시오! 평화왕국으로 천명된 당신의 공포정권은 너무 오래 광분하여, 이제 종교가 불타버린 나라, 신이 추방된 나라, 희망이 문드러진 나라, 말할 수 없을 정도의 황폐화가 머리와 가슴에 가해진 나라, 이러한 나라만 남아 있습니다. 신앙 부인, 당신이 종교재판의 직위를 포함한 모든 직위를 다 차지하고 있기 때문에, 신의 창조(물) 안에서 신을 생생하고 뚜렷하게 경험하는 일과, 피조물인 인간, 동물, 나무와 꽃 안에 있는 신에게 고마워하며 경배하는 일이 인간들에게 금지되었습니다. 당신의 내각(內閣)규정에 따르면 신은 단지 믿어질 수 있었을 뿐입니다. 아니, 신은 믿어지기**만 했어야**(*mußte*) 합니다. 왜냐하면 우리가 신을 인식할 수 있다는 점이 당신의 신앙파수꾼에 의해 조심스럽게 배제되었기 때문입니다. 그리하여 경험과학자는 수세기 동안 '무신론자'의 역할을 떠안았으며, 다른 한편으로 철학자와 신학자는 벌 받지 않고 신의 죽음을 선포할 수 있었습니다. 그러므로 당신은 퇴위하시고 외경(Ehrfurcht)에게 양위하시기 바랍니다!

이 제안은 아마 만장일치로 거부될 것이다. 심사숙고하는 몇몇 사람은 아마 기권할 것이다. 이는 한편으로 관습화된 실천, 즉 종교를 신앙과 동일시하는 관행—이 관행을 벗어나기는 정말 어렵다—때문이며, 다른 한편으로 이곳(서양; 역주)에서는 거의 알려지지 않은, 작은 '외경'

때문이다.

가상적 상황에 조금 더 머물며, 이른바 투표라는 긴 절차의 시간을 더 많은 정보를 얻는 데 사용하자. 한편으로— 예컨대 정신 병리학에서 발견할 수 있는— 신앙실천이 낳은, 인간들의 영혼에 미치는 황폐화 결과를 드러내는 논의가 제시될 수 있을 것이다. 다른 한편으로 사전에서 얻은 몇몇 정보가 외경을 간결하게 소개해야 할 것이다.

심리치료가 에른스트 슈펭글러(Ernst Spengler)는 "신앙 대신 경험"이라는 제목 아래서 융(C. G. Jung, 1875-1961, 스위스 심리학자; 역주)의 종교심리학과 연관하여, 신앙이 아니라 경험이 종교적 체험의 중심 범주라고 쓰고 있다. 이는 그리스도교도들에게 매우 낯설 것이다. 그럼에도 신앙이 내부 경험의 충분한 대체물이 아니라는 점에는 변함이 없다. 내부 경험이 없다면, 신앙도 곧 다시 사라질 것이다. 신앙이라는 이차 현상은 신성한 경험에 근거하고 있지 않다. 그런데 이 신성한 경험도 없이 자신이 신앙인이라는 (믿기 어려운) 자기변호 아래 대다수 인간은 두드러지지 않기 위해 어떤 집단의견을 함께 가지며, 어떤 종파의 동행자 및 입술고백자가 된다. 이들 가운데 무수한 사람이 심리학자의 상담실을 자주 방문할 것이다. 심리학자는 도움을 청하는 사람에게 '신앙'을 권고하기를 기피할 것이다.[143]

일천 년에 걸친 교회 선교 뒤에 '신을 믿음(Gottesglauben)'의 결산을

---

143 참조, E. Spengler in: *Psychologie der Kultur I*, p. 244.

가톨릭 심층심리학자가 제시한다. 1983년에 바티칸의 과학위원회에 초빙되기도 한 그는 바이에른의 가톨릭 아카데미에서 특별히 신앙인의 신상(神像)에 관해 심리치료가의 관점에서 다음과 같이 강연하였다. "만일 세계가 존재하지 않는다면, 그리스도교의 신(神)이론은 명확할 것이다. 그러나 세계상태에 직면하여 우리의 주제에 관한 물음은 다음 대답만을 허용하는 듯하다. 신은, 그의 작품이 지시하는 바에 따르면, 나쁜 성품을 갖는 자다." … "그는 나쁜 신이다. 왜냐하면 그는 수동적이기 때문이다. 우리는 이루어지지 않은 도움활동 때문에 신을 비난한다. 신은 젖먹이들이 네이팜탄에 타서 죽는 것을 보고만 있으며, 부모가 아이를 때려죽이는 것을, 수백만 명이 굶어 죽는 것을 보고만 있다. 신은 동성애자와 고독한 사람이 절망하는 것을 보고만 있다." … "신은 침묵 속에 스스로 숨어 있으며, 신의 있음[現前]이 보통사람에게 유령 이야기의 하나로 나타나는 것을 허용하고 있다." … "신은 제약 산업이 태어나지 않은 아이를 죽임으로써 돈벌이하는 것을 막지 않을 것이다. 그리고 만일 신이 우리를 구원하기 위해 인간이 되었다는 점이 진실이라 할지라도, 신은 기적을 철저히 탈(脫)신화화하는 교수들을 제어하지 않아서, 결국 불트만(Bultmann) 없이 행복해야만 하는 소시민에게 남은 것이라고는 크리스마스의 혼란스러운 선물교환 난타전과 무덤들 가운데 무덤 하나밖에 없다. 신은 우리에게 이들을 보낸다. 그러나 신은 아들의 복음이 전승의 구름 때문에 많은 사람에게 모순적으로, 불명료하게, 읽기 어렵게 나타나도록 허용하며, 극소수의 특권자만이 스스로 어둠을 밝힐 수 있도록 허용한다." … "많은 사람에게, 그들이 신과 결별하는 일에 대한 신의 침묵은 이 신이 그들에게 무한히 무관심하다는 표시이며, 이 무관심을 그들은 이제 똑같이 갚아준다. 신은 나쁘다고 느껴진다(Gott fühlt sich übel an). 우리의 감정사유(Gefühlsdenkens) 신학은, 나쁜 창조(물)는 나쁜 창조자를 가짐에 틀림없다는 단순한 공식에 따른다. 그런데 나쁜 신은 불합리하며(absurd) 우리는 그러한 신을 견뎌낼 수 없다. 그러므로 옛 의미의 신은 존재할 수 없다. 유감스럽지만 그는 마땅히 죽어버렸다." … "우리가 생각을 이 길로 충분히 오래 가도록 한다면,―이 길은 정신분석에서 많은 환자가 가는 길이다―어느 날인가, 정신분석 치료에서도 많은 환자가 꼭 필요한 것으로 발견하는 일을 우리가 똑같이 하는 때가 올 것이다. 말하자면 감정을 다시 한번 추스르고 생각하기 시작하는 일. 첫 번째 분명한 생각(Gedanke)이 우리에게 말할 것이다. 신이, 우리가 느끼는 그대로 존재한다는 것은 불가능하다. 소심하고, 형편없으며, 도와줄 마음도 없거나 아주 조금만 도와주는 신; 아무도 줄 수 없는 것을 요구하는 신; 사람들을 착취하는 신, 병자·약자·어린이에게 잔혹하게 고통을 주는 신―이러한 신은 우리의 가장 어두운 시간의 환상적 산물일 수 있을 따름이다. 이 환상 속에서 우리는 우리 자신의 욕망과 가능성을, 침묵하는 숨어 있는 근거에게 투사한 것이다. 이 신은 잘못된 방식으로 우리의 모습을 닮아 형성되어 있다. 우리는, '신은 본래 누구인가?'라는 물음에 대해, 우리가 우리의 지성을―그것이 크건 작건, 강하건 약하건 간에―근본적으로 합리적으로 사용하기로 결단하고, 신에게 어떤 혼잡한 특성을 덮어씌우는 저 질긴 신화적 미신의 모든 찌꺼기를 포기하기로 결단할 때에야 비로소, 어떤 대답을 듣거나 발견할 수 있다. 우리의 미신의 신은 죽어야만 한다."[144]

신앙으로써 신과 관계하는 일의 재앙에 관해서는 수천 가지 질병 이야기가 인용될 수 있을 것이다. 그러나 외경에 대해 어떤 정보를 얻고자 하는 사람은 매우 어려운 처지에 있다. 복음주의적 시각에서 출판된 "역사 안의 그리고 현재의 종교(Religion in Geschichte und Gegenwart [RGG])"라는 사전은 '외경'이라는 주제어를 싣고 있지 않다. 색인 편에 '체험'에 대해 작은 지시가 있고 거기서 외경은 awe='성스러운 두려움'이라고 짧게 다루어진다. 예수회원 발터 브루거(Walter Brugger, 1904-1990, 독일 철학자; 역주)가 편집한 철학 사전에서도 사정은 별로 다르지 않다. 여기서도 외경은 주제어로 나타나지 않으며 지시만 있을 뿐이다. 사회심리학을 보시오. 거기서, 외경은 타인의 인격적 가치에 대해 거리를 두고 존경한다고 쓰여 있다. 슈타일러 선교사(Steyler Missionar, 1875년에 설립된 그리스도교 선교 단체 '신의 말씀 공동체' 선교사; 역주)이며 종교학자인 빌헬름 슈미트(Wilhelm Schmidt, 1868-1954, 독일 민속학자; 역주)가 저술한 열한 권짜리 안내서 "신(神)이념의 원천에 대하여"와 그 요약본인 "종교의 원천과 생성―이론과 실제"는 그 상세한 색인에서 '외경'이라는 말을 모른다. 단지 두 가지 (비―종파적인) 철학 사전, 즉 호프마이스터(Johannes

144 A. Görres in: *Gott ―wer ist das eigentlich*, pp. 28-31.

Hoffmeister, 1907-1955, 독일 철학자, 독문학자; 역주)의 사전과 요아힘 리터 (Joachim Ritter, 1903-1974, 독일 철학자; 역주)에 의해 새롭게 편집된 "Eisler(오스트리아 철학자 Rudolf Eisler[1873-1926]가 1900년에 출판한 '철학개념 사전'을 지칭함; 역주)"가 그 개념역사에 관하여 조금 기록하고 있다. 이러한 실망스러운 정보는 물론 동시에, 앞서 확인한 황폐화, 즉 신앙 — 그리스도교 때문에 생긴 종교적 풍경의 황폐화의 부록일 따름이다.

'외경'은 문헌에서 단지 두 이름과 연관되어 있다. 괴테와 슈바이처. 괴테가 슈바이처에 대해 말했을 만한 내용을 우리는 물론 알지 못한다. 그러나 슈바이처가 괴테에 대해 말했던 바는 핵심 주제로 이끈다. (슈바이처에 따르면) 쉴러(Schiller)와는 달리 괴테는 지배적인 합리주의에 냉담하게 대립한다. 괴테를 칸트, 피히테, 쉴러로부터 분리하는 것은 "자연 현실에 대한 외경"이다. 무엇보다 이 자연 현실은 괴테에게 즉자적(卽自的, an sich)인 어떤 것이지 단지 인간에 대한 어떤 것이 아니다. 괴테는 인식론적, 윤리학적 이상주의[관념론]로써 외경을 억압하지 않았으며 과도한 사변으로써 그렇게 하지도 않았다. 자연 현실에 대해 경탄하지만 자신의 "세계정신과의 관계"는 공식화할 줄 모르는 인간인 괴테는 외경 안에서 살고 있다.[145]

데카르트(Descartes, 1596-1650, 프랑스 합리주의 철학자; 역주)는 세계를 *res cogitans*(사유체)와 *res extensa*(연장체)로 분열시키며 상호작용의 가능성을

....

145 A. Schweitzer, *Werke* Bd. II, Kap. XII, pp. 260ff.

배제함으로써 근대 철학을 잘못된 길로 인도하였다. 그를 뒤이어 거의 모든 사상가가 세계를 공식으로써 파악하려고 시도한다. 그들은 가장 중요한 것을 피하면서 철학한다. 왜냐하면 세계가 생명이라는 점이 그들에게 의식되지 않기 때문이다. 그래서 그들은 다소간 인위적인 자연 철학을 전개한다. 그들은 자연을 경멸하는 점에서 데카르트 및 진보신앙과 공통점을 갖는다. 괴테는 자연이 살아 있으며, 인간을 위해서가 아니라 자신을 위해 현존한다는 점을 확신했기 때문에, 자신이 철학을 전혀 이해하지 못한다고 용감하게 고백했다고 슈바이처는 쓰고 있다. "괴테의 위대함은 그가 추상적, 사변적 사유의 시대에 소박하게 머물기를 감행한 점이다." 그러나 거의 아무도 이 점에 대해 그에게 고마워하지 않았다. 군중은, "칸트와 피히테가 쏘아 올리고 쉴러가 시로써 칭송하는 바인, 불꽃놀이를 구경한다." "특별히 밝은 빛을 발하는 불꽃뭉치들이 올라간다. 불꽃놀이 대가인 헤겔이 활약하기 시작했다."[146]

외경은 괴테에게 어떤 격정적인 애매한 감정이 결코 아니다. 반대로 외경은 철학적으로 파악 가능한 개념이며, 아니 차라리 종교적 인간의 근본태도이다. 그것은 경배(존경, *reverentia*나 *veneratio*, 그리스어로는 *aidos*)에 머무는 것이 아니다. 경배는 외경을 보다 높은 것에게 바치는 하나의 측면일 따름이다. 이때 종교적 연관에서 중요한 것은 인간적―사회적으로 보다 높은 자가 아니라 신적인 것이다. 이와는 반대로, 외경은

....
146 같은 책, p. 265.

바로 작은 것에게, 부드러운 것, 약한 것, 상처받을 수 있는 것에게, 심지어 사소한 것에게 바쳐진다. 즉 눈에 띄지 않는 작은 라벤더 가지와 목련꽃잎에게, 풀잎과 참나무에게, 벌레와 독수리에게 바쳐진다. 모든 살아 있는 것은, 있는 그대로 존중받을 만하다. 왜냐하면 그것은 있기 때문이다.

"편력시대(Wanderjahre)"[147]에서, 외경은 우리 위에, 우리 옆에, 우리 아래 있는 것에 대한 단순한 존경 이상이라고, 또한 자기존중 이상이라고 거듭 말해진다. 외경은 최고의 것을 — 이 지존무상의 최고의 것이 신에게 속하든 인간에게 속하든 간에 — 파악하는 일에서, 자연을 경험하고 체험하며 사랑하는 일에서, 전체를 이해하는 일에서 *conditio sine qua non*(절대 필요조건)이다. 그런 만큼 외경은 철학의 근본범주이며 마찬가지로 종교 경험의 근본범주다. 외경은 인식론·자연탐구·세계관의 근본범주다. 디트리히 폰 힐데브란트(Dietrich von Hildebrand, 1889-1977, 독일 가톨릭 신학자, 철학자; 역주)는 외경을 모든 덕의 어머니라고 부른다. *mater omnium virtutum.*[148]

다양한 측면이 종합되면, 세 가지 주요특징이 도출된다.

1. 외경은 우선 무엇보다 **심정의 공손함**(Höflichkeit des Herzens)이다. 외

....

147 J. W. Goethe, *Wilhelm Meisters Wanderjahre*, II, 1; 참조, G. – K. Kaltenbrunner, *Europa II*, p. 134.
148 D. v. Hildebrand, *Idolkult und Gotteskult*, p. 365.

경이 어떤 외적인 단순한 형식적 공손함과는 구별된다는 점을 더 분명히 말할 필요는 없다. 하지만 내가 심정의 공손함을 예절의 공손함이 결여된 곳에서, 신사와 숙녀의 습관이 결여된 곳에서 기대하는 것은 전혀 아니다. 물론 사람들은 온기와 인간성이 없는 냉정하고 가식적인 공손함 형식을 체험할 수 있다. 그러나 볼 수 있고 들을 수 있는 외적인 형식이 완전히 결여된다면, 사람들은 결코 순수한, 외경적인 친절함을 체험할 수 없다. 이른바 무례(無禮)한-한스의-사랑(Sauhansen-Liebe), 감사함을 입술로 표현할 줄 모르는 주둥이-나태함(Maulfaulheit)은 타인과의 경험에서의 무교양, 조야함을 입증하고 인간성의 결함을, 즉 lack of personality를 입증한다. 확실히 그 뒤에 어떤 좋은 핵심, 어떤 황금의 심장도 숨어 있지 않다. 독일 대학이 교육과제 모두를 단호히 거부하고 바로 이 심정의 공손함을 대학교양의 목표로 삼는 일을 하지 않는 것, 이는 정말 큰 불행이다!

2. 외경은 **존재를 승인함**(Zustimmung zum Sein)이다. 외경은 사실적으로 존재하는 것은 이미 또한 좋음에 틀림없다는 것을 단순히 인정하지 않는다. 미묘한 차이를 알아듣기 위해서 사람들은 이를 요제프 피퍼(Josef Pieper)처럼 표현해야만 한다. "존재하는 모든 것이 좋다는 점과 존재함이 좋다는 점(daß alles, was ist, gut ist, und daß es gut ist, zu sein)."[149]

....

149 J. Pieper, *Zustimmung zur Welt*, p. 47.

피퍼는 축제를 여는 일은 전체 세계에 대한 선행하는 승인을 필요로 한다는 점을 보여 준다. 장 폴 사르트르(Jean Paul Sartre, 1905-1980, 프랑스 실존주의 철학자; 역주)처럼 태어나는 일이 부조리하다고 확신하는 사람은 생일을 축하할 수 없다는 것이다. 이 점, 피퍼가 옳다고 인정할 수 있다. 그러나 사르트르와 치오란(Cioran, 1911-1995, 프랑스 염세주의 철학자; 역주)의 원리적 근본 직관으로부터 축제 이론이 전개될 수 없는 한에서만 그렇다. 아울러 지적되어야 할 점은, 피퍼는 자신이 말하는 "세계에 대한 승인"을 위하여 외경도 종교도 필요로 하지 않는다는 점이다.

승인은 또한 뉴먼(J. H. Newman, 1801-1890, 영국 신학자; 역주)의 "승인의 문법(Grammar of Assent)"을 상기시킨다. 이 책은 처음에는 "신앙의 철학(Philosophie des Glaubens)"으로 1921년 테오도르 해커(Theodor Haecker, 1879-1945, 독일 문화철학자; 역주)에 의해 독일어로 번역되었다. 해커는 이로써 뉴먼에 대한 독일적 오해를 정초하였다. 왜냐하면 뉴먼은 "우리가 무엇을 혹은 누구를 믿는가?"라고 묻지 않고, "왜 우리가 승인하는가?"라고 묻기 때문이다. 이런 이유로 요하네스 아르츠(Johannes Artz)가 수정한 "승인의 문법" 신판은 적절한 제목 "승인이론의 기획"을 달고 있다. 누군가 자기는 성서에 (쓰여) 있는 것을 믿는다고 주장한다면, 분석가인 뉴먼이 "도대체 당신은 무엇을 믿는다고 믿는가?(was eigentlich glaubst du zu glauben?)"라고 묻는 일을 피할 수 없을 것이다. 오경(五經)이 모세에 의해 저술되었다는 것을? 선지자의 말이 올바르게 번역되었다는 것을? 예수가 글자 그대로 그렇게 말했다는 것을? 요한이 아니라 마태가 그 과정을 정확히 보고하고 있다는 것을? 바울이 다마스쿠스로 가는 길에서 간질 발작을 일으킨 것이 아니라 신적인 위탁을 받았다는 것을? 경전에 모아진 글들이 진서(眞書)이고 위서(僞書)들은―비록 이 위서들 중 몇몇은 경전에 실린 것보다 더 잘 입증되어 있지만―배제되었다는 것을? 진서와 위서를 구별한 사람들이 성령에 의해 영감을 받았다는 것을? 혹은 저자들만 성령에 의해 영감을 받았다는 것을? 말 한마디마다? 그 말들 가운데 당신은 구체적으로 무엇을 믿는가? 모든 것을 다 합하여? 혹은, 양심적으로 말하자면, 이 모든 것 가운데 아무것도 믿지 않는가? 도대체 어떤 주장에 관하여 어떤 사람이 분명한, 개인적인 승인을 할 수 있는가? 또 어떤 기준에 근거하여 그럴 수 있는가?

존재를 승인함―이것은 또한 헬무트 쿤(Helmut Kuhn, 1899-1991, 독일 철학자; 역주)의 "존재론적 긍정(ontologische Affirmation)"[150]을 상기시킨다. 이 존재론적 긍정은 쿤의 양심 형이상학의 부분이다. 그러나 양심 형이상학을 기획하는 일은 내가 승인으로서의 외경에 결부시키고자 하는 단순한 구상을 넘어선다. 나의 단순한 구상은 훨씬 더 소박하고, 자연스러우며, 친진난만하다. 형이상학이 무엇

---

150 H. Kuhn, *Begegnung mit dem Sein*, pp. 159ff.

인지 알 필요 없이 나는 당나귀, 나비, 새, 나무, 땅, 바람, 물, 이 모두를 나의 형제, 자매로 사랑한다. 이는 세계에 대한 프란치스코 적 승인이라고 표현할 수 있을 것이다.

3. 결국 외경은 **철학적 경이와 사랑하는 섬세함 사이의 중간자**(ein Mittleres zwischen philosophischem Staunen und liebendem Zartsinn)다. 물론 이는 일상어 사전에서가 아니라 문학작품에서 따온 표현이다. 자연이, 가시적 세계가 전체적인 기적으로 계시되는 사람, 즉 그 당 시 이미 거의 눈이 멀었지만, 아시시 계곡을 넘어 페루자로 향하는 움브리아의 풍경을 앞에 두고 감사하며 태양노래(Sonnengesang)를 창조주에게 바치는 프란치스코 같은 사람, 이 사람의 자세는 생명 의 영광에 대한 끝없는 놀람이며 여기서 드러나는 끝없는 위대함 앞에서의 두려움(Scheu, 삼감)이다. 이러한 두려움은 현실성을 장 악하기를 원하지 않을 것이다. 자연을 지식의 소유물로 자신 아래 굴복시킨다는 데카르트의 말은 얼마나 외경 없는 말인가! 두려움 [삼감]은 사물과의 부드러운, 사랑하는 만남을 허용한다. 알브레히 트 뒤러(Albrecht Dürer, 1471-1528, 독일 르네상스 회화의 완성자; 역주)처 럼 풀 한 포기를 섬세하고 철저하게 그릴 수 있다면, 반 고흐(Van Gogh, 1853-1890, 네덜란드 화가; 역주)처럼 다 떨어진 더러운 장화 한 켤레를 예술작품으로 승화시킬 수 있다면, 둥우리에서 떨어진 작 은 새를 아주 얇은 중국 화병을 잡는 것처럼 그렇게 성스럽고 소 심스럽게 손 안에 보호할 수 있다면ー이러한 경험을 실제로 할

수 있다면, 외경은 더 이상 구식의 개념이 아니다.

괴테를 아시시의 프란치스코 가까이에 놓는 일은 역사적으로 거짓일 뿐 아니라 (괴테는 산에 있는 이 도시 아시시에서 미네르바 [Minerva, 로마 신화에 나오는 지혜의 여신, 그리스 신화의 아테나에 해당함; 역주] 사원만을 언급하며 그 성자를 한 마디로도 인정하지 않는다), 해석에서도 아마 잘못일 것이다. 그렇지만 괴테는 그에게 경멸당한 포베렐로(Poverello, '작은 가난한 자'의 의미를 갖는 프란치스코의 별명; 역주)와 함께 다음 생각을 공유한다. 즉 모든 선(善)의 원천인 외경은, 만일 그것이 기적을 통해 순간이나마 모든 인간에게 나타난다면, 이 지상을, 인간들이 현재(13세기, 18/19세기, 20세기 말에) 아마 치유불가능하게 병들어 있는 바인 모든 악(惡)으로부터 치유할 것이다. 외경은 모든 피조물 안에 있는 신을 사랑하고 신을 두려워하는 순수한 종교일 것이다. (Ehrfurcht wäre die reine Religion der Gottesliebe in allen Geschöpfen und der Gottesfurcht.) 왜냐하면 외경을 품은 인간은, 앞서 정신분석가의 거울에서 '신앙인'이 갖는 것으로 밝혀진 것과 같은 왜곡된 신상(神像)을 결코 가질 수 없기 때문이다.

말은 아무것도 증명하지 않지만, 지시는 제공한다. '신앙'은 신앙ㅡ위기, 신앙ㅡ열성(광신주의[狂信主義]의 질투까지 포함)과 결합될 수 있고, 의심, 싸움, 전쟁과 결합될 수 있다. (왜 그럴까?) 그러나 외경은 바로 그런 것들과 결합될 수 없다. 외경열광주의, 외경전쟁 등등은 불가능하다. 왜 그럴까? 오늘날 '외경'이 인간의 마음에 정말 십중팔구는 떠오르지 않을 것이라고 사람들이 태연히 말할 수 있으리라고 알버트 슈바이처는, 우리처럼, 생각했다. 그러나 만일 어떤 사람에게 '외경'이 정말 떠올랐다면, 그것은 그를 더 이상 놓아주지 않는다.[151] 슈바이처의 '생명에 대한 외경'은 확실히 하나의 종교적 근본규정이지만, 그의 저술에서 오히려 윤리학 원리로 등장한다. '생명에 대한 외경 윤리학'이라는 이 윤리학 자체는 문화철학이라는 더 큰 연관 안에 자리한다. 이 문화철학은 1923년 출간되었는데 이미 1914년과 1917년 사이에 아프리카 원시림에서 쓰였다. 슈바이처라는 이름이 여전히 알려져 있는지 불확실하므로 우선 그 사람에 관해 몇 마디 말을 하겠다.

슈바이처는 주목할 만한 철학적 작품을 썼음에도, 사람들은 그를 철학자로 생각하지 않는다. 그는 프로테스탄트 신학자, 목사, 오르겔 연주가, 그리고 무엇보다 원시림 의사로서 전문철학으로부터 무시당한다. 이런 사정은 많은 사람이 슈바이처를 읽는 일을 방해한다. 그런데 슈바이처는 간과할 수 없는 실수 하나를 범한다. 그는 훌륭한 독일어로 이해 가능하게 쓰며, 분명하게 말하며, 그의 사유는 공감할 수 있다. 이로써 그는 이미 독일 철학 선생의 범위에서 탈락하게 된다. 나도 '작은 성자(聖者)의 외경'에 대해 말하기보다 '해석학적, 분석적, 현상학적, 사회비판적 관점에서 살펴본, 신앙(fides) - 이해의 세밀한 수용과의 비교를 통한, 보편적 존경이라는 구

---

151 참조, A. Schweitzer, *Werke* Bd. II, p. 380.

조 개념의 구상을 위한 가능성의 조건'에 대해 말했어야 더 나았을 것이다.

슈바이처의 생명긍정 윤리학은 생명을 향한 의지에, 즉 우리가 어떻게든 영향을 미칠 수 있는 모든 존재자를 보존하자는 통찰에 근거한다. 여기서는 그의 윤리학 이론이 전개되어서는 안 된다. 그러나 종교적 요소만 부각하고 윤리학 이론을 그냥 생략할 수도 없다. 슈바이처의 '생명을 향한 의지(Wille zum Leben)'는 스피노자(Spinoza, 1632-1677, 네덜란드 유대계 철학자, 합리론자; 역주)의 자기보존 원리와 쇼펜하우어(Schopenhauer, 1788-1860, 독일 철학자; 역주)의 의지의 혼합일 것이다. 물론 나는 그 원리를 변양시키고자 한다. 살아 있는 것 모두는 존중할 만하다. 왜냐하면 그것은 자신의 의지 **없이**(*ohne*) 현존하기 때문이다. (Alles Lebende verdient es, geehrt zu werden, weil es *ohne* eigenen Willen da ist.) 우리는 생명을 골라 찾지 않았다. 아무도 스스로를 생명으로 강요하지 않았다. 누구도 생명을 선택하지 않았다. 우리에게 물어진 일 없이 우리는 태어났다. 이를 아는 일이 나의 외경을 정초하지는 않는다. 그러나 그것은 살아 있는 것 모두와의 유대를 정초하며 인간이든, 동물이든, 식물이든 곤경에 처한, 내몰린 다른 생명을 위한 나의 도와주는 옹호와 나의 참여를 강화한다.

알버트 슈바이처에게 가장 기본적이고 가장 심오한 의미의 경건함은 생명에 대한 외경이다. 기본적이고 기초적인 이유는 이 경건함이 아직 어떤 세계해명에 의해 에워싸여 있지 않기 때문이며 또한 합리적 세계 해석에 더 이상 만족하지 않음으로써 이미 세계해명을 넘어 있기 때문이다. 외경은 내적 필연성에서 유래하는 경건함이며 목적을 묻지 않는 경건함이다. 사물들의 모든 인식에 앞서 외경은 시작한다. 그러므로 외경은 경이(驚異)와 비슷하다. 외경은 우리를 모든 인식 너머로 인도한다. 그러한 한에서 외경은 사랑과 동일하다. 내가 자연적, 종교적 직관을 긍정하며 그것에 관해 끝까지 사유하며 그것을 실현하려고 노력함으로써 윤리학은 발생한다. 사람들은 다음과 같이 말할 수 있다. 윤리학은 다름 아니라 곧 진실하게 사유함, 끝까지 일관적으로 사유함이다. (Ethik ist nichts anderes als wahrhaftig denken, konsequent zu Ende denken.)

그러면 자연적 직관은, 정초의 명증성은 어디에 있는가? 데카르트에게 그것은 Cogitatio(사유)였다. 내가 생각하기 때문에, 내가 생각하는 한, 내가 존재한다. 슈바이처는 이를 매우 추상적인 세계상으로만 이끌 수 있는 "자의적(恣意的)으로 선택된, 빈약한 시초"[152]라고 부른다. 가장 포괄적인 직접적 사실은 그러한 빈[공허한] 의식이 아니라, 내가 살아 있다는 의식, 내가 생명 자체 가운데 살고 있다는 의식이다. 매일, 매시간, 매순간 이러한 직관으로부터 내가 모든 생명과 하나라는 통찰이 자라나며, 모든 종류의 생명에게 나 자신의 생명에게 바치는 것과 동일한 외경을 바쳐야만 한다는 통찰이 자라난다. 그리하여 윤리의 근본원리는 다음과 같이 정식화할 수 있다. 생명을 보존하고 생명을 진흥(振興)하는 것이 좋다(善이다). 생명을 없애고 생명을 저해(沮害)하는 것이 나쁘다(惡이다). (Gut ist, Leben zu erhalten und Leben zu fördern. Böse ist,

....

152 같은 책, p. 377.

Leben zu vernichten und Leben zu verhindern.)

생명에 대한 외경은 모든 결의론(決疑論, Kasuistik, 실천적인 삶에서 만날 수 있는 여러 가능한 [의심스러운] 경우에 대하여 어떤 명령체계에 근거하여 미리 올바른 행위를 상세히 규정하는 윤리학의 부분; 역주)을 금지한다. 어느 정도 이 생명 혹은 저 생명이 동정할 만한지 아닌지, 어느 것이 가치 있는지, 다른 것은 보존가치가 더 적은지, 이러한 물음은 제기되지 않는다. 외경은 모든 논리 앞에서 모든 증명을 넘어서기 때문에, 모기에게 물리는 것이 합리적인지, 빈대와 쥐가 보호할 만한 가치가 있는지, 우리가 바이러스를, 이것도 틀림없이 생물인데, 사랑해야 하는지에 대해 어떤 논의도 이루어지지 않는다.

외경을 자신의 속성 가운데 신에 가장 가까운 속성으로 생각하는 인간은 감상적이라고, 순진하다고, 현실과 거리가 멀다고 비웃음을 당하는 것을 두려워하지 않는다. 그는 강한 인격일 수 있는 나무에게 인사한다. 그는 어찌하여 고대 문화가 나무를 성스러운 것으로 여기고 신들의 주거지로 경배하였는지 잘 이해한다. 그는 꽃과 새와 이야기한다. 그는 여름날 길 위를 지나가는 아주 작은 풍뎅이와도 이야기하며 다른 사람은 밟아 죽이는 그 생명을 보호한다. 이는 지나친 배려로 보일지 모르며 대다수의 사람은 이를 이해하지 못할 것이다. 알버트 슈바이처와 그를 닮은 사람은, 왜 인류가 생명을 생각 없이 훼손하는 일을 윤리적으로 무관한 일로 간주하기 위하여 그토록 오랜 시간을 필요로 했는지를 전혀 이해할 수 없다. 윤리학은 살아 있는 모든 것에 대한 책임이며, 생명에 대한 외경이라는 경건함으로부터 넘겨받은 책임이다. (Ethik ist die von der Frömmigkeit der Ehrfurcht vor dem Leben übernommener Verantwortung gegenüber allem, was lebt.) 경건함인 외경은 단순한 '함께 아파함(Mitleid)' 이상이다. 윤리학인 외경은 사랑보다 더 크다. 외경은 생명에 대하여 함께 아파하며, 함께 기뻐하는 참여다. 그것은 생명을 사랑하는 의지, 아울러 책임지는 의지, 그리하여 생명으로 강요하는 의지다.

외경 안에 가장 심오한 종교성의 감지(感知)와 동경이 내포되어 있다. 어떤 종교도 사회적 갈등을 단박에 종식시키지 않으며 가능한 대답을 기껏해야 핵심에서(*in nuce*) 마련하는 것처럼, 외경으로부터 어떤 완결된 의미정보도 얻을 수 없다. 완벽주의의 모범은 존재하지 않을 것이다. 그러나 외경이라는 종교적, 윤리적 원리로써 길[道]이 발견될 수 있다. 유용성과 이득(Nutzen und Vorteil)만을 향하는 윤리학과 비교할 때, 인간 행위 영역의 빽빽한 관목 숲에서 빠져나갈 수 있는, 보다 더 안전한 작은 길[小路]이 발견될 수 있다.

물에 빠져 죽기 일보 직전의 작은 곤충에게, 그 생명을 구하기 위해, 나뭇잎 하나를 밀어주는 사람은 세계의 문제, 기아 아동의 문제, 동물의 고통 문제를 아직 풀지는 않았다. 그러나 어떤 위대한 일, 의미수립적인 일이 일어났다. 그는 인간이 신의 창조물에게 가하는 죄를 아주 조금 (최소[最小]도 무[無]는 아니다) 갚았다. 불경(佛經)[153]에 대략 다음

,,,,,,

---

153 Dhammapada 7, 2 zit. in: *Readings from World Religions*, p. 174.

과 같이 번역할 수 있는 글이 있다. "어떤 사람이 백년을 살면서 전체 시간과 생각을 신들에게 코끼리, 말, 온갖 다른 귀한 선물을 제물로 바치는 일에 사용한다 해도(백 년 동안이나), 그것은 가장 미천한 생명을 구하는 일에서 나타나는 순수한 사랑의 행위를 단 한 번 행하는 것보다 중요하지 않다."

적어도 한 순간, 용서 없는 공포의 지옥으로 가는 대문이 닫혔다. 매 분마다 커져가는, 동물에 대한 죄라는 짐은 우리로부터 결코 덜어지지는 않을 것이다. 화장품 산업 및 제약 산업의 동물 실험실에서, 의학 교육실에서, 도살장과 비참한 동물수송에서, 살생을 즐기는 사냥꾼의 사냥개를 이용한 사냥에서, 유기견의 또 장난감(으로 이용되는) 고양이의 고통 속에서, 가죽을 얻기 위해 태어나지 않은 새끼 양을 죽이는 일에서 (이때 어미 양을 구타하여 어미가 고통스러워하며 뱃속의 새끼를 조산하게 한다), 공장식 닭·송아지 밀집사육이라는 유럽적 스캔들에서, 이 모든 곳에서 들리는 학대받는 피조물의 외침!—이 목록은 끝없이 계속될 수 있다. 비록 여기서(이 책에서; 역주) 이에 관해 말하는 것과 마찬가지로 거의 누구에게도 인상을 남기지 않겠지만, 훨씬 더 인상적으로 루트비히 클라게스가 "인간과 지구"라는 강연에서 이를 표현하였다. 거기서 그도 역시, 신을 부인하는 착취 작태의 가장 가까운 원인이 어디에 있는지에 관해 전혀 의심하지 않았다. 그리스도교에 그리고 그리스도교에 의해 가능하게 된, 이른바 진보에.

"인간존엄성 혹은 '인간성'으로써 그리스도교는 그리스도교가 본래 의미하는 바를 감추고 있다. 모든 나머지 생명은 인간에게 쓸모가 없으면 무가치하다! 그리스도교의 '사랑'은 그리스도교가 이교도의 자연숭배를 치명적 증오로써 박해하는 일을 막지 않았으며 오늘날에도 미개민족의 성스러운 관습을 경멸하는 일을 막지 않는다. 알다시피 불교는 동물도 우리와 같은 본성을 갖기 때문에 동물을 죽이는 일을 금지하고 있다. 사람들이 이러한 반론을 제시하면 동물을 죽도록 학대하는 이탈리아 사람은 'senza anima(영혼이 없다)'와 'non è cristiano(그리스도교적이 아니다)'라고 대답한다. 왜냐하면 신앙심 깊은 그리스도교도에게는 인간의 생존권만이 훨씬 더 중요하기 때문이다."[154]

잔인성은 그냥 대다수 인간의 부주의로 간주된다. 그들은 휩쓸려 가는 방식으로 무감각해져서, 사람들이 옛날에 좀도둑들을 교수형에 처했고 다른 도둑들은 '수레에 묶어서' 주변인의 구경거리로 그 도둑들의 몸뚱이를 천천히 조각냈다는 사정을 이미 항상 받아들였고, 전쟁은 지진처럼 신이 보낸 것이라는 생각을 이미 항상 받아들였다.

모든 시대의 마지막에 신은 인간에 대한 심판을 동물에게 맡길 것이라는 생각을 많은 나라의 옛 동화는 이야기하고 있다. 슬라브어 에녹서(Hennochbuch, 외경 중 하나; 역주)[155]도 이 생각을 생생하게 담고 있다. 만

---

154 L. Klages, *Mensch und Erde*, pp. 24f.
155 Slaw. Hennoch-Buch Kap. 58; 참조, J. Bernhart, *Die unbewiesene Kreatur*, pp. 209f.

일 동화가 현실이 된다면, 신이 신학자와 철학자를 어떻게 생각하는지가 드러날 것이다. 이자들은 대개 직접 학대하거나 고문하거나 살해하지는 않았지만, 범죄의 배후조종자로서 모든 비참함을 도덕적, 법적, 관행적으로 정당화하는 이데올로기를 정초하였다.

교부(敎父)를 거명하지 않기로 하자면(이것도 가능하다), 이 범죄자 가운데 하나가 데카르트였다. 그의 이론에 따르면 동물은 단순한 기계이고 사람이 그 꼬리를 밟을 때 우는 개는 연주자가 건반을 두드릴 때 고음을 내는 오르겔 관과 다름없다. 이 놀라운 주장은 전체 유럽 철학을 마법으로 마비시켰던 것처럼 보였다. 알버트 슈바이처는 윤리학자를 슈바벤 지방의 어떤 주부와 비교한다. 그녀는 방을 깨끗하게 청소하고 난 뒤, 개가 들어와서 멋진 작품을 더러운 발로 훼손할까 봐 문을 닫아 두는 일에 크게 신경 쓴다. 마찬가지로 철학자도 어떤 동물도 그의 윤리학 안에서 돌아다니지 않도록 매우 주의한다. "전승된 편협성을 고집하여 원리로 세우기 위해 철학자가 하는 바보짓은 믿을 수 없을 정도다."[156] 요제프 베른하르트(Joseph Bernhart, 1881-1969, 가톨릭 신학자, 종교학자; 역주)도 (슈바이처와) 비슷하게 평가한다. "얼마나 큰 맹목, 비겁, 강(强)심장으로써 도덕주의자와 인간 옹호자가 동물을 무시했는가는 사실상 이해 불가능하다."[157]

....

156 A. Schweitzer, *Werke* Bd. II, p. 363.
157 J. Bernhart, *Die unbewiesene Kreatur*, p. 11.

빌헬름 분트(Wilhelm Wundt, 1832-1920, 독일 심리학지, 철학지; 역주)라는 매우 유명한 생리학자이자 철학자는 인간만이 우리의 공감을 얻을 자격이 있다고 주장함으로써 윤리학을 왜곡시킨다. 동물은 "함께 창조된 것"이다. 그런데 이 표현은 이미, 창조에서 동물에게는 일종의 조연만 허락되었으며 이런 이유로 공감을 위해 필요한 "내적 통일성이라는 근본조건"이 동물과의 관계에서는 결여되어 있음을 보여준다. 분트는 자신의 종교적으로 정초된 윤리학에서 칸트를 능가한다. 그는 윤리적인 이념을, "인간 자신 안에 신성이 살아 있는 한에서의," "인간의 생활방식"으로 파악한다. 그럼에도 "자신 안에 신이 살아 있는" 이 인간이 살아 있는 동물에게 가장 잔인한 방식으로 실험을 하고 있다는 점에서 분트는 아무 모순도 보지 못한다. "신경체계와 혈액순환계를 아직 갖고 있는 살아 있는 동물에 대한 면밀히 고안된 실험방법은, 동일한 절단된 근육(실험)과 비교해볼 때, 이미 엄청난 진보다."[158]

칸트의 윤리학도, 현실 영역의 경험이 전혀 없이, 특별히 인간에 대한 인간의 의무만을 다룬다. 만일 동물에 대한 '인간적' 대우와 같은 것이 있다면, 그것은 인간에 대한 우리의 참여하는 행동에 유익한 감수성의 연습으로서만 정당화할 수 있을 것이라고 칸트는 생각한다. 칸트의 인간학에서 인간은 "지상의 모든 다른 존재 위에 무한히" 고양되며, "지위와 존엄성" 때문에 **사물(Sachen)**로부터(비이성적 동물은 바로 사

---

158 W. Wundt, *Erlebtes und Erkanntes*, pp. 124 u, 146; 참조, 같은 책, pp. 137 u. 139.

물이다)"[159] 완전히 구별되는 존재다. 알버트 슈바이처는 이 부분을 인용하지는 않지만 그럼에도 이 부분에 알맞은 주석을 단다. "이렇듯 칸트 철학에는 섬뜩한 경솔함이 극도로 심오한 사유와 섞여 있다."[160]

전체 유럽의 철학적, 신학적 윤리학은 인간의 개인적 행동 및 사회적 행동만을 다루며 그 속에 사로잡혀 있다. 이는 인간의 구원이, 인간만의 구원이 중요하다는 이른바 계시진리로 시작되었던 시야축소의 후속 결과이기도 하다. 종교적인 것은 그리스도의 구원역사로만 축소되고 현실 전체로부터 분리되어 자연에 섬뜩한 피해를 입혔다. 교회의 지배로부터 해방되는 자율적인 윤리학은 한편으로 진공을 발견했다. 이 진공 안으로 새로운 자연과학이, 당연히 신을 부인하며, 침입했다. 다른 한편으로 철학적 윤리학의 한계는 그리스도교적 인간중심주의와 결합되어 아리스토텔레스와 아리스토텔레스적인 스콜라주의에 의해 움직일 수 없게 미리 고정되어 있었다. 이 빈민굴에서 벗어나 전체 자연에 대해 윤리적 책임을 지자는 제안은—거의 유일하게 아르투어 쇼펜하우어가 이와 같이 제안했다—들리지 않았고 파악되지 않았다. 따라서 그 제안은 아직까지 한 번도 거부되지 않았다. 이에 대한 비용을 오늘날 우리가 지불하고 있다고 많은 비판가는 생각한다. 오, 아니다. 내가 그렇게 생각한다. 파괴된 자연, (경제적 이득 때문에 아직 남아 있는 고

159 I. Kant, *Anthropologie, Dialektik*, § 1, BA 3, 4; Werkausgabe Frankfurt/Main 1964, Bd. XII, p. 407.
160 A. schweitzer, *Werke* Bd. II, p. 237.

기제공자만 제외하면) 이미 거의 완전히 근절된 동물세계, ─이는 단지 하나의 작은 선(先)지불비용이다. 최종 결산은 앞으로 나올 것이다. 우선, 마치 지구가 우리 인간에게만 속하는 것처럼 보인다. 그러나 동물들이 사라짐은, 치오란(E. M. Cioran)이 분명히 말하는 바처럼, "비교할 수 없는 중대 사건이다. 사형집행자가 이 지역을 장악했다."[161]

이러한 정신적 후진성은, 인도와 중국의 사상은 이미 오래 전에, 모든 피조물에 대한 선량한 태도를 강조하는 윤리학을 발전시켰기 때문에, 더욱더 이해하기 힘들다. 그리스인도, 모든 생명은, 신들, 인간들, 동물들의 생명은 하나이며 따라서 어떤 동물을 죽임은 신을 살해하는 행위가 된다는 엠페도클레스의 말씀을 받들었다. 소크라테스 이전 시대에 그리스인이 느꼈던 '모든 존재의 통일성(Zusammengehörigkeit)'이라는 형이상학적 고려가 마찬가지로 인도 사상의 배후에도 있다. 기원후 11세기 중국인의 인기 서적인 "칸─잉─편(Kan-Ying-P'ien, 태상감응편[太上感應篇]은 중국민중의 종교윤리 사상에 관하여 설한 민중도교의 성전이다. 남송 시대 이창령이 정리하였다. 역주)"에서는 ("동양의 성스러운 책"[162], "보상과 징벌" 부분) 모든 생명에 대한 섬세한 배려가 형이상학적으로 정초되지는 않았지만, 일상적, 윤리적 감정에서 추출되어 있다. 동물에게 인간적이어라. 곤충, 식물, 나무를 아프게 하지 말라. 인간이 인간에게, 동물이 동물에게, 인간이 동물에게, 동물이 인간에게 덤벼들도록 부추기는 일은 올바르지 못하

---

161 E. M. Cioran, *Die verfehlte Schöpfung*, p. 95.
162 I. Ching, erstmals ins Engl. übers. v. J. Legge, Oxford 1889, Neuaufl. New York 1963.

다. 화살로 새를 쏘는 일, 산짐승에게 상처 입히는 일, 기어 다니는 짐승을 동굴에서 쫓아내는 일, 새둥지를 파괴하는 일, 심지어 자고 있는 동물을 놀라게 하는 일도 커다란 잘못으로 간주된다. 사냥에서 즐거움을 느끼는 사람은 큰 윤리적 잘못을 범하고 있으므로 속죄해야만 한다.

스스로를 인류 가운데 정신적 엘리트로 간주하며 대성당(大聖堂)을 자랑스럽게 가리키는 유럽인의 얼굴은 부끄러움 때문에 빨개져야만 할 것이다. 유럽인의 다수를 감정이 메마르고 거칠고 잔혹하다고 비방해서는 안 된다는 점, 인도인, 중국인의 다수는 전혀 (유럽인보다) 더 관대하지 않다는 점, 이러한 점을 말할 필요가 있을까? 그러나 교육과 사회적 관습의 정향점이 될 수 있는, 민중도덕의 이러한 책이 도대체 존재하느냐 아니냐는 매우 중대한 차이다.

외경은 어떤 교의나 신조를 필요로 하지 않는다. 그러나 외경은 분명히 종교적인 것의 심장이다. 외경이 없다면 모든 종교는 하나의 공허한 제의일 것이다. 외경 없는 종교적 태도는 도대체 생각할 수 없다. 이를 이해한 사람은 이제 예전에 언급되었던 종교규정이 매우 요약적이며 모든 점에서 부족하다는 점을 깨닫는다. 전통감정, 영원한 것에 묶임, 무제약적인 것을 향함, 성스러운 것을 경배함—이 모두는 너무 허약하고 문제를 비켜간다.

유대인의 종교는 당연히 "자연과 역사의 비밀 및 위대함에 대한 외경과 겸손"[163]을 일고 있다. "지혜가 없는 곳에, 외경도 없다. 외경이 없

163 A. Heschel, *Gott sucht den Menschen*, p. 56; 참조, 시편 111, 10; 잠언 9, 10; 전도서[코헬

는 곳에, 지혜도 없다."

"외경은 전체 현실의 비밀과 일치하는 길이다. 우리가 한 인간의 현전에서 느끼거나 참으로 느껴야 할 외경은 그의 존재 안에 감추어진 '신을 닮음'에 대한 갑작스러운 인식이다. 인간뿐만 아니라 무생물도 창조주와 관계 맺고 있다. 모든 존재의 비밀은 그 존재를 감싸고 있는 신적인 배려와 참여다. 모든 사건 각각에서 어떤 신성한 것이 위험에 처해 있다. 외경은 모든 사물의 창조된[피조물적] 존엄성에 관한 직관적 인식이며, 사물이 신에 대하여 갖는 가치에 관한 직관적 인식이다. ⋯ 외경은 사람들이 말보다는 행동방식으로 더 잘 보여줄 수 있는 통찰이다. 외경을 말로 파악하려고 우리가 더 열심히 노력할수록, 외경은 더 조금밖에 남아 있지 않게 된다."164

최상의 종교적인 덕에 대한 히브리말은 'jira'인데, 그것은 공포와 외경(Furcht und Ehrfurcht)이라는 두 가지 의미를 갖는다. 공포는 우리를 도망하게 하며, 외경은 우리를 매혹한다. 외경은 어떤 의미에서 공포의 반정립(反定立)이다. 유대교에서 'jirat haschem'(신에 대한 공포)과 'jirat schamajim'(하늘에 대한 외경)은 '종교'와 같은 의미다.

"지혜에 이르는 단 하나의 길이 있다. 바로 외경이다. 외경에 대한 너의 감수성을 경솔하게 잃어버려라. 너의 자만심으로 하여금 존경의 능

....

렛] 12, 13; 집회(Sirach) 25, 12f.; Sprüche der Väter 3, 21.
164 같은 책, p. 58.

력을 약하게 하라. 그러면 우주[森羅萬象]가 너에게 시장(市場)이 될 것이다. 외경의 상실은 모든 통찰[깨달음]을 차단시킨다. 외경으로의 복귀가 지혜를 되찾는 첫 번째 전제조건이다. 즉 그것은 세계가 신을 향한 어떤 지시라는 점의 발견을 위한 첫 번째 전제조건이다. 지혜는 외경으로부터 자라나는 것이지 예리함[분별력]으로부터 자라나는 것이 아니다. 사람이 계산할 때 지혜가 깨어나는 것이 아니라, 사람이 현실의 신비와 결합되어 있을 때, 지혜가 깨어난다. 가장 심오한 통찰은 외경의 순간에 우리를 덮친다."[165]

외경은 피조물이 감사의 마음을 창조주인 신에게 되갚는, 인간에게 어울리는 방식이다. *ringraziáre*(감사하다)라고 아시시의 프란치스코는 바로 이 의미로 말한다. 외경적인 감사(感謝)는 인간에게 자신의 존엄성을 허용한다. 외경은 먼지 속에서 기는 일과 굽실거리는 일에서 입증되지 않는다. 태양을, 바람을, 동물을 형제, 자매로 부를 수 있는 사람이 사유와 감정의 어떤 강한, 원천적인 올바름을 소유한다.

동일한 외경이 다른 존재자의, 즉 다른 사람과 다른 동물의, 고유한 명예에 관해 알고 있으며, 그 명예를 타자에게 허용한다. 정말 이 외경은 타자의 이 은폐된 명예를 훼손하지 않으려는 친절한 공포(liebenswürdige Furcht)를 품고 있다. 우아함, 온유함, 심장의 선함, 경건함이 외경의 동반자다. 문화가 개인적, 내적 영역에서만이 아니라, 세계의 이익을 위한

....

165 같은 책, pp. 60f.

윤리적 문화로서 어떤 종교적 뿌리를 갖고 있다면, 그 문화는 외경 안에 뿌리박고 있다. 알버트 슈바이처가 "생명에 대한 외경 윤리학의 문화에너지"에 대하여 글을 쓴 일은 결코 우연이 아니다.

다시 한번 알버트 슈바이처로 되돌아오는 일이 좋다. 그는 자신의 인격 안에, 다른 사람의 경우에는 자주 분열되어 있는 것을 놀라운 방식으로 통일시키고 있다. 그는 철학자로 사유하며 의사로 행동하는, 깊이 종교적인 사람이다. 그런데 그는 언제나 같은 사람이다. 이는 동아시아 종교에서 나타나는 종교, 철학, 윤리학의 통일성을 상기시킨다. 모든 인도적, 중국적 체계는 이 점에서 동일하다. 철학적으로 사유될 수 없는 것이 종교 안에서 요구되는 적이 한 번도 없다. 윤리학이 종교 없이 독립적으로 존재할 수 있다는 생각은 불가능하며, 철학이 모든 종교적 뿌리로부터 원심적으로 떨어져나가, 지상으로부터 비상(飛上)하여 개념의 우주 안에서 무중력 상태로 자기 만족하는 일은 생각할 수 없다. 우리에게는 많은 것이 파편으로 산재해 있다. 모든 과학과 갈등 관계에 있는 교회 이론, 결코 만족스럽게 정초될 수 없었으며 또한 아무도 모르는 윤리학, 아니 많은 윤리학; 때때로 이름값도 못하는 철학. 따라서 현실 전체로 되돌아오는 일이 꼭 필요하다. 확실히 일반적으로 기대된 관점 아래서는 아니었지만, 지금까지 고찰되었던 종교, 또 그 종교의 심장인 외경, 이것들은 현실 전체로 나아가는 길을 열어줄 수 있을 것이니. 비록 아무도 그 길을 열어가지 않을지라도, 그 길은 길 민힌 길로 남아 있다.

II

숙명에서 이해로

Vom Verhängnis zum Verständnis

1 /

신(神) – 이전의 운명영역
(Der vor-göttliche Schicksalsbereich)

'종교'가 오늘날의 철학적 지형(地形)에서 잘 경작된 들[野]이라고 주장하는 일은 무모한 일 이상일 것이다. 오히려 그 역이 진리에 가까울 것이다. 비록 사회학적으로 정향한 경지정리자가 이 질퍽질퍽한 토지를 전체적으로 건조시키는 일에 열심이지만.

종교와 철학의 관계 규정은 대체로 오래된 신화–이성–모델(Mythos-Logos-Modell)에 의해 일어난다. 이 모델은 신화가 이성에 관계하는 것처럼, 종교는 철학에 관계한다고 가정한다. 하지만 이 두 쌍은, 발터 카우프만의 책제목("종교와 철학")이 암시하는 것과는 달리, 아마 대등한 크기로 서로 '관계하지는' 않을 것이다. 오히려 더 자주 저자들은, 빌헬름 네슬레("신화[미토스]에서 이성[로고스]으로")의 경우나 프랜시스 콘퍼드(Francis M. Cornford) ("종교에서 철학으로")의 경우처럼 어떤 발전(發展, Entwicklung)을 내포시킨다. 네슬레는 완전히 공개적으로 어떤 진보(進步, Fortschritt)를 확인하며, 콘퍼드는 그보다는 덜 확신하며 손실과 이득을 헤아린다. 많은 사람은 네슬레의 예를 따랐다. 그리고 플라톤적인 신화의 해석에서도 신화는 극복되어야만 할 어떤 것이라는 정초되지 않은 전제에 이끌리게 되었다. 그리하여 "로고스가 미토스를 잡아먹는다."는 표어에 따라서 이 적대적 형제의 싸움이 기술되고 여기서 더 강한 것, 즉 로고스가 당연히 승리한다. 로고스적 이유로써 신화가 해체되면서 이 과정이 시작한다. 로고스적 이유가 점점 더 그 어두운 덩어리를 해체해 나아가, 결국 이성의 찬란한 빛 속에서 마지막 유령이 사라진다.

이 모델의 약점을 들추어내기 위해서는 어떤 풍자도 필요하지 않다. '신화와 이성', '비유와 개념', '환상과 지성', '예술과 과학'이라는 틀은 정신사(史)에서 정말 상이한 관계규정을 경험하였다. 이 틀은 전체적으로 '종교와 철학'을 자리매김하는 일에는 어울리지 않는다.

우리가 제일부에서 말했듯이, 신화는 자연종교적, 구원종교적 사건들을 보고하는 적절한 형식이다. 그러나 전달의 형식이 그 내용[事象] 자체와 동일한 것은 아니다. 그러므로 종교를 신화와 동일시하는 일 및 신화를 종교에 대한 비유로 활용하는 일은 처음부터 허용되지 않는다. 그리고 '철학'도 그냥 단순히 '로고스'로써 대체되어서는 안 된다는 점이 이제 곧 제시될 것이다.

'진보'로 간주된 '으로부터[에서] - 까지[으로]'라는 움직임에는, 예컨대 다음 중간단계들이 삽입된다. 신화 - 종교 - 형이상학 - 철학 - 과학. 이를 18세기 초(1725)에 지암바티스타 비코(Giambattista Vico, 1668-1744, 이탈리아 철학자; 역주)는 그의 삼 단계 법칙으로 넘겨받았다. 그는 문화 발전의 세 특징적 단계를 신들의 시대, 영웅들의 시대, 인간들의 시대로 가정하였다.[1] 이러한 순서에서 그는 감성적인 것에서 추상적인 것을 향한 점진적 경향성을, 영웅적인 것에서 도덕적인 것을 향한 점진적 경향성을 보았다. 나중에 콩트(Auguste Comte, 1768-1857, 프랑스 철학자, 실증주의 시조; 역주)가 (1830) 비코의 법칙을 우리 인식 발전의 삼 단계 순서로 변화시켰다. 신학적 단계 (세계내적인 것이 신들의 지배를 통해 해명된다), 형이상학적 단계 (신들 대신에 추상적 개념들, 이념들, 원리들이 등장한다), 실증적 혹은 과학적 단계 (사실과의 일치에서 그리고 자연법칙에서 진리가 발견된다). 콩트를 따르면 모든 과학은, 비록 동시(同時)에는 아니지만, 이 세 가지 발전단계를 겪게 된다. 이 밖에 그는 모든 개별 인간도 유년기에는 신화에, 청년기에는 철학에, 성인기에는 엄밀한 과학의 명료함에 이끌리는 방식으로 발전한다고 생각하였다.[2] 컴퓨터 광기의 시대에는 그 법칙이, 만일 그것이 여태껏 법칙이었다면, 완

---

1 참고, Giambattista Vico, Principi di Scienza Nuova, Opere, Milano-Napoli 1953, cap. III, pp. 365-905.
2 참조, Auguste Comte, *Cours de la philosophie positive*, Paris 1905, dt. Ausgabe von F. Blaschke, Leipzig 1933, pp. 2-5.

전히 뒤바뀌었다. 또한 화면세대와 자료세대가 언젠가 노년지혜의 단계에 돌입할지는 정말 의심스럽다.

19세기의 이러한 생각은 서(西)유럽적 진보신앙에 사로잡혀 있다. 이 생각은 동시에 진보신앙의 '프랑스 버전'인데, 여기서는 종교를 인류의 유년기에 속하는 것으로 경멸적으로 표현하였다. 이른바 '독일 관념론'에서는 종교적 사유와 철학적 사유가 과학적 사유의 시간적 선행단계로 통했던 것이 아니라, 과학적 사유의 지속적 근거로 통했다.[3]

육상선수의 세계에서 나온 다음 도식이 아마 사정을 더 잘 설명할 수 있을 것이다. 종교와 철학은 계주경기에서 어느 한 팀의 성원과 같다. 철학이 종교로부터 통찰을 통한 지배력이라는 의미의 바통을 이어받는데, 어떤 시점에 갑작스럽게 그렇게 하는 것이 아니라 서로 나란히 달리면서 이어받는다. 여전히 양자는 동일한 방향으로 나란히 달린다. 처음에는 성공이 주로 종교에 의존하며, 나중에는 철학이 더 많이 기여해야만 한다. 하지만 어떤 시점, 어떤 구간에서도 양자 중 하나가 없으면 안 될 것이다.

이 비유는 직관적이므로 매우 인상적이다. 그러나 숨겨진 이데올로기의 플래카드가 아직 남아 있다. 현실에 적용할 때 이는, 종교는 철학과 함께 달리면서 점점 더 피곤해지며, 결국 종교의 일이 완수되었기 때문에 종교는 달리기를 멈춘다는 점을 의미할 것이다. 이에 반해 철학

....

3   참조, Joh. Hoffmeister, *Wörterbuch der philosophischen Begriffe*, p. 177.

은 그 힘이 점점 넘쳐나고 목적지에 도달하는 책임을 진다는 점을 의미할 것이다. 이는 철학이 할 수 있는 일의 가능성에 대한 정말 엄청난 오해가 아닌가!

상대적인 완전성을 위해 또 다른 관계규정들을 언급하고 그것들을 정밀한 예에 입각하여 입증해보자. 신화[미토스]와 로고스의 침투를 어떻게 생각할 것인가에 관하여, 로고스가 신화를 활용하는 일을 생각할 수 있다. 마찬가지로 변장도 가능하며, 헤겔에게 종교가 철학으로 나타나는 것처럼, 신화가 로고스로 나타날 수 있다. 나아가 양자의 분리도 생각할 수 있다.[4]

양자의 침투라는 첫 번째 틀에 두 가지 기능이 또 다시 제공될 수 있다. 한편으로 신화 형성적 환상을 위해 지성이 사용되는 일과 다른 한편으로 개념 형성적 사유를 위해 환상이 도움을 주는 일이 그것이다.

헤시오도스(Hesiodos, 기원전 8세기 무렵의 고대 그리스 시인; 역주)와 호메로스가 신들의 분명히 한정된 유형을 인간들에 연관시킬 때, 로고스의 역할이 '신들의 계보'의 예에서 분명해진다. 또한 질서원리의 수립에서, 조직하고 정리하는 활동에서, 신들의 참정권과 영향범위에서 로고스적인 것의 기능이 강조된다.[5]

로고스에 봉사하는 신화를 사람들은 파르메니데스의 교훈시에서 찾

----

4 참조, W. Nestle, *Vom Mythos zum Logos*, pp. 17-20.
5 참조, Herodot II, 53 und Hesiod, *Theogonie* 112, 885.

아볼 수 있다. 거기서 전체 비유 표현은 신화적 방식으로 나타나며 로고스적 언표의 진리는 여신 디케의 입에서 선포된다. 또한 자신의 철학의 핵심인 이데아론을 신화적 형태인 동굴비유로 전개하는 플라톤도 (예로서) 생각할 수 있다.

비록 처음 보았을 때는 확실한 듯하지만, '봉사'에 관한 이 두 가지 생각은 매우 조심스럽게만 종교와 철학의 관계에 적용가능하다. 제일부의 설명에서 드러난 것처럼, 종교는 그 자신의 고유한 진리를 갖는다. 종교는 이성을, 사유를, 개념을, 말을, 로고스의 주장이나 이야기를, 질서원리로 빌려 쓸 필요가 없다. 또한 발가벗은 로고스적 언표를 비유적으로 장식하는 예복을 제공하기 위해 종교가 있는 것도 아니다.

플루타르크(Plutarch, Ploutarchos, 46-120, 그리스 철학자·전기작가, 플라톤학파; 역주)에서 신화는 기만적 의도를 갖는 로고스로 등장한다. "만일 로고스가 현실의 비유이자 그림이고, 신화는 또 로고스의 비유이자 그림이라면, 신화는 현실로부터 매우 멀리 떨어져 있다."[6] 이는 정말 재미있는 계열을 수반한다. 플라톤의 경우 조형예술가가 "진리에서부터 계산할 때 세 번째 위치에 나타나는 것처럼" (이데아 — 개별자 — 그림[7]), 플루타르크에 따르면, 신화는 현실에서부터 계산할 때, 세 번째 위치에 온다(현실 — 현실의 비유인 로고스 — 로고스의 비유인 신화).

....

6   Plutarch, *Glor. Ath.* 4.
7   Platon, *Politeia* X, 597e.

이 모델은, 종교적 신화를 작가들의―플라톤이 그들의 기만을 꾸짖는 작가들, 또 플라톤이 그들의 이야기를 기꺼이 로고스에 부합하는 이성적인 생활방식, 즉 신들에게 알맞은 생활방식에 국한시켜 보고자 한 작가들―문제로 간주하는 사람에게만, 종교와 철학의 관계 규정에 쓸모가 있다. 그러나 우리가 상세히 서술한 바처럼, 종교는 신들의 이야기에서 유래하지 않기 때문에, 이 해석모델은 역사적으로 한정된 보고에 대해서만 쓸모가 있다.

앞서 언급한 가능한 규정의 최종 유형은 미토스―이전의, 로고스―이전의 통일성에서 출발한다. 이 통일성에서부터 두 형태가 분리되어 상이한 방향으로 전개되었을 것이다. 사람들은 지성적인 직관의 통일성을 전제로 생각할 수 있으며 그 다음 이 통일성이 한편으로 비유로, 다른 한편으로 개념으로 분화하여 각자 독립적인 길을 가는 것으로 생각할 수 있다. 이와 비슷하게 종교와 철학은 근원적 공포(Urfurcht)와 근원적 경이(Urstaunen)라는 하나의 공통적인 경건함에서 유래하는 것으로 생각할 수도 있다. 그런데 이는, 그 분화가 설명될 수 있을 때에만, 들어맞는다. 이를 위한 충분한 정초를 나는 어디에서도 발견하지 못했으며, 아마 어떤 정초도 가능하지 않을지 모른다. 그렇지만 나는 제이부의 결말에서 '물음과 답'이라는 쌍을 통하여 분화―이전의, 아직 실제적이고 근원적인 동질성을 통찰할 수 있도록 하기 위하여 노력할 것이다.

이 추세의 실론으로서, 왜 Philosophia가 Philologia와 혼동되어서는 안 되는지가 연구되어야 한다. 나는 우선 소피아가 로고스와 동일하지 않다는 일반적 확인에서 출발한다. 로고스는 사유 기관(Organ)의 이름이며, 지성 자체, 사유 내용, 개념, 말 및 언어다. 도구의 관점에서 보자면, 로고스는 사유(작용)뿐만 아니라 행위도 아울러 규제하는 도구다. 왜냐하면 사유와 행위는 분리 불가능하게 서로 결합하기 때문이다.

사유와 행위의 이러한 통일성을 로고스의 척도에 따라 어떤 삶의 영역에서 실현하는 사람이 소포스(Sophos, 智者)로 통한다. 소피아(어원적 유래: saphes=명석한, 판명한)는 '어떤 사정에 관해 밝음', '할 줄 앎'이다. 아리스토텔레스는 이를 **arete techne**[8]로 정의한다. 따라서 소포스(지혜로운 자)는, 글자 그대로, 어떤 기술의 달인(達人)이다.

어떤 소포스는 수공예가일 수 있고 예술가일 수 있으며 (이 예술가는 조형 예술가로서 수공예가로부터 구별되지 않는다), 시인, 실제로 활용되는 어떤 학문의 전문가(의사, 전략가)일 수 있다. 선지자, 예언자, 신탁 해석자, 즉 어떤 확실한 기술을 발휘할 줄 아는 사람도 소포스로 불린다. 또한 삶의 기술의 전문가인 지혜로운 자도, 그가 격언, 충고, 경고를 형성할 줄 아는 한에서 (지나치지 말라! 너 자신을 알라!), 소포스로 불린다.

자세히 살펴볼 때, 그리스인들에게 Philo-sophos(필로－소포스, 愛－智者)는 비교적 나중에 나타난다. 그 시초는 헤라클레이토스(Herakleitos,

....

8 Aristoteles, *Eth. Nik.* VI, 7, 1141a, 9ff.; 참조, W. Nestle, 앞의 책, pp. 13ff. (Ross는 이를 excellence in art[기술의 탁월성]로, Dirlmeier는 die Vollendetheit ihres Könnens[능력의 완전성]로, Gigon은 die Vollkommenheit der Kunst[기술의 완전성]로 번역한다. '기술이라는 덕'으로 변역가능하다. 역주)

B.C. 540?-480?, 고대 그리스 자연철학자, 역주)가 저자로 불확실하게 추정되는 단편에서, 피타고라스(Pythagoras, B.C. 580?-500?, 고대 그리스 철학자·수학자·종교가, 역주)에서, 소피스트들에서, 그리고 플라톤의 후기 대화편에서 발견된다. 이 Philo-sophos는 (앞의 달인 소포스와는) 완전히 다른 달인이다. 엄밀히 말하자면, 그는 앞서 언급된 전문가 계열의 마지막 사람으로 거론되어서는 안 된다. 소포스와의 거리를 의식하면서 Philo-sophos(애지자)는 겸손한 요구를 내세운다. 그는 자신만이 마음대로 할 수 있는 어떤 특별한 기술을 갖고 있지 못하다. 그는 어떤 세계상(世界像)을 추구하는데, 아직 그것을 알지도 못하며, 그것을 통일적으로, 완벽하게, 즉 체계로서 얻지도 않을 것이다. 새로운 의식이, 지금까지의 모든 것으로부터 구별되는 어떤 정신적 왕국을 열어 제치고 있다는 점만을 그는 알고 있다.

그러므로 철학자(Philosoph)는 논리학자(Logiker)라기보다는 바로 신화학자(Mythologe), 혹은 더 정확히 말하자면, 사물의 (자연)본성을 탐구하는 Physiologe(본성학자, 자연학자)다. 철학을 로고스에 묶는 일은 종교를 신화와 결혼시키는 일과 마찬가지로 틀린 것처럼 보인다.

그런데 지혜로운 자들의 정원으로 나온 산책과 같은 이 논의의 끝에서 이제 다음 물음이 제기된다. 어디에서 철학에 대한 이해를 구하는지 하는 문제가 도대체 별로 중요하지 않은 것일까? 오늘날 어떤 의사도 더 이상 곱게 빻은 뱀 껍질에 벌레배설물과 침을 섞이서 민병통치약을 만들지 않는 것처럼, 철학자가 자신의 일을 이천 년보다 더 오래된 시대로부터 도출하는 일에 스스로를 한정시킬 수는 없지 않은가?

논박적인 말대꾸는 쉽사리 회의적으로 되물어질 것이다. 오늘날 제조된 약이 마법약보다 훨씬 더 나은가? 오늘날의 철학이 도대체 스스로를 어떻게 이해하는지 말하기나 하는가? 그러나 사실적인 정보는 다음을 깊이 생각하게 한다. 철학의 종교적인 유래에 대한 연구는 명칭 도출의 문제만은 아니다. 사람들은 그 최초의 이행(移行)이 확인될 수 있는 바로 그곳에서 시작하는 일을 놓쳐서는 안 된다. 그러면 그 다음 물음이 제기된다. 언제부터 종교와 철학은 갈라지는가? 어떤 기준이 그들을 구분하는가? 무엇이 그 기준의 고유 내용인가? 그 내용은 실질적인 것인가? 현실성에 대한 상이한 접근이 그 내용인가? 아니면 언표의 형식만 서로 다른가?

맨 처음부터 시작하는 일이 얼마나 불가피한가를 나는 아마 단 하나의 문장에서 보여줄 수 있을 것이다. "철학에서는 종교철학의 틀 안의 주제뿐만 아니라, 인간학, 윤리학, 국가철학, 사회철학 영역의 주제도 또한 특별히 중요하게 된다."고 많이 사용되는 어떤 학습서에 실려 있다.[9] 오늘날 사회학에 정향된 대학철학의 실제에서 "우연성 극복활동인 종교(Religion als Kontingenzbewältigungspraxis)"라는 주제가 경험적으로 다루어진다.

여기서 '종교'는 한편으로 해석학적 혹은 분서적 테스트 연습을 위한

---

9   R. Dölle-Oelmüller, in *Diskurs Religion*, Philosophische Arbeitsbücher 3, 1982, p. 80.

자료일 뿐이며, 다른 한편으로 19세기와 20세기 초기에 과학사회학(사회와 과학의 상호관계를 연구하는 사회학의 분과; 역주)적으로 확산된 비판의 대상일 뿐이다.

서양 철학이 막다른 골목에 도달했다는 점을 우리는 헤겔 이래로 알고는 있었지만, 계속하여 무시하고 있다. 이러한 상황에서는 많은 처신 방식이 가능하다. 몇 걸음 뒤로 (칸트로, 헤겔로) 되돌아가면, 또 한 차례 전진할 구간이 생긴다. 혹은 방향을 전환하여 벽에 등을 대고[배수진을 치고] 전체 구간을 역사적인 재연구의 새로운 길로서 간다(철학사로서의 철학, 역사적으로 형성된 물음에 대한 철저한 탐구로서의 철학). 또한 그냥 그 자리에 서서 앞으로 나아가지 않고 즐겁게 운동할 수 있다. 하지만 다른 길이 가능할 것 같은 어떤 곳까지 다시 한번 되돌아가는 일은, 역사적으로 볼 때, 불가능하다. 하이데거가 철학의 종말과 사유의 시작을 말했던 것처럼, 이 다른 길은 오직 사유단초로서만 새롭게 가능하다.

하이데거도 소크라테스 이전 (더 정확히 말하자면, 플라톤 이전) 철학자들에게서 실마리를 찾는다. 그럼에도 나는 하이데거를 따르지 않는다. 왜냐하면 나의 의도는 존재망각의 수정이나 기초존재론의 기획이 아니기 때문이다. 차라리 나는 프랜시스 콘퍼드의 주장에 동의한다. 즉 철학은 어머니 없는 아테네가 아니며, 아버지는 인간의 지성이지만, 더 오래된 더 고상한 양친부분은 종교라는 그의 주장에[10] 나는 동의한

....

10 F. M. Cornford, 앞의 책, Preface, p. VII, 참조, 같은 책, p. IX.

다. 나는 그 주장에 다음을 보충한다. 즉 철학의 차원 하나의 재(再)획득 때문에 철학의 종교적인 태생(胎生)을 몇몇 중요한 흔적으로부터 찾아내는 일이 매우 중요하다. 콘퍼드가 다음 주장을 가설로 내세울 때, 그 점에서도 나는 그를 따른다. 종교에서 철학으로의 이행에서 문제 자체가, 즉 주제의 본성이 변화한 것이 아니라, 인간의 관점이 변화하였다. Man's attitude, 인간의 태도, 현실 파악방식, 이것이 이전에는 정서적으로 열심히 종교적 상징을 향하였는데, 이제 지성적, 사변적 측면을 강조하며, 분석, 개념, 이론을 형성한다. 그런데 인간이 공중에 더 높이 건설할수록, 인간은 자신의 사유형성체가 어떤 근거와 바탕 위에 서 있는지를 망각한다.

그런데 고전 문헌학자인 콘퍼드의 관심은 다른 길로 빠져나가며, 이제 나는 그 길을 따르지 않는다. 그는 전통의 두 가지 길에 대한 근본적 이해를 마련한다. 이 두 길을 그는 "the mystical and the scientific tradition (신비적 전통과 과학적 전통)"이라고 부른다. (발터 카우프만은 실존주의자와 경험주의자라는 두 가지 근본유형을 구별한다.) 이 두 가지가 실제로 그리스 종교의 디오니소스적 요소와 올림포스적 요소로 거슬러 올라가는지, 아낙시만드로스 배후에 이오니아인(人) 호메로스가 올림포스 신들을 거느리고 서 있으며, 피타고라스 뒤에 오르페우스와 디오니소스라는 애매한 존재들이 서 있는지를 나는 연구할 수도 없으며 내 설명에 연관시킬 수도 없다. 소크라테스 이전 사상가들의 단초에 관한 입문 및 잠정적 정초를 위해 이만큼 말했다.

서양 철학사에 등장하는 최초의 이름은 (기원전 600년) 그리스의 소아시아 지역인 밀레토스 출신 세 자연철학자인 탈레스, 아낙시만드로스, 아낙시메네스(Anaximenes, B.C. 585-528, 고대 그리스 자연철학자; 역주)다. 그들의 저술 중 몇몇 단편이 전승되었다. 이에 반해 신화적 종교에서가 아니라 시에서 더 많이 철학의 유래를 찾는 사람은 헤시오도스에서 시작한다. 올로프 쥐공(Olof Gigon, 1912-1998, 스위스 고전 문헌학자; 역주)은 이처럼 어떤 종교적 전통이 아니라, 호메로스의 서사시가 철학의 시초를 형성한다고 생각한다. 그러므로 신통기(神統記, 신들의 系譜學, theogonia)의 작가인 헤시오도스의 저작이 "밀레토스의 탈레스의 저술과는 비교할 수 없을 정도로 심오한 의미에서 그리스 철학의 원천이다. 비록 아리스토텔레스와 테오프라스토스(Theophrastos, B.C. 372-287, 고대 그리스 철학자, 아리스토텔레스의 제자; 역주) 이래 철학역사가 탈레스의 글을 시초에 올려놓았지만. 우리는 헤시오도스로부터 출발해야 한다."[11] 그러나 여기서는 소크라테스 이전 시기의 철학사적인 기술이 목적이 아니기 때문에, 누가 '최초인'으로 간주되는지는 중요하지 않다.

탈레스, 아낙시만드로스, 아낙시메네스는 '이오니아 자연철학자 3인'으로 불리기도 한다. 왜냐하면 그들의 저작이 기원전 6세기, 5세기의 다른 저작처럼 보통 **peri physeos**라는 제목을 달고 있으며 가볍게 '자연에 대하여'로 번역되기 때문이다.

....

11 O. Gigon, *Der Ursprung der griechischen Philosophie*, p. 13.

라틴어 *natura*가 희랍어 **physis** 대신 취해지면, 적어도 생명·성장·운동의 요소는 남아 있다. 따라서 밀레토스학파 물활론자(物活論者)들의 이론의 요체는 다음과 같다. 우주는 살아 있으며 우주는 하나의 영혼을 갖는다(das All ist belebt, das Universum hat eine Seele). 그러나 **physis**가 *materia, substantia*로, 즉 '질료'로 번역되면, 이 생각은 사라진다. 게다가 *prima substantia*(제일 실체)는 아리스토텔레스적인 스콜라주의를 연상시키는데, 이 연상은 여기서 어울리지 않는다.

이렇게 오래된 시대의 텍스트를 선입견 없는 적절한 태도로 우리가 접근할 수 있는지, 아니면 플라톤 이후에 시작된 긴 해석역사 때문에 또 우리의 오늘날의 관점 때문에 텍스트를 향한 접근로를 우리가 이미 항상 차단하지는 않는지 하는 점이 보통 문제다. 빌헬름 네슬레의 "신화에서 로고스로"의 경우에서 입증되는 바처럼, 선행적인 중심사상이 해석방향을 확정한다면, 물론 이러한 차단은 불가피하게 일어난다. (네슬레의) 출발명제에 따르면, 신화가 로고스에 의해 극복되어 사라지고, 원인과 결과라는 "순수하게 자연적인 연관" 안에서 세계해명을 요구할 때, 철학은 시작한다. 만물의 원리는 이오니아인에 의해 더 이상 신화적으로 대답되지 않고, 합리적으로 대답된다. 아낙시만드로스는 어디서도 신들에게 도피하지 않고, 신화를 도모하지 않고 자연의 정초를 시도한다. 그는 신들에게 일찍이 귀속된 속성인 늙지-않음과 죽지-않음(이는 영원성을 의미하지는 않는다)을 천재적인 변환을 통해 무제한 자(Apeiron) 원리에, 즉 만물을 파악하고 만물을 조종하는 무한한 원(原)

근거에, 귀속시켰다.[12] 과학으로의 이러한 전향을 수많은 철학사가가 넘겨받았는데, 특히 동유럽 국가에서 출판된 소크라테스 이전 철학 역사의 개요에서 그러하다. 여기서는 이른바, 신화적 미신에 대한 로고스의 싸움이 강조되며 이오니아의 자연철학자가 최초의 무신론적 과학의 증인으로 명명된다.

아낙시만드로스의 저술은 단편으로 보존되어 있기 때문에, 게다가 심플리키오스(Simplikios, 6세기 동로마제국의 고대 후기 그리스 신(新)플라톤주의자; 역주)가 간접화법의 형식으로 전해준 단 하나의 문장 정도로 이루어져 있기 때문에, 방금 제시된 해석이 지지될 수 있는지에 대해 쉽게 검토할 수 있다. **physis**는 **apeiron**이다. 이 apeiron은 무제한자−무규정자(無規定者)이며 다른 요소들(물, 땅, 공기, 불)과 같은 속성을 갖지 않는다. "만물이 생겨난 원천으로 다시 만물은 사라진다", **kata to chreon** "그 죄에 따라"(W. Kranz 역), "주어진 운명에 따라"(W. Jaeger 역), "마땅한 방식으로"(O. Gigon 역), "according to that which is ordained"(운명에 의해 정해진 대로; F. M. Cornford 역), "왜냐하면 그들은 서로서로"(**allelois**−심플리키오스에게 이 부분은 아직 없다. 비로소 후기의 비교가 이 중요한 부분을 첨가했다) "그들의 부정의에 대하여 정당한 벌을 받기 때문에", **kata ten tou chronou taxin** "시간의 명령에 따라"(다시 W. Kranz), "시간의 판결에 따라"(W. Jaeger역), "시간의 질서에 따라"(O. Gigon의 개선),

....

12 참조, W. Nestle, *Vom Mythos zum Logos*, pp. 81-86.

"according to the disposition of time"(시간의 처분권에 따라; F. M. Cornford). 그리고 또 부가어가 있는데, 이것에 네슬레가 의존한다. "아 페이론은 나이도 죽음도 몰락도 없다."[13]

사전은 **taxis**의 의미로 '질서'를 제안하며 쥐공이 이를 넘겨받는다. 그 러나 그 맥락에서 벌과 참회가 언급되기 때문에, 법정용어를 주목하는 일이 중요하다. 거기서의 의미는 재판관이 **tattei diken**, 즉 '판결을 내리 다', 판결하다, 평결하다 등이다. 그러므로 여기서는 '판결'이 의미 없는 '질서'보다 더 낫다.[14]

콘퍼드는 단편의 이 적은 벽돌들로써 하나의 세계를, 하나의 우주론 을 기획하기를 감행한다.[15] **onta**(우리 눈앞의 존재자, 우리 주위의 다수 의 개별자)에는 존립(存立, Bestand)이 없다. 그것들은 온 곳으로 (다시) 사라지므로 저급한 파생적 존재만 소유한다. 그것들의 발생 원천이자 소멸 종점은 따라서 고급의 존재를 갖는다. 모든 물체의 원천인 근원— 요소들(물, 땅, 공기, 불)이 그것이다. 그러나 이 요소들 자체는 불멸적 인 것이 아니다. 그것들도 발생원천으로 (다시) 사라진다. 유일하게 불 멸적인 것은 제삼의 존재, 그러나 본래적으로는 제일의 존재, 일차적 존재, 즉 아페이론이다.[16]

....

13 Diels, *Fragmente der Vorsokratiker*, A 9, 11, 15; B 1-3.
14 참조, W. Jaeger, *Die Theologie der frühen griechischen Denker*, pp. 46f. und p. 240, Anm. 59.
15 참조, F. M. Cornford, op. cit., pp. 8ff.
16 참조, Aristoteles, Physik, XXS. 211 4, 203b, 6ff.: kai tout' einai to theion. athanaton gar kai anolethron, hos psychin ho Anaximandros.

번거롭지만 달리 말하자면, 무제한자, 아페이론은 스스로를 요소들로 형상화하는데, 이 요소들은 자신에게 주어진 영역으로 전개되고 거기서 스스로 존재자들을 산출하는데, 이 존재자들이 죽게 되면, 그 요소들이 다시 받아준다.

이로부터 다음 사실이 밝혀진다. 요소들은 아페이론과 달리 제한되어 있으며 대립적 쌍으로 구분된다(공기는 차고, 불은 뜨겁고, 물은 축축하고, 땅은 건조하다). 대상들은 서로 지속적인 투쟁 상태에 있는 것으로 보이며 각 요소는 반대자에 대항하여 자신의 영역을 방어, 확장하려고 한다. 이미 이것 하나가, 요소들이 제한적이고 사멸적인 이유일 수도 있다. 만일 어떤 하나의 요소가 불멸한다고 가정하면, 다른 요소들은 존재하기를 멈출 것이다.

따라서 아낙시만드로스의 우주론은 physis의 요소들을 포함한다. 근원 질료의, 생명 본성의 현상방식들이 여기 함께한다. 그 우주론은 taxis를, 즉 판결과 질서구조를 포함한다. 그것은 genesis를, 즉 만물 발생의 과정을 포함한다. 이 세 가지 요소 가운데 나는 이제 두 번째 요소에 국한하겠다. 왜냐하면 아낙시만드로스가 그것을 발명한 것이 아니라, 가장 매력적이고 동시에 가장 어두운 국면으로 넘겨받았다고 가정할 수 있기 때문이다. 죄의 판결을 내리는, 척도를 제공하는, 정의를 수행하는, 질서를 수립하는, 세계의 균형을 잡는 바로 그 재판관은 누구인가? 신은 아니다. 도대체 누구인가?

선입견 없는 독자의 눈에 띄게 될 것은 아낙시만드로스의 언어다. 그

럼에도 빌헬름 네슬레는 이것을 별로 주목할 만한 가치가 없는 것으로
생각한다. 확실히 아낙시만드로스의 주장은 신화적·비유적인 설명방
식으로 표현된 것은 아니며 매우 상세히 설명된 것도 아니다. 그렇다면
이것이 자연과학자의 개념 언어인가?

> "존재자들에게 생성이 일어난 곳, 그곳으로 존재자들의 소멸이 일어
> 난다.
> 유죄 판결에 따라서.
> 왜냐하면 존재자들은 서로서로 정당한 벌을 받기 때문이다.
> 그들의 부정의에 대하여,
> 시간의 명령에 따라.
> (아페이론은 나이가 없고, 죽음도 없으며 몰락도 없다)."

죄, 벌, 참회, 판결, 부정의 — 이 모두는 *moral language*(도덕 언어)의 어
휘다. 도덕 언어를 과학 언어, 논리학 언어, 일상 언어로부터 구분하는
오늘날의 언어분석에서의 표현의 사용이 허락된다면 그렇다. 존재하는
것과 존재해야 하는 것에 대해 결정하는 힘은 분명히 '도덕적 유형'이
다. 규정(規定, Bestimmung)과 정의(正義, Gerechtigkeit)의 원리가 물리적
질서를 지배한다.

후기 그리스의 역사기록자들은 아낙시만드로스를 '대단한[용감한]
사람'이라고 기술한다. 그는 최초로 자연에 대한 저술을 남겼고, 우리가
사는 지구를 칠판에 그리기를 '최초로 감행했으며', 태양 그림자의 측

정 기구를 만들어 스파르타에서 해시계를 세웠으며, 끝으로 천구(天球)도 만들었고 황도(黃道)의 기울기도 알아냈다. 우리가 이 모두를 깊이 생각해보면, 그는 극도로 냉정하고, 이성적인 사람으로 간주될 수 있다. 그럼에도 그는 천문학자, 지리학자, 물리학자 또는 수학자처럼 말하지 않는다!

그와 그의 독자들이, 우리에게는 매우 낯설지만 그들에게 매우 친숙한 어떤 세계질서와 관계한다고 우리가 가정해야 하지 않을까? 아낙시만드로스가, 그의 전제로 보이는 것으로써, 말하자면, 홀로 서 있지는 않다는 사실을 통해 우리의 추정은 강화될 수 있을 것이다. 대다수의 당시 철학자는 그들의 종교적 표상세계에 자명하게 속하는 것을 당연시하며 더 이상 그것에 대해 말하지 않는다. 그들은 필연성(必然性, Notwendigkeit)과 법(法, Recht)이 통일되어 있던 어떤 개념 하나에, 이름 없이 그러나 논란 없이 타당했던 어떤 개념 하나에 관계한다. 그 개념은 훨씬 앞으로 나아가 종교의 가장 오래된 형태 안에서 찾아져야만 한다. 신들보다 훨씬 앞에서. 왜냐하면 그것은 신들보다 더 오래된 것이며, 실제로 최초의 원리라는 의미에서 원천적이며, 최고신인 제우스보다 더 높으며—'도덕적'이기 때문이다. 이 조건을 충족시키는 것이 바로 **모이라**(moira)다.

신들은 제한되어 있다. 신들은 나이와 죽음에서는 벗어나 있지만, 영원하지 않으며, 그들이 탄생기인 세계보다 더 젊다고 우리는 들었다. 인간은 신들에 대하여 무력하지만, 신들은 전능하지 않다. 신들은 그들이 그토록 사랑하는 사람을, 그 사람의 운명이 다하면, 구할 수조차 없다.

신들을 한정하는 것은 자연법칙이 아니다. 왜냐하면 자연법칙을 파괴하고, 기적을 일으키는 일은 거의 신들의 일상과제에 속하기 때문이다. 신들을 한정하는 그 누구는 모이라다. 모이라는 신들이 창조하지 않았으며, 이 모이라에 대항하여 신들은 아무것도 할 수 없다. 에우리피데스(Euripides, B.C. 484-406, 고대 그리스 삼대 비극시인 가운데 한 사람; 역주) (타우리스의 이피게니)에서 아테네 여신은, 아낙시만드로스의 말, **to chreon**을 사용하면서 다음과 같이 말한다. "**to chreon**(운명으로 정해진 것; 역주)이 신들과 너의 지배자다."[17]

"'모이라'가 도대체 무엇인가? 모이라가 어떻게 이 위상을 차지하게 되었는가? 이 원리는 철학적으로 무슨 의미인가?" 이러한 물음들을 우리가 묻기 전에, 나는 이 모이라와 놀라울 정도로 동일하게 기술되는 번역 불가한 다른 철학적 원리인 **Tao**[도, 道]를 지시하고 싶다.

'Tao'도 사람들은 (번역하지 않은 채) 그대로 놓아두거나, 많은 번역 제안 가운데 하나를 선택한다. 이 선택에는 항상 이유가 있다. 길, 방법, 의미, 이성, 법칙, 세계근거, 신성(神性), 자연, 원리, 생명, 혹은 최고실재(이 최고실재가 진수[眞髓]다).[18] 어떤 제안을 받아들이는가는 선택자의 욕구에 의존한다. 본래의 뜻 자체에는 그 어느 번역도 충분하지 않다.

....

17 Euripides, Iphigenie 1486; 참조, ähnliche Stellen bei Homer, Hesiod, Aischylos, Pindar u. a. bei F. M. Cornford, op. cit., pp. 12f.
18 참조, G. Béky, *Die Welt des Tao*, p. 35.

그렇지만 완전히 모이라에 들어맞을 수 있는 지시 하나가 있다. 기원전 300여 년에 나타난 도덕경 ― 그 저자는 미상이다(노자가 저자라는 자주 만나는 주장은 입증되지 않았다) ― 제25장에 다음 구절이 있다.

> "인간의 척도는 땅이고,
> 땅의 척도는 하늘이다.
> 하늘의 척도는 도인데,
> 도의 척도는 자기 자신이다."
> (人法地, 地法天, 天法道, 道法自然)

핵심어 'Fa(法)'는 척도, 규정, 법칙, 규칙, 규범으로 풀이할 수 있으며, 혹은 동사로 '척도를 주다', '규정하다', '닮다', '스스로를 규정하다' 혹은 '어떤 것을 향하다'로 풀이할 수 있다.[19] 놀랍게도 이 모든 의미는 도에 대해서와 마찬가지로, '하늘'(신들을 포함함), 땅, 사람과 연관된 모이라에 대해서도 말할 수 있다. 하지만 (이러한 지시는) 개념규정을 위해서는 아직 많이 부족하다.

모이라에 관한 최초의 확실한 확인은, 비록 호메로스에서 모이라가 운명의 여신으로 형상화되었지만, 모이라는 인격(Person)으로 생각되어서는 안 된다는 점이다. 다신(多神) 종교의 장점 가운데 하나는, '의도적

....

19 이 부분에 관해 이안희 박사를 고맙게 생각한다. 이 박사는 나에게 다른 실체들(인간, 땅, 하늘)을 그 다양성에서 설명하였다.

인 지성'의 관여 없이도 우주 및 세계질서가 표상 가능하다는 점이다. 신들 모두는 자신의 영역에 한정된, 특별한 힘을 갖는다. 어떤 신도 자유로운 의지의 작용 하나로써 스스로 이 세계를 기획하거나 창조했다고 주장할 수 없다. (세계기획, 세계창조라는) 이러한 요구주장은 다신 구조의 사라짐과 함께, 그리고 유일한 최고신이라는 유일신적 표상의 승리와 함께, 비로소 서서히 나타났다. 그리스 종교에서 후자는, 즉 제우스의 독재(獨裁)는 크로노스(Kronos, 제우스의 아버지; 역주)의 훨씬 오래된 지배를 통하여 이미 일찍이 약화되어 있다. 이렇게 볼 때, 유대교적 유일신-신학에 후대에 접근하는 일은 지성적인 진보가 아니라, 오히려 퇴보다. 모이라는 어떤 도덕적인 힘을 소유한다. 그러나 아무도 모이라에게 한 번도 '정말 착함'(Allgüte, 大慈大悲, 더 없이 仁慈함)을, 즉 인간의 의미에서의 완전한 선행(善行)을 귀속시키지 않았다. 섭리, 예견, 예정 혹은 은총결단 같은 술어들은 모이라에 귀속하지 않는다. 그러한 속성들은 신인동형설(神人同形說)적 귀속에서 유래한다. 바로 이 신인동형설에서, 세계의 부정의(不正義)에 직면한 '정의로운 신'의 신상(神像)과 결부된 모든 난점이 나온다. 이 난점은 "아우슈비츠에서 신이 어디 있었는가?"라는 외침에까지 이른다.

'모이라(Die Moira, 여성 관사 die를 사용한다. 역주)'라는 말은 사람을 닮은 것을 지칭하는 것처럼 들린다. 그러나 어떤 여신을 생각하는 일보다 더 큰 오해를 야기하는 일은 없다. 모이라는 세계의 질서공간을 구분하기는 하지만, 그 구조를 기획하지도, 가동시키지도 않았다. 모이라는 필연성과 정의(正義)의 표현(表象과 現實化) 이상도 이하도 아니며, 기초적 성향의 존재와 당위 이상도 이하도 아니다. (nicht mehr und nicht weniger als die Repräsentation [Vorstellung und Verwirklichung] der Notwendigkeit und Gerechtigkeit, das Sein und das Sollen der elementaren Disposition) 아마 이로써 멋진 명제가 얻어졌을 것이다. 하지만 모이라의 본질에 대한 충분한 직관은 아직 얻어지지 않았다. 그럼에도 적어도 다음 결과는 남는다. 모이라에게 기도하는 일은 아무 도움도 안 된다.

정립명제는, 종교에서 철학으로의 이행에서 (만일 그 '진행 방향'이 확정되어 있다면) 핵심 자체는 전혀 변하지 않았지만, 인간의 태도는 몇 가지 변화하였다는 내용이었다. 자, 무엇이 아낙시만드로스의 우주론을 호메로스나 헤시오도스의 종교시와 구별하는가? 이제 제우스나 올림포스 신들에 관해서는 더 이상 언급되지 않는다. 하지만 그 대신 아낙시만드로스는 모이라의 더 앞선, 더 오래된 지배를 재건하였다! 언제나 여전히 **kata to chreon**, "질서[운명]에 따라 있어야만 하였던 대로"를 말한다. 그러나 인격적인 신의 의지는 사라진다. 그 신의 자리를 어떤 영원한 힘이, 어떤 자연적인 근원(根源, 理由, Ursache)이 차지하였다.

사람들이 원한다면 이렇게 말할 수 있다. 유일신―신앙을―이것은 아직 '창조'와의 연관에서 파악되지 않는다―극복하는 일, 신에 **앞서**(*vor*) 있는, 신들 모두에 **앞서**(*vor*) 있는 근원적인 종교적 힘을 재건하는 일, 이 일이 최초의 철학적 행위였다. 따라서 신화적인 말을 학문적인 개념으로 번역하는 일, 종교와 철학을 날카롭게 구별하는 일과 비슷한 일, 이 일이 최초의 철학적인 행위가 아니었다. 반대로 종교적 기초를 반성적으로 사유하는 일, 인간을 너무 닮은 신의 이미지를 옆으로 치우는 일, 이것이 철학적인 출발의 탁월성이다. 종교적 구상(構想)의 지속성·보편성·관성, 이것이 (철학적인 출발의) 특징이다.

이미 아리스토텔레스는 플라톤의 **paradeigma**(원형)와 **methechein**(참여하다)을―그 뜻을 이해하는 대신에―"비유적"이고 "시적(詩的)"이라고 평가절하하였다. 이와 유사하게 부정의(不正義)를 갖는 인간의 참회와 처벌에 관한 아낙시만드로스의 명제에 심플리키오스는 (기원후 530년경에) **poietikoterois houtos onomasin auta legon**(이러한 시적인[비유적인] 언어로 말하면서)라고 주석을 붙였다. 그러한 사람은 아낙시만드로스의 뜻을 이해하지 못한다.[20]

부분적으로 나는 베르너 예거(Werner Jaeger, 1888-1961, 독일―미국 고전문헌학자; 역주)에 동의한다. 그는 철학의 시초에 대해 이렇게 말한다. "아낙시만드로스의 자연에 대한 설명은 현대적 '과학'의 의미에서 자연을 그냥 설명하는 일과 다르며 그 이상이다. 그것은 최초의 철학적 신정론(神正論)이다."[21] 내가 예거였다면, '신정론'이라는 용어를 물론 피했을 것이며, 마찬가지로 예거의 다음 요약도 피했을 것이다. "이러한

....

20 Simplicius, Phys. 24, 13; Aristoteles, Metaphysik A, 9; 참조, F. M. Cornford, 앞의 책, p. 42.
21 W. Jaeger, *Die Theologie der frühen griechischen Denker*, p. 48. 예거가 이 저술에서 '신학'을, 그가 본래적으로 철학으로 간주하는 바인 '자연 신학'으로 이해하는 방식에 사람들이 주목할 때, 사람들은 그를 올바르게 대할 것이다. 아직 physikos에 대해 말하는 바로(Varro), 라틴어 naturalis로써 physikos를 대체하는 아우구스티누스, 이 학자들에서 출발하는 긴 개념역사가 있다. 참조, 같은 책, pp. 9-21.

이른바 자연철학에는 기능적으로 신학, 신통기, 신정론이 동시에 포함되어 있다"(같은 곳). '신학'이라는 말 대신 나는 '자연 안에 나타나는 질서에서 종교를 볼 수 있게 함[可視化]'이라고 말하기를 더 좋아한다. (물론 이 말을 날마다 사용하는 일은 좋아하지 않는다고 고백한다.) 아낙시만드로스에게서 나는 '신통기(神統記, 신들의 계보, Theogonie)'를 전혀 발견할 수 없다. '신정론(Theodizee)'은 제신신학(諸神神學, Göttertheologie)에서 가져온 기본 구상이다. 신정론은 인간이 느끼는 부정의(不正義)에 직면하여 이 부정의를 정당화하는 일이다. (이 개념은 1710년 라이프니츠[Leibniz, 1646-1716, 독일 수학자·물리학자·철학자·신학자; 역주]에서 비로소 등장한다. 그럼에도 그 문제 자체는, 가끔 그렇듯, 물론 더 오래된 것이다. 보에티우스[Boetius, 480-524, 로마 철학자; 역주]에서 신정론은 다음 형식으로 나타나 있다. Si deus est, unde mala? Bona vero unde, si non est?—"신이 있다면, 악은 어디서 나오는가? 신이 없다면, 선은 정말 어디서 나오는가?"[22]

모이라는 인간들에 의해 보호될 필요가 없다. 모이라는 도(道), 질서, 이성, 세계근거, 의미와 원리다. 따라서 인간적 표준이나 평가 아래 있지 않으며, 호의적인 변호를 전혀 필요로 하지 않는다. 하지만 베르너 예거의 의도는 올바르다. 이른바 자연철학이 문제인데, 우리가 여기서 '자연'을 현대적 자연과학에 가깝게 가져가면 이 자연철학은 오해된다.

....

22 Boetius, *De consolatione philosophiae* I, pr. 4; 참조, W. Leibniz, *Essais de theodicee sur la bonte' de Dieu, la liberté de l'homme et l'origine du mal*, Amsterdam 1710.

그러므로 모이라는 가장 오래된, 신-이전의 운명영역이며, 이 운명영역이 또한 철학을 통한 종교의 새로운 이해를 가능케 한다. 종교는, 어두운 숙명으로부터 불변성에 대한 자유롭고 명증적인 긍정의 단계로 이행하는 도중에 있다.

그런데 이제 '모이라'와 'Tao(도)'의 가능한 번역을 위한 보조논의(補助論議, Exkurs)가 하나 필요하다. 이를 위해 나는, 콘퍼드(F. M. Cornford)처럼 금세기(20세기) 초 프랑스 사회학 학파에서 나온 *collective representations(집단적 표상)*이라는 범주를 다시 붙잡으며[23] 이를 다음과 같이 이해한다. 집단적 표상은 어떤 규정된 사회적 집단의 성원에게 미리 주어져 있다. 이 집단 안에서 그것은 세대에서 세대로 계속 이어진다. 그것은 개인에게 덮어 씌워지며 개인에게서 존경, 공포, 경배 등을 야기한다. 그것은 달라붙어 있어 흔들어 떨어뜨릴 수 없다. 그것은 개인에 의해 존재하게 된 것은 아니다. 비록 언어가 오로지 개별 인간에 의하여 말해지지만, 언어는 개인의 사유에 근거하지 않으며, 사회적 매체로서 집단적 표상의 덩어리에 근거한다.

우선 충분히 설명된 이 '집단적 표상'은 당연히 항상 점진적인 변화를 겪게 되는데, 이때 철학적 비판이 계몽으로서 효소처럼 작용한다. 역사의

....

23 참조, Levy-Bruhl, *Fonctions mentales dans les sociétés inférieures* 1, Paris 1910; 참조, F. M. Counford, 앞의 책, p. 43.

모든 시대에 대하여, 모든 구별 가능한 집단에 대하여, 심지어 사회 내부의 지역적 색채 혹은 소수자에 대해서도 이는 타당하다. 따라서 기원전 6세기의 어떤 그리스 철학자가, 르네상스 시대에 그를 재발견한 사람이나 20세기의 그 철학자의 해석자와 동일한 문제에 직면하고 있다고 가정하는 사람은ㅡ이렇게 가정할 수 있는 이유는 '인간의 본성'이 근본적으로는, 우주로서의 비인간적 자연과 똑같이, 계속 불변한다는 점인데ㅡ오류를 범한다. 엄청난 차이가, 우리가 오늘날 다른 집단적 표상을, 모르는 사이에, 상속받았다는 점에 기인한다. 아낙시만드로스가 그와 그의 독자들에게 친숙하지만 우리에게는 낯선 세계질서에 대한 표상에 연관되어 있다고 나는 이미 말했다. 이 말로써 나는 바로 위의 사정을 의미했다.

따라서 책상, 의자, 집과 같은 사물의 표현, 마찬가지로 먹는다, 잔다, 달린다와 같은 단순한 행동의 표현, 이러한 이름은 넘겨받을 수 있다. 그러나 이를 넘어서는 어떤 그리스 말도 우리의 언어에서 정확한 상대어를 갖지 않는다. 어떤 추상적 개념도 동일한 영역을 지시하지 않는다. 혹은 어떤 추상적 개념도 동일한 연상 분위기를 수반하지 않는다. 콘퍼드는 단적으로 말한다. "Translation from one language to another is impossible; from an ancient to a modern language grotesquely impossible (한 언어로부터 다른 언어로 번역하는 일은 불가능하다. 고대어에서 현대어로의 번역은 기이할 정도로 불가능하다)."[24] 집단적 표상의 심오한 차별성 때문에 그러

....

24 F. M. Cornford, 앞의 책, p. 43.

하다. 이 집단적 표상을 이른바 그 어떤 '번역'도 현실적으로 번역할 (über-setzen, 옮겨-놓을) 수 없다.

일본에서 사는 겔레르트 베키(Gellért Béky)가 'Tao(도)'의 번역 어려움에 대해 같은 내용을 달리 말하고 있다. "모든 문화시대는 그 시대에 고유한 언어의 정신과 밀접하게 한 몸으로 자란 많은 말을 소유하므로, 그 말들을 다른 낯선 언어에서 만족스럽게 재현하기는 불가능하다. 언어는 참으로 민족의 영혼에 있는 가장 심오한 감동의 표현, 반영일 따름이다. 어떤 문화가 원천적일수록, 이러한 말들의 번역은 그만큼 더 어렵다. 그 말들은 번역하지 않은 채 놓아두는 것이 가장 좋다."[25]

그 이유는 이러한 개념이, 다른 공동체에는 결여된, 어떤 공동체의 한정된 체험 및 연상과 정말 가장 내밀하게 결합되어 있기 때문이다. 기술적(技術的) 표현 및 다른 실용적인 용어는 비교적 쉽게 번역할 수 있다. 오랫동안의 종교적, 예술적, 신화적 경험이 밑에 깔린 말이 가장 번역하기 어렵다.

예컨대 중국어나 일본어의 어휘에서 '인격(Person)'이나 '죄(Sünde)' 개념, 혹은 '인격적인 신' 개념이 결여되어 있다고 하자. 그렇다면 이른바 이교도들에게, 만일 그들이 세례를 받으면, 예수 그리스도에 의하여 그들의 죄책으로부터 구원받을 수 있을 것이라는 것을 분명히 하는 일이 그리스도교 선교사에게 어려울 것이라는 점은 자명하다. '기쁜 소식[복

....

25 G. Béky, *Die Welt des Tao*, p. 33.

음]'을 사람에게 (여자에게, 특히 어린이에게) 전하기 위해 지루한 주입 [교화] 속에서 우선 죄의식이 길러져야만 한다. 그 다음에야 죄를 사(赦) 하는 구원자가 활동할 수 있다. 아직 한 번도 섹스에 '죄'의 의미를 싣지 않았으며 '순결하지 않음', '간음', '대죄', '영원한 지옥형벌'과 우리에게는 너무도 관행적인 집단적 표상에 속하는 이와 유사한 범주에 대해 전혀 모르는 대단한 저개발 민족에게 위와 같이 기쁜 소식을 전하는 일은 어려운 일이라고 생각할 수 있다. 아니, 바울식의 금기가 오래전부터 그리스도교 이후(nach-christlich)로 불리는 시대에도 여전히 그 막강한 힘을 발휘하고 있는가? 사회도덕과 형법 사이의 경계영역에서 아첨자적인 태도가 증가하는 것은 실패한 계몽의 어두운 측면을 전체적으로 보여준다.[26]

보조논의의 이 주제는 집단적 주입[교화]의 몇몇 형태를 언급함으로써 마무리할 수 있다. 콘퍼드는 이를 '집단-암시(herd-suggestion)'라고 부른다. 집단-암시는 대개 가르침으로써가 아니라 신체-고통으로써 완수된다. 할례의 다양한 성인식이 ─ 오늘날 여전히 이 성인식이 잔인한 신체훼손의 방식으로 남녀 양성의 젊은 인간들에게 실시되고 있는데 ─ 이에 속한다. 이 관습의 의미가 집단의 사회적으로 중요한 제약에 의도적으로 복종시키는 일이라는 점은 의심할 여지가 없다. 따라서 이러한 제약은 단도직입으로 각인되고 매우 강렬한 감정 아래서 신체적으로 인

....

26 참조, R. W. Leonhardt, *Wer wirft den ersten Stein? Minoritäten in einer züchtigen Gesellschaft*, München 1969.

고된다. 미리 주어진 집단적 내용의 이러한 '물려받음'은, 교리를 고백을 통해 신앙적으로 받아들이는 일과는 또 다른 방식으로, 개인이 자신을 도덕적인 전체와 동일시하는 결과를 낳음을 우리는 의심할 수 없다.

종교는 경건한 개인의 영리한 발명품이 아니다. 오히려 종교는 개별적인 사회적 생물에게 외부로부터 덮어씌워진다. 어쨌든 콘퍼드가 이렇게 생각한다. 이로써 그는 왜 원시적 종교형태 내부에는 어떤 독립적, 지성적 일탈도 존재할 수 없었는가를 해명하려고 시도한다. 그럼에도 (다음과 같은) 종교와 종파의 가능한 지리적 구분에 관하여 우리는 어쨌든 조심스럽게 심사숙고해야 할 것 같다. 전체 대륙의 절반은 불교에 할당되고, 유럽은 전체로 그리스도교에 할당되는데, 북쪽은 개신교 종파가, 남쪽은 가톨릭 종파가 압도한다.

이 조심을 정초된 회의로 강화시키기 위해서는 콘퍼드의 말을 마저 적어보기만 하면 된다. 유럽과 북아메리카의 거주자는 백인이고, 아프리카 거주자는 흑인이며, 아시아 거주자는 황인이라는 주장과 같은 상당히 애매한 일반적인 언표는, 대체로 틀리며 부분적으로는 들어맞는데, 현재로서는 말할 수 있음이 당연하다. 하지만 1912년에 쓴 다음 주장이 그 당시에 타당성을 갖고 있었는지에 대해 나는 판정하고 싶지 않다. "Religions and moralities are epidemic now as they have always been(종교와 도덕은 항상 그랬던 것처럼 지금도 전염성을 갖는다)."[27] 어쨌든 오

....

27 F. M. Cornford, 앞의 책, p. 49.

늘날 이 주장은 사실을 통해 부정될 수 있을 것이다.

콘퍼드는 모이라가 인간 사회의 구조 및 행태의 확장과 투영(投影, Projektion)이라고 정의하는 일에 관심을 갖고 있다.

콘퍼드에 따르면, 인간들과 자연영역들은 관습과 금기의 하나의 포괄적 체계 안에 통일되어 있으며, 바로 이 포괄적 체계가 "one solid fabric of moira(모이라라는 하나의 고정된 체계)"[28]이다. 이로써 그는 신격화(神格化)한 영역의 종교적인 힘을 무너뜨린다. 왜냐하면 그는 그 영역을 인간적 관습이 확대되어 신격화한 것으로 나중에 폭로하기 때문이다. 다른 한편으로, 그가 종교의 도덕적·사회적 기능을 주도적 기능으로 강조할 때, 그리고 오토(R. Otto)와 다른 종교 심리학자들이 기술하고 있는 바와 같은 (종교의) 내적이고 사적인 측면을, 즉 개인적인 경건함 모두를 소홀히 할 때, 그는 종교 현상을 올바르게 다루지 않는다. 모이라는, 이미 인정된 바처럼, 어떤 객관적이고 포괄적인 기능을 갖는다. 주관적인 체험은 모이라를 기술하는 데 전혀 요구되지 않는다. 그리고 이러한 객관적 계기만을 강조하게 되면, 사람들은 스스로 강요당한다. 그러면 종교는 사회도덕과 국가 이데올로기에 의존하는 중대사(重大事)의 하나에 머물며, 종교는 행동주의적으로는 파악되지만 정신적으로는 접근 불가능하고 파악 불가능한 채로 남는다.

만일 그렇다면, 철학은 처음부터 개인을 해방시키는 자의 역할을, 자

....

28 같은 책, p. 55.

유권을 옹호하는 전사의 역할을, 신화 파괴자의 역할을 수행하는 것으로 등장했어야만 할 것이다. 그런데 이러한 역할을 철학은 19세기와 20세기 초의 계몽주의―이후 시대의 관점의 경험에서만 수행하였다. 철학을 완전히 다른 역사적 배열로 옮기는 일, 우리의 이해의 관점에서 철학을 소급하여 다른 시대로 옮겨 놓는 일은 용서받을 수 없는 잘못으로 남는다.

2 /

자연과 영혼
(Physis und Psyche)

철학으로 변신하는 종교의 주도적 개념은 틀림없이 **physis**다. 피시스
는 한편으로, 영[귀신]들 및 신들 그리고 영혼들이 만들어지는 재료로,
즉 근원 - 질료로 통한다. 비록 함께 생각되는 물질적인 부분이 적절치
않아 보이지만, 이 점이 우리를 방해해서는 안 된다. 왜냐하면, 보다 자
세히 살펴볼 때, 우리는 헤라클레이토스의 로고스 안에서, 파르메니데
스의 존재 안에서, 아낙사고라스(Anaxagoras, B.C. 500-428, 고대 그리스 자연
철학자; 역주)의 누스(Nous, 정신) 안에서, 엠페도클레스의 증오와 사랑
안에서 물질적이고 연장적(延長的)인 성질을 발견하기 때문이다. 플라
톤에서 **asomaton**(비물체적)이라는 표현이 등장했을 때, 여기서 질료적

인 성질이 어느 정도나 부정되는지 여전히 의심스러웠다. 예컨대 정신은 '비물체적'이다. 그러나 비록 보이지 않고 만질 수 없다 하여도, 정신은 공간 가운데 퍼져 있고 또한 아마 어떤 저항할 수 없는 힘을 가질 것이다.[29] 다른 한편으로 피시스는 자연(Natur)으로서, 노모스(Nomos) 및 노모스의 요구주장에 대항하는 힘, 즉 개별적인 자기주장의 힘이며 이로써 근본적인 철학적 작동원인(Agens)이다.

피시스에서 보다 정태적인 계기와 주로 동태적인 계기가 구분된다면, 이 두 계기는 이미 자연종교에 있었다. 자연은 한편으로 공간·시간 안의 모든 현상의 체계, 즉 모든 현존하는 사물의 전체다. '사물들의 자연본성(Natur)'은 그 사물들의 본질(Wesen, 존재)이다. 둘째로 자연은 생명의 근원적인 에너지의 힘을 의미한다. 이제 세 번째 규정이 부가된다. 자연은 노모스인 모이라(Moira)의 전개에 대립한다. 이 규정이 신화적으로 또 개념적으로 복잡하게 들린다는 점을 인정한다. 그러나 다행히 단순해지고 분명해질 수 있다.

'노모스'는 영어 'Law(법)'처럼 우선은 'Recht(법)'이고 다음으로 'Gesetz(thesis, 법률)'이기도 하다. 이제 어떤 고유성이 드러난다. 법이 기록되어 법률이 되자마자, 어떤 부정적인 특징이 압도적이다. 이는 "너는 … 하지 말아야 한다"는 형식에서 표현되며, "너는 … 해야 한다"는 적극적인 요구보다 훨씬 더 자주 등장한다. 이러한 사정은 어떻게 이해될 수 있는가?

....

29 참조, 같은 책, p. 83.

사회적 관습에 따르는 (윤리적이 아닌, 관행적, 인습적) 행위는 대체로 무의식적으로 수행되며 어떤 특별한 주목을 끌지 않는다. 자연적인 충동이 우리를 어떤 다른 것을 행하게끔 유혹하려고 할 때야 비로소, 우리는 사회 – 도덕적으로 인가된 행위를 어떤 구속적 요구(to deon)로, 의무로 느낀다. 인륜의, 전통적 관습의 (또한 관습법의) 법칙은 집단행동에서 승인되고 사회화된다. 집단도덕의 이러한 부담에 대하여 우리의 고유한 개인적 자연본성은 때때로 반항하고 관습을 비자연적이라고 고발한다. 이리하여 이미 기원전 5세기에 **physis**는 모이라의 통치 범위에 반항하며 '자연적 충동[본능](natürlicher Instinkt)'으로 등장한다.[30]

자기의식의 시대, 개인의 시대, 즉 철학의 시대는, 강하게 말하자면, 절규(絶叫, 悲鳴, Aufschrei)로써 시작한다. 이는, 어떤 것이 틀에서 어긋났다는 말없는 놀람이나 미약한, 모호한 느낌과 비교할 때, 전혀 다른 성질의 표출이다. 이제 경이[놀람]는 항의(Protest)로 뚜렷이 나타나고 자연(Natur)에서 그 은신처를 찾는다. 현실적인 구원종교들이 양심을 괴롭히기 때문에 개인이 자연적인 종교로 되돌아 갈 수 있는 것처럼, 관습이라는 집단도덕에 의해 억압받는 자는 마찬가지로 자연법을 향한다.

프리드리히 쉴러(Friedrich Schiller)에서 우리는 이 양자가 (관습과 자연 혹은 노모스와 피시스; 역주) 타의 추종을 불허하는 철저성으로써 정식화

....

30 참소, Aristophanes, Wolken, 1078; Isokrates, Aeropag, 38; J. L. Myres, Anthropology and the Classics, Oxford 1908, p. 158에 따르면 nomos와 physis의 대립은 소피스트들과 함께 비로소 등장한다. 참조, F. M. Cornford, 앞의 책, p. 74, Anm. 2.

됨을 발견한다. "나의 신앙"이라는 이행연구(二行聯句, Distichon)에서 쉴러는 대답한다. "나는 어떤 종교에 귀의하는가? 네가 나에게 열거하는 종교들 가운데 그 어느 것에도 아니다! ─그러면 왜 아닌가? ─종교 때문에."31 "빌헬름 텔(Wilhelm Tell)"에서 인간의 성스러운 권리인 자연법(Naturrecht)이 모든 법률(Gesetz)을 지배하는 것으로, 열정적으로 또 단정적으로 소개된다.

> "억눌린 자가 어디서도 권리(Recht, 법)를 발견할 수 없다면,
> 부담이 참을 수 없게 된다면,
> 그는 태연한 마음으로 하늘을 붙잡으며
> 거기서 그의 영원한 권리[법]를 아래로 가져온다.
> 이것은 저 위에 매달려 있다, 양도 불가능하게
> 파괴 불가능하게 마치 별 자체처럼."32

이로써 법률에 대한 저항의 권리가 명료하게 정식화된다. 물론 쉴러의 조건이 충족되어야 한다. 어디서도 그가 권리를 발견할 수 없어야만 한다. 부담이 억압받는 자에게 견딜 수 없어야 한다. 그러면 그 권리가 그에게 속한다. 모든 사람이 자신의 권리를 법정에서 찾을 수 있기 때문에 민주적 법치국가에서는 어떤 저항권도 없다고 어떤 정치가가 주

....

31 F. Schiller, *Werke* Bd. II, hg. v. P. Stapf, Wiesbaden o. J., p. 248.
32 같은 저자, *Wilhelm Tell* II, 2, 7.

장한다면, 다음과 같이 물을 수 있다. 법정이 올바름을 말하지 않고, 현행 법률에 따라 그름을 재가한다면, 어떻게 할 것인가? 수사가 종결되지 않았다는 이유로 법치국가에서 수개월 동안 조사구류에 처해진 많은 사람에게는 아마 그 부담이 참을 수 없게 될 것이다.

이 자명하지 않은 과정을 보다 더 명료하게 하기 위해, 우리는 그 과정을 다시 한번, 집단 안에 도덕과 종교가 미분화하였던 시대에서 부각시켜 보자. 당시―그때가 언제였는지는 아무도 모른다―노모스와 피시스는 통일을 이루었다. 그것들은 조화로운 한 쌍에 머무는 것이 아니라 실제로 동일하였다.

원시적 사회형태의 토템―종족에서 '자연'은 다름 아닌 그 종족이 느끼고 행하던 것이었다. 그 사회가 원했던 것, 해야 했던 것, 날마다 수행하고 관습 속에서 축제적으로 표현했던 것만이 '자연스러웠다'. 민속학자 래드클리프―브라운(Radcliffe-Brown, A. R., 1881-1955, 영국 기능주의 민속학자; 역주)에 따르면, 안다만제도(Andaman, 벵골만 동부에 있는 204개 섬; 역주)사람들은 '물고기'라는 말을 모르며, 그냥 그 말 대신 '먹을 것'이라고 말한다. 이를 통해 그들은 영양공급에서의 물고기의 대단한 의미를 표현할 뿐만 아니라―우리에 대해서는―본질과 사회적 기능의 통일성도 표현한다. 피시스가 노모스다.

마술적 춤에서 비[雨]를 불러낸다면, 그 행위의 핵심은 일어나야 할 것을 지금 하는 일이다. 비를 만드는 자는 비를 '만든다'. 비록 이 비가 지금 곧 내리게 정해진 것이 아니라, 나중에 내리게 정해졌다 하여도.

그는 비를 만든다. 그가 비를 만드는 체하는 것이 아니다. 종족이 제의를 수행하기 위해 모일 때, 개인에게 가능한 개별성의 의식(意識) 모두는―만일 이런 것이 깨어 있다면―완전히 사라진다. 처음의 불협화음적인 조율이 지나간 다음에, 춤 속에서 점증하는 동음(同音)이 보인다. 신체들은 집단의 맥박을 갖는 리듬을 갖춘 **하나의(ein)** 신체가 되며, 개인들이 고립 상태에서 각각 이루어낼 수 있는 것 전부를 능가하는 어떤 힘에 생생하게 사로잡힌다.

우리가 영상(Film)에서 이러한 과정을 관찰하면, 우리는 아마 망아(忘我, 脫自, Ekstase)를 생각할 것이며 함께하는 사람들이 '제 정신이 아니다'고 가정할 것이다. 만일 우리가 그렇게 생각한다면, 우리는 신비종교에서 유래하는 하나의 범주를 집어넣어 생각하는 셈이다. 그런데 그 범주는 들어맞지 않는다. 망아는 어떤 사람이 자기(Selbst)를 갖고 있으며 예외 조건 아래서 이 자기로부터 벗어날 수 있음을 전제한다.

지금 우리가 가정하고 있는 이러한 선행―상태(Vor-Zustand)에서는 (만일 종교가 이미 집단도덕에서 표현된다고 간주되지 않는다면, 또 종교가 사회적 기능과 동일한 것으로 간주되지 않는다면) 종교에 관해서도, 철학에 관해서도 진지하게 말할 수 없다. 그 상태에서는 법과 법률 사이에, 자연과 본질 사이에, 종족이상(種族理想, Stammesideal)과 개인준칙 사이에 어떤 구분도 없다.

그렇다면 자연본성이 스스로를, 대중에 반대하는, 또 대중의 요구에 반대하는 어떤 인간의 자기의식으로서 정립하는 일이 어떻게 일어나는가?

집단의 족쇄를 느끼고 이에 대해 항의하고 전규하는 일은, 개별자가 자연적인 힘을―이 힘이 그를 지탱하고 비타협적 저항으로 나아가도록 자극한다―자신 안에서 느낀다는 것을 함의한다. 그런데 이는 더 자세히 살펴볼 때 복합적인 과정이다. 우선 개별자는 무력하고, 도움받을 수도 없으며 버려졌다고 스스로 느낀다. 그런데 더욱 나쁜 일은, 그가 **그 자신 안에**(*in ihm*) 있는 힘들에 의해 찢어진다는 점이며, 내적으로 피시스에 의해 외적으로 노모스에 의해 찢어지는 것이 아니라는 점이다. 집단적 요구는, 말하자면, 개별 인간의 양심 안에 내재되어 있다. 배반자(파수꾼)는 집 자체 안에 살고 있으며 종족명령을 인정할 것을 안으로부터 요구한다.

우리 자신보다 더 크며 상호 대립하는 힘들의 갈등상태로 양심을 파악하는 이 모델은 가설적으로 집단으로 이행시켜 적용할 수 있다. 이러한 가설은 물론 결코 경험적으로 검증될 수 없다. 어쨌든 그렇게 가정한다면, '집단 양심'과 네메시스(복수), 디케(정의), 모이라(운명) 같은 상위의 표상에 관해 말할 수 있으며, 요약적으로 말하자면, '숙명(宿命, Verhängnis)'에 관해 말할 수 있다.

인간이, 숙명으로부터 자기 자신에 대한 이해로 나아가는 길이 철학의 길이다. 철학을 어떤 것으로부터―경이로부터, 물음으로부터, 반항으로부터―시작하게 하더라도, 자기의식은 항상 불가결하다. 따라서 인간의 자기의식의 유래에 대한 탐구가 글자 그대로 철학적 기초연구나.

게르하르트 크뤼거는 여러 판으로 출간된, 매우 주목받는 논문에서 이 작업을 시도하였다.[33] 그런데 그는 시간적으로 너무 늦게 출발한다. "반성에 대한 모든 역사적 연구는 그리스도교적 정신체제로 환원된다." 고 말하면서 크뤼거는 바로 아우구스티누스와 "인간이 신 앞에서 느끼는 그리스도교적으로 이해된 무력함"을 출발점으로 삼는다. 하지만 그렇게 말할 수는 없다. 이는 그리스도교적-유럽적 편견을 입증하며 종교사적 검토 및 신학적-주석학적 검토를 견뎌 낼 수 없다. '그리스도교적' 원리는 사실 '바울적'이고, 바울로부터 시작된 '정신체제'는 인간적 자기인식의 생성 및 좌절의 긴 역사의 종말에 가까이 있는 것이지 시초에 가까이 있는 것이 아니다.

　내가 말했던 길이 개념으로써가 아니라 오히려 특징으로써 표시되어야 한다면, 다음과 같이 말할 수 있다. 처음에는 모이라와ー모이라는 집단적 기능을 통해 표현된다ー노모스가 서 있다. 모이라와 노모스가 그들의 **피시스(1)**을 구성한다. 언급된 것 모두는 초개인적, 초인간적이며 집단이 개인에게 부과한 것으로 의무적이고 억압적이다. '목표(Ziel; 종점)'라는 말의 사용을 피하자면, 그 길은 자기ー자신(Sich-selbst)에 대한 이해의 상태로, 즉 자기의식(Selbstbewußtsein)으로 '흘러들어간다'. 이 자기의식은 세계에 관한 반성의 출발점이자 인식주체가 인식대상과 맺는 관계의 출발점이다. 한 장소에서 출발하여 다른 장소에 도달하기 위

....

33　G. Krüger, *Die Herkunft des philosophischen Selbstbewußtseins*, erstmals in: Logos Bd. XXII, 1933, pp. 225-272; später in: *Freiheit und Weltverwaltung*, 1958, pp. 11-69; als Einzelveröffentlichung jetzt bei der Wissenschftlichen Buchgesellschaft.

해 필요한 것은 어떤 에너지이다. **피시스(2)**. 이 피시스는 집단 안에서는 집단 정서로 작동하며, 개인 안에서는 자기 자신을 의식하게 되는 힘으로 작동한다. 가운데 어딘가에 위치해야 할 이정표(里程標)가 '신'과 '영혼'으로 불린다. 이 두 개념은 자연과 분리될 수 없게 결합되어 있다. **피시스(3)**.

피시스라는 핵심개념은 이제, 그것이 종교의 이념과 철학의 원리를 해독(解讀)할 수 있기 전에, 스스로 개시(開示)되어야만 한다. 우리는 이 전문용어의 충분히 명석한 표상을 견지하려고 시도해야만 한다. 전경(前景)은 '그냥 사물-물체적인 자연'이라는 선입견의 거친 조각이 이미 제거되어 청소된 상태이다. 그러나 다시 한번 쓸어보는 일이 훨씬 더 나을 것이다.

일반적인 견해에 따르면 신들의 황혼(Götterdämmerung; 새 세상이 열리기 전의 옛 신들과 옛 세상의 몰락; 역주) 이후에 올림포스 신들은 불필요하게 되어 몰락하였으며, 철학의 아침노을이 전적으로 새로운 싱싱한 자연학문으로 깨어났다. 고대의 신화적 종교는 부패한 것으로 인식되어 불필요하게 되었다. 필요했던 것은 객관성, 추상성, 합리성이었다. 이전에 신들은 자연의 영역 안에, 즉 모이라가 그들에게 나누어준 각자의 영역 안에 거주하였다. 신들이 물러나자, 자연의 거대한 공간이 빈 채로 남았다. 이때 가시적(可視的) 세계가, 그 구조의 지각과 탐구를 향한 신입견 없는 시선(視線)에 자신을 제공하였다.

그러나 그 사이에 우리는, 이 모두의 어느 것도 사실에 부합하지 않는다는 점을 알게 되었다. '자연', 즉 최초의 철학자들이 말했던 그 자연은 처음부터 예외 없이 어떤 형이상학적 실체다. 자연이 일차적으로 어떤 '자연적 요소', 즉 질료인 것은 아니다. 만일 자연이 이미 '질료'라면, 그것은 신과 생명이 가득 찬 질료이며 하나의 살아 있는 신적인 실체다. 자연이 인간의 자기의식 안에서 집단의 관습에 대하여 힘차게 항거하는 일이 어떻게 일어나는가 하는 물음이 앞서 대답되지 않은 채로 있다면, 여기에 잠정적인 대답이 있다. 이는 자연이 영혼으로 그리고 신적인 것으로 파악되기 때문이다. 이리하여 곧바로 피시스라는 핵심어와 함께 철학에 두 가지 또 다른 차원이, 즉 영혼 영역과 신 영역이 열린다. 이는 자기 자신에게 의식된 영혼의 발견과 영혼의 신성에 대한 확신이다.

덧붙여 말하자면, 동물과의 잃어버린 결합성과 생명적 세계 전체에 대한 외경이 영혼의 이해 안에서 재획득되어야만 한다. 이를 위해 우리는 데카르트적 이론이—특히 심신론에서—우리를 몰아댄 그 '막다른 골목'에서도 벗어나야만 한다. 데카르트에 따르면 인간만이 영혼(영혼이 있는 곳은 송과선[松科腺]이라고 그는 생각했다)을 갖는다. 그러나 신체는, 그리고 신체로만 이루어진 동물은 영혼 없는 기계와 같다. 이러한 기발한 생각이—물론 이는 성서적으로 또 신학적–교리적으로 준비되었다—(세계를) 황폐화하는 결과를 초래했음을 나는 이미 충분히 말하였다.

영혼의 발견은 그리스인에게만 감사할 일이 아니다. 인도의 아트만(atman)은 피시스 및 개인적 영혼에 상응하는 뜻을 보여준다. 가장 오래된 우파니샤드는 모든 것 안에 살고 있는 **하나의**(*eine*) 영혼만을 알고 있다. "땅속에서, 물속에서, 불속에서, 바람, 하늘, 태양 속에서 살고 있는 그는 (땅, 물, 불, 바람, 하늘, 태양 등) 그의 육체로부터 구별된다. 그는 너의 영혼이고 너의 내적 인도자이며 불사자(不死者)다."[34] 이 아트만은 우리 안에 있는 알고 인식하는 주체이므로, 아트만의 인식은 동시에 모든 것의 인식이다. 아트만은 우주를 창조했으며 곧바로 영혼으로서 우주 안으로 들어갔다. 이로써 비로소 나중에 다른 영혼들이 나타날 수 있었다.

비록 인도의 영혼론이 더 오래된 것이지만, 영혼에 관한 인식을 세밀하게 순화시킨 일은, 자신의 종교적 유래를 결코 부정하지 않았던 그리스 철학의 업적이다. 영혼의 이데아에 대한 한참 뒤의 그리스도교적 관심이 비로소 '불사적인 영혼'과 **그리스도교도의 영혼**(*anima christiana*)을 활용하였다. (성서적 사유에서 영혼의 이데아는 특징적인 것이 전혀 아니었다.) 중세의 아리스토텔레스적 스콜라주의 이래, 영혼 생명을 질료, 유기적 생명, 동물적 생명, 정신영혼, 신적 정신으로 나누는 단계화(Abstufung) 이론이 수립되었다. 이로써 식물들과 동물들의 생명세계로서의 자연은 **식물적 영혼**(*anima vegetativa*)을 제외한 다른 영혼을 박탈당하게 되었다. 한층 더 나쁜 일은 자연이 신성(神性)을 상실한 일이었다.

우리가 아는 한, 영혼이자 자기의식인 피시스는 기원전 6세기에―그 신

....

34 다음 책을 내가 번역한 것임. P. Deussen, *Religion and Philosophy of India*, London 1906, p. 257; 참조, F. M. Cornford, op. cit., p. 130, Anm. 1.

화적 형태는 이미 훨씬 오래 전에 종교적 운동 안에서 알려져 있었다—그 개념적 형태를 발견하기 시작했다. 우리의 주제를 위해 중요한 몇몇 발전 단계가 언급되어야 한다.

호메로스에서 **psyche**(프시케)는 '생명'을 의미한다. 헤로도토스(Herodotos, B.C. 484-424, 고대 그리스 역사학자; 역주)와 아낙사고라스에 이르기까지 그러한 의미가 유지되었다.[35] 육체로부터 분리되어 도망가는 것이 프시케, 생명이다. 이렇게 사용될 때, 그 말은 확실히 철학적 개념은 아니다. '숨' 혹은 '호흡'으로 부가 확장되어도 마찬가지다. '영혼을 내쉬다(die Seele aushauchen)', '정신을 내쉬다(den Geist ausatmen)'는 말은 비유적 표현이다('죽다'의 의미; 역주). 이 비유적 표현은 라틴어 버전에서도 유지된다. 라틴어에서 *anima*(=생명, 영혼, 숨)는 그리스어 **anemos**, 즉 바람에서 가져온 것이다.[36]

프시케를 '생명'으로 이해하지 않는 아낙시메네스에서 어떤 확실한 차이가 확인될 수 있다. "공기인 우리의 영혼이 우리를 지배하면서 모아두는 것처럼, 전체 코스모스(세계)를 숨과 공기(**pneuma kai aer**)가 포함한다."[37] 공기(숨, 호흡)인 프시케는, "영혼이 우리를 지배한다"(synkratei)는 표현이 영혼의 신적인 위상에 대하여 아울러 생각하도록 권고하지 않았다면, 말하자면, 세계를 조종하는 아낙시만드로스의 아페이론에 대

....

35 Ilias 22, 161에 다음과 같이 쓰여 있다. alla peri psyches theon Hektoros hippodamoio.
36 참조, W. Jaeger, *Die Theologie der frühen griechischen Denker*, pp. 93f.
37 Anaximenes Fr. B 2, übers. v. W. Kranz.

하여 아울러 생각하도록 권고하지 않았다면, 여전히 비유적으로 포장된 것처럼 보인다.

의식(thymos)과 생명(psyche)의 개념이 하나로 융합된 뒤에야 비로소 의식인 영혼에 대해 말할 수 있다. 처음에 두 개념은 한참 동안 병렬적으로 영혼과 생명(thymos kai psyche)으로 나타났다.[38] 이제 프시케는 의식을 지닌 생명영혼으로서 두 계기를 포괄하며, thymos의 다른 개념은 '용기(Mut)'로 축소된다. 그렇다면 이 '정신영혼(Geistseele)'은 (나중에 animus 로서 anima로부터 구분되는데) 그 신화적 알껍질을 벗어버린 하나의 철학적 개념임이 분명한가?

전혀 그렇지 않다. 개념으로서 그것은 분명히 사유산물의 추상적인 유형에 속한다. 그러나 그 개념은 영혼윤회라는 종교적 표상과의 연관 안에서 필요조건으로 사용된다. 깨어 있음과 기억을 필연적인 속성으로 갖는 영혼, 즉 자기-자신에게-의식된 영혼만이 사람들이 정신적인 눈으로 보고 있는 바를 수행할 수 있다. 바로 상이한 여러 생애를 관통하여 윤회하는, 육체로부터 독립한 영혼. 그것은 더 이상 단순한 '숨' 혹은 '생명'일 리 없었다.

아주 이상하게 들리겠지만, 의식적 인격, 윤리적으로 책임지는 인격, 정신적이라고 생각되는 인격으로 자아(自我, Ich)가 나중에 철학적으로 확장·형성되는 일은 영혼의 불멸 및 동일성에 관한 오르페우스 종교

....

38 참조, *Ilias* 11, 334; *Od.* 21, 154, 171; 참조, W. Jaeger, 앞의 책, p. 263, Anm. 30.

이론에 그 가장 오랜 뿌리를 박고 있다. 비록 아낙시메네스의 공기영혼이 모든 생성과 소멸의 원천에서 하나의 신적인 근거를 갖고 있었지만, 이 공기영혼에 대립하여, 영혼윤회라는 종교적 표상이 가능하게 하는 방식의 '명료하게 부각된 자아'(＝자기 자신과 동일한 자아, 자기의식과 동일한 자아) 때문에 비로소, 철학 쪽으로 건너다보는 새로운 성질 하나가 등장한다.

생성과 소멸이라는, 소박하게 범신론적으로 생각된 운명과정 한 가운데, 인간이 그 아래 무력하게 굴복하는 것처럼 보이는 이 운명과정 한 가운데, 이제 인간의 자기의식 안에서 정신적－윤리적 힘이 자립적으로 등장한다. 영혼윤회의 이념 안에서 인간에게 처음으로, 자신을 운명에 대립하여 기획하는 일뿐만 아니라, 자신의 운명 자체에 책임을 지고 영향을 함께 미치는 일도 성공하게 된다.

매우 오래된 이러한 그리스 신비종교에서 사후의 더 나은 운명에 대한 희망이 인격적 생명(혹은 육체로부터 분리되고 의식된 존재인 영혼)의 지속[불멸]과 결부되었었는지는 논란거리다. 하지만 보다 확실한 증거가 핀다로스(Pindaros, B.C. 518-446, 그리스 서정시인; 역주)의 시에 나타난다. 왜냐하면 그 시인이 '저승에서의 보수와 징벌'을 요구하기 때문이다. 이는, 육체의 죽음이 비로소 그 접근을 가능하게 하는 저승세계를 함의한다. 자신의 영혼을 더럽히지 않고 이승의 삶과 저승의 삶을 세 번 산 사람은 "행복한 사람들의 섬에 있는, 천장이 높은 넓은 방"으로 들어간다. 핀다로스는 최종적으로 구원받은 자의 즐거움을 풍요롭고 화려하게 묘사한다.[39] 더욱이 저승에 대한 희망으로부터 이승에서의 의무가, 즉 '모든 방식의 살육[피 흘림] 피하기'라는 의무가 자라난다. 특히 인간에게 영양을 공급하기 위한 동물 도살도 이러한 살육의 하나로 이해되어야 한다.

인격(Person)인 인간에게 책임이 요구된다. 그에게 자신의 영혼을 돌보는 과제가 부과된다. 이 **epimeleia**, 돌봄, 배려, 마음 씀은 철학적 세계의 종교적 내용을 위하여 매우 중요한 개념이므로 이에 관하여 앞으로 더 많이 말할 것이다.[40] 영혼에 대한 올바른 돌봄에서 참된 철학함을 향한 추진력도 발생하는데, 그 방식은 프시케를 향하는 피시스에 관하여 말했던 방식과 같다.

소크라테스는 매우 집요하게 대화 상대들에게, 제발 자기 자신의 영혼을 돌볼 것을 요구했다. 영혼을 손상되지 않게 보존하는 일이 그에게 가장 중요한 일이었다. 다른 일 모두는 이 일 뒤로 물러나야만 한다. "소크라테스의 대화는 의견의 개진으로써 인격과 무관하게 시작한다. 이 의견이 객관적으로 참인지 캐묻는다. 그런데 이 의견 안에 살고 있는 사람의 현존이 이 의견에 의존한다. 그러므로 그 사람을 불가피하게 함께 캐묻는다. '소크라테스의 말씀에 아주 가까이 다가가 소크라테스와 대화하게 되는 사람은, 자신이 처음에는 전혀 다른 것에 대해 말하

---

39 Pindar, *Olympische Ode* II, 63ff. und Fragment 129-133, 참조, W. Jaeger, 앞의 책, p. 102.
40 참조, *Epimeleia. Die Sorge der Philosophie um den Menschen*. Hg. v. F. Wiedmann, München 1964 und W. Jaeger, 앞의 책, pp. 104ff.

기 시작했다 하여도, 소크라테스에게 쉴 새 없이 끌려다니다가 결국 소크라테스 앞에서 자기 자신에 대해, 자신이 지금 어떻게 살고 있으며, 어떤 방식으로 이전의 삶을 살았는지를 불가피하게 말하지 않을 수 없게 됨을 너는 전혀 알지 못하는 듯하다. 그리고 소크라테스가 그 사람을 붙잡는다면, 이 모든 것을 철저히 잘 캐물을 때까지 그를 놓아주지 않는다는 것을, 너는 전혀 알지 못하는 듯하다.'라고 니키아스는 리시마코스에게 소크라테스의 방법에 대해 알려준다."[41]

인간을 향한 소크라테스의 호소 ("이 사람아, 그대는 재물을 가능한 한 더 많이 가지려고 마음 쓰면서, 또 명성과 명예에 대해서도 그러면서, 슬기와 진리에 대해서는 마음 쓰지 않으며, 영혼에 대해서도 영혼이 최상의 상태에 이르는 일에 마음 쓰지도 않고 생각하지도 않지? 부끄럽지도 않은가?"[42]) ― 이 호소는 "저승에 대한 어떤 암시도 포함하지 않는다. 이러한 영혼 돌봄을 인간이 자기 몸을 돌보는 일과 비교해보면, 이러한 비교는 소크라테스의 생각을 오히려 합리적이고 현세적으로 만든다."[43]라고 베르너 예거는 말한다. 예거에 따르면 비로소 플라톤이 이 생각을 영혼이 신적인 유래를 갖는다는 오르페우스교적 교리와 다시 결합시켰다. 플라톤의 두 세계 이론이 영혼론의 형이상학적 내용을 받아들이며 변형시킨다는 점은 들어맞는다. 하지만 역사적 선행단계인 오르

....

41 H. Kuhn, *Sokrates*, p. 121.
42 Platon, *Apologie* 29 e.
43 W. Jaeger, 앞의 책, pp. 105f.

페우스교적인 생각이 없다면, 이러한 플라톤주의는 충분히 가능하지 않다. 그런데 (예거처럼) 영혼에 대한 돌봄을 세상내적(世上內的)으로 확정하는 일(사람이 이번 삶에서 어떤 성질의 영혼을 갖는가가 중요한 것이다)은 니키아스의 주장을, 즉 그가 지금 어떻게 살고 있으며 어떤 식으로 **이전의 삶**[前生](*das vorige Leben*)을 살았는지에 대해 말하지 않을 수 없다는 니키아스의 주장을, 진지하게 받아들이지 않는 것처럼 보인다.

검토되고 있는 사람이 그의 영혼에 대한 저승에서의 책임을 인정하든, 혹은 그가 행위규범(살육 피하기, 어떤 동물도 죽이지 않기, 어떤 고기도 먹지 않기)의 준수만을 주의하든, 혹은 그가 생활 습관의 도덕적 성화(聖化), 정화로부터 자신의 구원을 희망하든 ― 어쨌든 어떤 일이 일어났으며, 바로 이것이 이제 중요하다. **그는 이번 세상에서 고향을 상실하였다.**

그의 영혼은 스스로를 "육체의 집에 하강한 손님"[44]으로 경험한다. 다양한 표현으로 나는 철학함의 비슷한 시초들을 지시하였다. 한 번 나는, '어떤 것이 더 이상 들어맞지 않는다'는 점, 즉 이전의 사이비 안정성과 편안함이 사라졌다는 점에 대하여 갑자기 의식하게 됨을, 또 그 점 때문에 충격 받음을 언급하였다. 그 다음에 나는, 마치 길 잃은 아이가 확실하지는 않지만 고귀한 출신임을 암시하는 것처럼, 이곳이 아닌 다른 곳 출신이라는 예감을 언급했다. 그런데 이제 '고향상실'이라는 표현이 금방 기술된 비유들을 수용하고, 이곳이 철학자에게 주어진 알맞은 자리

....

[44] 같은 책, p. 104; 참조, Pindar, Fr. 131.

라는 확신을 증대하고 강화한다. 어느 곳도 집이 아니며, 집 없이 중간 상태에서 산다. 마치 이것이 중간자인 인간에게 어울리는 것처럼.

따라서 베르너 예거가, 직선(直線) 하나가 "오르페우스교적 영혼론에서 플라톤, 아리스토텔레스의 철학으로 그어지며, 영혼 및 정신의 행복에 대한 그들의 직관으로 그어진다."[45]고 표현할 때, 이는 분명히 정확하고 올바른 묘사다. 하지만, 마치 이보다 나중의 그리스도교적-바울적 의미의 '신앙'이 '나는 이해하기 위해 믿는다(credo ut intelligam)'는 공식에 따라 이러한 주장을 이해하는 데 꼭 필요했던 것처럼 생각해서는 정말 안 된다.

어떤 신앙적인 틀[패턴]은 인간의 철학적 자기이해, 즉 포괄적 자기이해를 위해서는 쓸모가 없다. 영혼의 영원성에 관한 신화를 포함한 모든 신화는, 믿어지지 않고 고유한 내재적 경험으로 입증되며, 신적인 것에 대한 개인적 확실성으로 체험된다. 만일 그렇지 않다면, 관습과 사회도덕을 파괴하는 자기의식적인 정신의 철학이 결코 시작하지 않는다. '어떤 것이 … 으로 실재한다는 신앙(Glauben an etwas wie …)'의 기반 위에서는 그 어떤 올바른 동의(Konsens)도 이루어지지 않으며, 단지 신앙표시에서의 피상적 일치만 성공할 따름이다. 철학함을 위해 불가결한 인간 상호 간의 동의는 명증성(Evidenz)의 기반에서만 가능하다. (나와) 타인이 동일한 문제에 동일한 통찰을 얻을 가능성이 있다는 점

....

45 같은 책, p. 104.

을 내가 알아야만 한다. 그렇지 않으면 모든 토론은, 아주 단순한 대화마저, 이미 쓸데없는 노력이다.

엄밀히 표현해야 한다면, 탈레스, 아낙시만드로스, 아낙시메네스가 요소들 혹은 아페이론을 원리로서 믿었다고 아무도 주장하지 않을 것이며, 헤라클레이토스가 "자기 자신을 인식하는 일과 합리적으로 사유하는 일이(gignoskein heautous kai sophronein[46]) 인간에게 주어졌다"는 것을 믿었다고 아무도 주장하지 않을 것이다. 혹은 파르메니데스의 명제, **to gar auto noein estin te kai einai**[47]: "사유와 존재는 동일하기 때문이다"(W. Kranz); "그런데 사유함과 사유 대상이 하나다"(M. Deutinger); "사유된 것은 또한 존재한다. 비존재자는 사유불가능하다"(F. Überweg, 1826-1871, 독일 철학자; 역주); "왜냐하면 '존재자를 사유함'과 존재함이 동일하기 때문이다"(H. Diels, 1848-1922, 독일 고전 어문학자·철학사가·종교학자; 역주) ─ 번역 불가능한 내용을 독일어로 표현하려는 노력의 몇몇 예를 제시해 본다 ─ 파르메니데스의 이러한 명제가 신앙명제라고 아무도 주장하지 않을 것이다. 혹은 소크라테스, 플라톤, 아리스토텔레스가 이전에는 작은 개, 혹은 거위 꽃이었으며 (다음 세상에; 역주) 신들의 친구로 젊고 아름답게 재탄생할 것이라고 스스로 믿었었다고 어느 누가 말하겠는가? 그렇지만 언급된 사람 모두가 ─ 아니 그들뿐만 아니다 ─ 영혼의 신성

---

46 Heraklit, Fr. 116.
47 Parmenides, Fr. B 3.

함이라는 종교적 지식을 철학적 원리라고 적고 있다.

이는 두 가지 이유 때문에 가능했다. 한편으로 오르페우스 종교가 그들의 사유 안으로 아주 잘 삽입될 수 있었기 때문이다. 물론 오르페우스교적 모델이 전적으로 새로운 것은 아니며, 그 곁에는 중국과 이집트에서 온 대부(代父)들, 특히 인도에서 온 대부들이 서 있다. 우파니샤드 이래로 영혼윤회 이론이 인도 종교의 기반이 되었다. 사람들은 이렇게 해야만 인간의 차별적 운명을 정의의 이념과 화해하는 것으로 이해할 수 있었다.

베단타(Vedanta) – 철학에 따르면 이른바 '좋은 업[善業]'이 좋은 재탄생을 돕는다. 선업은 구원의 장애를 제거하지만, 구원을 산출하지는 못한다. 왜냐하면 구원은 (영지주의적인[靈智主義的]) 고차적 앎을 소유한 자에게만 주어지기 때문이다. 여기에 그리스도교도를 위해 보충해야만 할 것은, '죄책(Schuld oder Sünde)'으로부터 벗어나는 일이 아닌, 새로운 재탄생의 고통(Leid)으로부터 벗어나는 일인 진정한 구원이 기대된다는 점이다.[48]

종교적인 모범을 철학적인 사유 안에 받아들이는 또 다른 이유는, 철학이 종교적 내용의 의심스러운 증명과정에 스스로 한정하지 않고, "영혼내적인 경험 안에 신적인 것의 체험이 실재함을 항상 매우 힘주어"[49]

....

48 참조, W. Brugger in: *Philosophisches Wörterbuch*, p. 352.
49 W. Jaeger, 앞의 책, p. 105.

강조했다는 점에서 확인할 수 있다. 그래서 아리스토텔레스는, 바로 이러한 체험은 mathein(배워 앎)이 아니라 pathein(당함)이라는 점을 중시했다.

엠페도클레스는 우리를 프시케에서 다시 피시스로, 즉 출발점으로 돌아가게 한다. 그는 시적으로 황금시대를 기술한다. "그때는 야생동물 및 새, 모든 피조물이 온순하고 인간을 신뢰했으며 친절한 마음의 불꽃이 타올랐다. 나무는 일 년 내내 항상 잎과 열매를 가득 매달고 거기 화려하게 서 있었다."[50] 그런데 이제 인간들이 자신의 죄책 때문에 싸움과 혼란에 빠졌다. 이제 그들은 동물을 살해한다. "너희들, 도살을 멈추지 않으려 하는가! 너희가 경솔한 생각으로 서로서로 잡아먹는다는 것을 너희는 모르는가?"[51] 불운한 바보들은 자신의 가증스러운 불경(不敬)을 의식하지 못하고 희생동물을 도살함으로써 신들을 기쁘게 할 것이라고 잘못 생각한다. 실제로 그들은 자신의 생명을 빼앗고 자신의 살을 삼킨다.

엠페도클레스도 오르페우스교의 영혼론을 알았고 정말 진지하게 받아들였다는 점을 보여주기 위하여 나는 여기 몇몇 구절을 인용하였다. 물론 이 구절이 추측하게 하는 것보다 훨씬 더 광범위한 저술이 있다. 그런데 엠페도클레스의 고유성은 그가 이로부터 자연존재의 통일 이론을 만들었다는 점이다. 그의 '영혼 돌봄'에는 모든 생명이, 동물과 식물

....

50 Empedokles, Fr. 77 u. 78, übers. v. W. Kranz.
51 같은 저자, Fr. 136, übers. v. W. Kranz

이 (너희들, 콩과 월계수 잎을 먹지 마라!) 모두 관여되어 있다. 그의 생명에 대한 외경은 영혼의 불멸이라는 종교적 진리에 근거한다. 살아 있는 것 모두는 우리와 같은 것으로 간주되며, 돌봄은 나 자신에게와 마찬가지로 다른 생명에게도 향한다. 포괄적 자연개념은 자연종교적인 생각과 일치하며, 또한 삼라만상의 원천적 통일성과 일치하며, 모든 피조물의 연대성과 일치한다. (물론 이러한 통일성, 연대성은 나중에야 지각되었다.)

종교의 근거인 피시스로부터 다양한 철학적 형태가 형상화되었다. 자연은, 권리요구와 책임의 담당자인 자아(自我, Ich)의 의식(意識) 및 자립을 위한 기반이 되었다. 근본어 '피시스'는 자기인식 안에서 영혼적인 것의(des Seelischen) 영역으로 개시(開示)되었으며, 이 영역은 동시에 신적인 것의(des Göttlichen) 영역으로 경험된다. 영혼윤회라는 종교적 표상 안에서, 운명에 참여하는 일(Mitwirkung am Schicksal)이 개인 영혼에게 부과되기 시작했는데, 바로 이것이 '숙명에 대한 힘없음[無力]'(Ohnmacht gegenüber dem Verhängnis)으로부터 깨어남이었다.

근대에야 비로소 인간이 세계사건의 주연으로 등장한 것은 아니다. 철학함의 진지성은 '그리스도교 시대'에는 억압된 하나의 종교적 차원에서 유래하였다. 즉 그것은 영혼의 선재(先在)에서, 영혼의 불멸에 대한 생각에서, 현재의 삶이 미래의 삶을 위해 우리에게 요구하는 책임에서 유래하였다. 영혼 돌봄이 자기이익 추구와 혼동되지 않는 한에서, 영혼 돌봄은 혹은 영혼의 신성 때문에 영혼을 보살피는 일(Kultur)은—

이는 (또한) 다른 영혼들 모두 안에 있는 신성을 경배하는 일인데 — 우리가 제일부에서 기술했던 외경(畏敬, Ehrfurcht)과 만난다.

이유 없이 혹은 부수적으로 그리스 철학자들이 피시스를 신적인 것이라고 명명하지는 않았다. 옛날의 선조들이 자연의 현상형식을 신적(神的)이라고 부르면서, 혹은 역으로, 신적인 것이 전체 자연을 포함한다(periechei to theion ten holon physin)[52]고 말하면서, 우리를 위해 전승된 것을 신화적 방식으로 보존해주었음을 아리스토텔레스가 상기시킨다.

(자연이 신적이라는) 이러한 사실은, 피시스의 지붕 아래서 신적 영역이 인간적 영역과 맺는 관계가 ('최고 실재'가 감각적으로 지각 가능한 세계의 다양성과 맺는 관계로) 이제 철학적으로 새로 적힘으로써, 인간적 영역이 종교적 근거를 갖고 있음을 추호도 부정하지 않았다. 끝으로 사람들은 오토 길버트(Otto Gilbert, 1839-1911, 독일 고대역사가, 역주)에게 동의할 수 있다. 길버트는 철학과의 관계의 관점에서 수행된, 민속종교에 대한 연구에서 다음을 발견했다.[53] 전체 이오니아학파와 엘레아학파의 사색, 이에 못지않게 피타고라스학파의 사색은 다름 아니라 신성을 찾는 일, 세계발생을 제약하며 지탱하는 신적인 실체를 찾는 일이다.

....

52 Aristoteles, Metaphysik A, 8, 1074b1.

53 참조, O. Gilbert, *Spekulation und Volksglaube in der ionischen Philosophie*, in: Archiv für Religion XIII, pp. 306ff.

3,

에피멜레이아, 테라페이아, 아타나시아

(Epimeleia; 돌봄, Therapeia; 치료, Athanasia; 불사)

만일 말 **한마디(*ein*)**만 사용할 수 있다면, 나는 '에피멜레이아(Epimeleia)'라는 표현으로써 철학의 전체 과제가 충분히 규정된 것으로 간주하겠다. 그 밖에 무엇이 문제될까? 소피아(Sophia, 지혜), 에피스테메(Episteme, 인식)? 이는 단지 지식형식들이다. 파이데이아(Paideia, 교육)는 어떤 행위를 지시했다. 물론 파이데이아는 사람들이 오늘날 '교육적(pädagogisch)'이라고 부르는 것보다 훨씬 더 광범위하고 또 그것과는 본질적으로 상이한 것이었다. 그럼에도 나는 단연코 에피멜레이아를 옹호하고 파이데이아를 옹호하지 않겠다. 이제 해명이 필요하다.

플라톤의 소크라테스적 대화편들에서 영혼은 단적으로 "가장 사랑스러운 것" 혹은 "가장 위대한 것"이라고 불리며,[54] 부유함, 신체적 건강 혹은 외적인 아름다움보다 선호되어야 함은 물론이고 심지어 권력에의 유혹보다 선호되어야 할 것으로 분명히 밝혀진다. 한편으로 소크라테스가 요구하는 '가치의 전도(顚倒)'와 다른 한편으로 사람들이 도처에서 추구할 만한 가치가 있다고 간주했으며 간주하고 있는 것, 이 양자 사이에 얼마나 큰 대립이 있는가를 오래된 그리스의 술자리 노래가 보여준다.[55]

> "건강이 인간들에게 최고선이며,
> 두 번째는 모습이 아름다운 것이며,
> 세 번째는 정직하게 번 소유이며,
> 네 번째는 친구들에 둘러싸여 젊음의 광휘 속에 꽃피는 일이다."

자신의 영혼에 대한 올바르게 이해된 돌봄은 자기 자신에 대한 사랑에 빠진 상태는 아니다. 자아 — 연관성과 자기한정성은 프시케(Psyche, 영혼)의 초월적 특성 때문에 이미 폭파되어 있다. 자기 자신에 관한 앎에 대한 앎은 결코 자신 안에서 길을 잃어서는 안 된다. 그러한 앎은, 인간적 앎과 현실적 존재 사이의 무한한 거리에 대한 의식 안에서 유지되어야 한다. 그러나 이 다리를 간단히 건너버리는 일을 보는 것은 전

....

54 Platon, *Gorgias* 513 a, *Laches* 187 d.

55 H. Diels, *Anthropologie griechischer Lyrik*, Bd. II, p. 183; W. Jaeger, *Paideia*, p. 604에 재인용 (내가 번역을 조금 바꾸었다).

혀 놀랍지 않다. 나중에 다음과 같이 요약된다. Deus et anima－nihil omnino (신과 영혼－다른 것은 도대체 없다) (아우구스티누스), 혹은: "그 존재가 스스로 자명한 것 두 가지가 있다. myself and my creator(나 자신과 나의 창조주)"(J. H. 뉴먼). 우리를 둘러싸고 있는 자연은, 물론 동물들도, 더 이상 언급할 가치가 없다. 그리스인들의 경우 폴리스(도시국가)만은 예외다. 돌봄(Sorge)은 '존재의 말씀'(logos tes ousias)에 대한 돌봄으로까지 확장된다. 돌봄은 그러면 정확히 '존재의 보호자'인 하이데거의 태도가 된다. 그러나 이 보호자는 어떤 추상의, 어떤 포괄적 개념의 보호자이지만 새의 보호자, 꽃의 친구, 나무의 생명반려자는 아니다.

소크라테스의 변론의 주요 명제들은 세 가지 중점을 갖는 프로그램을 포함한다. 그는 아테네 사람들에게 다음과 같이 말한다. "내가 숨 쉬고 있는 동안, 나는 지혜를 추구[사랑]하기를 멈추지 않을 것이며, 당신들에게 권고하기를 멈추지 않을 것이다." … "왜냐하면 신이 그것을 명령하고 있기 때문이다. 나는 내 입장에서 볼 때, 내가 신에게 바치는 이 경배보다 더 큰 선(善)이 이 나라에 생긴 적이 없다고 믿는다. 왜냐하면 나는 이리저리 다니면서 젊거나 늙거나 간에 당신들에게, 영혼이 최선으로 번영할 수 있도록 영혼에 마음을 써야지 그만큼 혹은 그보다 먼저 몸이나 재산에 대해 마음을 써서는 안 된다고 설득하려고 하는 일 외에는 다른 일을 하지 않기 때문이다."[56]

....

56 Platon, *Apologia* 29 d － 30 c, übers. v. F. Schleiermacher.

권고 설교(권고의 말)인 철학함, '신에 대한 경배'(he eme to theo hyperesia)라는 말과 '영혼 돌봄'(epimeleia), 이것이 세 가지 핵심어다. 여기서 hyperesia는 therapeia와 동의어로 사용되고 있으므로 therapeuein theous(=deos colere, 신들을 경배하다)는 예배의 제의적 의미를 포괄한다.

설교, 신에 대한 예배, 영혼 돌봄(Predigt, Gottesdienst, Seelsorge)이라는 말들은 매우 '그리스도교적'으로 들린다. 그러나 그 말들은 다시 한번 오히려 그리스적이고, 이번에는 분명히 소크라테스적이다. 설교에 관하여 베르너 예거가 이를 입증한다. "권고의 말 (혹은 대화형식의 도덕 설교) 자체의 형식 원천은 물론 원시시대로 거슬러 올라간다. 하지만 교의학적, 해석학적 방법과 함께 그리스도교적 설교에서 주도하는 방식의 교육적, 도덕적 설교 형식은 소크라테스학(學)에서 그 문학적 특징을 획득하였다. 이 소크라테스학은 소크라테스의 구두(口頭) 설교로 거슬러 올라간다."[57] '신에 대한 경배'(영어로는 service[봉사])라는 표현은 그리스 문학에서 이미 일찍 등장하고 그 다음 플라톤에서 그 뚜렷한 형태를 발견한다. 거기서부터 그 표현은 초기 그리스도교 문학으로 흘러들어가서 (예컨대) 알렉산드리아의 클레멘스에서 나타난다. 마찬가지로 '영혼 돌봄'도 '신에 대한 진정한 경배인 영혼에 대한 돌봄'이라는 소크라테스적-플라톤적 직관에서부터 초기 그리스도교적 인간교육으로 나아가 나중에 교회의 목회학(牧會學)에 이르렀다.

....

57   W. Jaeger, *Paideia*, p. 1266, Anm. 74.

소크라테스가 실천했던 방식의 철학함은 단순한 이론적 사유과정이 아니다. 철학함은 교육적, 권고적, 종교적 특성을 갖는다. 대부분의 사람은 자신의 복지 증진에 마음 쓴다. 그런데 소크라테스는 영혼에 대한 돌봄을 요구한다. 이때 그는 영혼의 보다 높은 가치에 대해서는 전혀 논하지 않는다. 확실히 영혼의 가치를 그는 자명한 것으로 간주하며, 비록 세상 사람들은 달리 처신하지만, 심사숙고하는 사람 모두에게는 명석하게 입증된 것으로 간주한다. 영혼이 위험에 처해 있다고 소크라테스는 프로타고라스 대화편[58]에서 말하며 '영혼이 위험해짐'은 다른 많은 곳에서 반복적으로 지적된다. 소크라테스는 자신의 일을 의사의 일로 이해했다. 비트겐슈타인(Wittgenstein, 1889-1951, 오스트리아 태생 영국 철학자; 역주)도 치료로서의 철학에 대해 말했고 스스로를 영혼치료사로 이해했다는 점을 우리는 상기한다.

소크라테스는 자신의 과제를 동시에 신에 대한 경배[봉사]라고 스스로 이해한다. 소크라테스의 과제를 이렇게(신에 대한 경배라고; 역주) 표현하는 것은 많은 사람에게 너무 지나친 요구로 들리며 매우 낯설다. 그러나 그의 과제를 이렇게 기술하는 일은 단순하고, 합리적인 정초 하나를 발견한다. 철학함의 종교적 특성은, 인간 안에 있는 신적인 것인 영혼에 대한 돌봄에서 드러난다. 철학이 영혼의 보존과 유지에 마음 쓰는 한, 철학은 신적인 것에 봉사하며 또한 신적인 것에 대한 고유한 예배라고 표현할 수

....

58 Platon, *Protagoras*, 313 a.

있다. 어떤 사람이 '영혼 돌봄', '예배'라는 말의 오늘날의 용법에서부터 정말 오래된 이러한 규정을 사이비-종교성으로 평가절하하려고 한다면, 그것은 정말 잘못된 일이다. 나는 베르너 예거의 예리한 검열을 차용하겠다. 그는 소크라테스적 설교에 대해 말하고 있지만 이러한 검열은 다른 명명(命名)에 대해서도 전용될 수 있다. "우리가 그리스도교적이라고 생각하는 눈에 띄는 특징들 모두는 … 순수 그리스적 원천을 갖는다. 그것들은 그리스 철학에서 유래한다. 그리스 철학의 본질을 완전히 오해할 경우에만, 사람들은 이러한 사실을 인정하는 데 매우 주저할 것이다."[59]

소크라테스가 영혼에 대해 말할 때―그런 일이 자주 일어나는데―그 말은 소크라테스 이전의 적지 않은 언급에서 익숙했던 의미와는 다르게 들린다. 물론 우리는 소크라테스가 말하는 것은 듣지 못했다. 그러나 그 말이 텍스트의 맥락[文脈] 안에 놓이는 방식에서, 그 말이 언표 안에서 차지하는 위상에서 많은 경우 거의 신을 불러내는 듯한 강렬한 어조와 간절함을 우리는 뽑아 읽을 수 있다. 소크라테스의 경우 종교적으로 강조된 표현이 빈번하다. 그러나 그 표현들은 플라톤의 경우와는 전혀 달리 본래 '형이상학적'이지 않다. 플라톤의 대화편 '파이돈'의 불사론(不死論)은 소크라테스와는 어울리지 않는다. 나는 '메논'에서 나타나는, 상기(想起)에 근거한 본래적인 학습론인 아남네시스(Anamnesis)와 함께 언급되는 방식의 영혼의 선재(先在)라는 가정은 소크라테스적 대

....

59 W. Jaeger, *Paideia*, p. 607.

화의 구성요소가 아니라 순전히 플라톤적이라고 간주한다. 이와는 반대로 변론에서는 영혼이 사후에 어떤 운명을 기대할 수 있는지가 미정(未定)으로 남아 있는데, 바로 여기서 나는 아직 플라톤식으로 변하지 않은, 소크라테스의 순수한 영혼론을 확인한다.

소크라테스의 종교적으로 묶인 개념들은 더 단순하고, 왜곡되어 있지 않다. 따라서 우리가 추(追)체험하기는 매우 어렵다. 오늘날, 나처럼 가능한 한 편견 없이 영혼에 대해, 경건함, 내재성, 외경에 대해 말하는 사람은 분명히 시대정신에게 말하지 않는다. 이 점이 거슬리지 않는 사람에게는 소크라테스의 말씀방식이 전혀 어렵지 않을 것이다.

소크라테스적 '프시케(영혼)'의 탁월한 특징은 내적인 세계를 인간의 자연본성의 한 부분으로 표상하는 일이다. 영혼은 육체와 함께 동일한 하나의 자연본성의 두 측면 중 하나로 간주되어야만 한다. 프시케적인 것은, 우리가 이미 소크라테스 이전 철학자들로부터 아는 바처럼, 피시스에서 유래하였으며 따라서 결코 피시스적인 것에 대립하지 않는다. "피시스라는 오래된 자연철학적 개념이, 소크라테스에 이르러, 정신적인 것을 스스로 안으로 받아들이며 이로써 그 자체 본질적으로 변화한다."[60]

크세노폰(Xenophon, B.C. 430-355, 고대 그리스 역사가, 군인, 작가, 소크라테스의 제자; 역주)의 '메모라빌리아(Memorabilia, 회상, 추억)'는, 그것이 소크라테스의 전기(傳記)적 특징을 묘사하는 한, 알다시피 의심스러운 자

....

60 같은 책, p. 608.

료다. 그러나 화가 파라시오스(Parrhasios, 기원전 4세기경 아테네에서 활동한 에페소스 출신의 고대 그리스 화가; 역주)와의 대화에 관한 이야기에는 무엇인가가 들어 있다.[61] 무릇 화가는 인간의 내면을, 영혼 생명의 표현을 모방해야(apomimeisthai to tes psyches ethos) 하며 육체적 아름다움을 붙잡으려고 해서는 안 된다고 소크라테스가 그 화가에게 말했다고 한다. 그 대(大) 화가에게는 이 생각이 새롭고 낯선 것처럼 보였다. 크세노폰이 전하는 바에 따르면, 그 화가는 모방 기술이 도대체 보이지 않는 것의 영역에 진입할 수 있는지에 대해 정말 의심했다. 꼭 알맞게 소크라테스는 그 화가에게 인간의 얼굴을 상기시켰다. 얼굴(An-gesicht)을 영혼의 거울로 보아야(angesehen) 좋지 않을까? 점차로 대 화가에게 빛 하나가 떠오르는 것처럼 보였다.

이 이야기는, 비록 사실이 아니라 하여도, 멋진 창작품이다. 영혼을 돌보라는 소크라테스의 외침은 새로운 포괄적 생활형식(Lebensformen)으로 나아가는 하나의 돌파구였다. 철학은 이제 종교, 예술, 교육, 정신적 생활 영역 모두를 포괄하는 어떤 것으로, 물론 (공동체의 돌봄인) 정치까지도 포괄하는 어떤 것으로 세상에 나타났다. 그런데 이러한 방식의 영혼 돌봄은 오히려 인본주의적 종교 실천이며, 신에게 헌신하는 일이 아니라 인간에게 헌신하는 일 혹은 세계에 헌신하는 일이라는 말을 사람들은 때때로 들을 수 있다. 그렇다! 하지만 그렇게 훈계하는 사람

----

61 Xenophon, *Memorabilia* III, 10, 1-5.

은 여전히 아직도, 신앙이 현실로부터 그리스도교적으로 소외되는 빙하기에 살고 있다. 그동안 몇몇 그리스도교도도 대지를 돌봄이, 자연을 보호함이, 세계의 비참함에 무관심한 예배보다 훨씬 더 신의 마음에 들 것이라는 점을 파악했다.

만일 교회 신학이 13세기에 철학의 종교적 실체를 철학에게서 박탈하지 않았더라면, '그리스도교 철학'의 다리를 거쳐 '세속적' 철학에 다시 맥을 이으려는 감동적 시도가 불필요했었을 것이다. 그러한 시도는 그냥 실패했다. 이십년 전에야 비로소 메츠(Joh. B. Metz, 1928-, 독일 가톨릭 신학자, 해방신학자; 역주)에 의해 이루어진, 신학을 위한 세계의 재발견은 확신 없이 시도한 정말 대단한 외톨이 활동이 아니었던가! 만일, 소크라테스의 경우처럼, 파이데이아[교육]가 인간의 영혼을 돌보았더라면, 사람들은 윤리적-종교적 쇠약을 낳은 지나치게 지적인 교육, 즉 순수하게 지성적인 혹독한 훈련에 대해 불평할 필요가 없었을 것이다. 바로 누구 책임 때문에 예술(회화, 문학)이 다른 내용들을 보살폈던가? 이제, 이전에 분열되었던 것이 힘들게 결합되어야만 할 것이다. 아니, 사람들이여, 성스러운 소크라테스의 종교를 평가절하하지 마소서!

앞서 **therapeuein theous**(신들을 경배하다)를 언급했다. '테라피(치료)'라는 말은 고대 그리스적, 종교적, 철학적 유래를 갖는다. 이에 반해 'Psychotherapie(정신치료, 심리치료)'는 비교적 새로운 결합어다. 물론 이는 두 개의 오래된 말로 이루어졌다. 테라피라는 표현은 의학적 활동의 의미지평에서도 당연히 사용되었다. 그러나 처음에 '테라피하다'는 말은 다음 의미였다. '도움을 주다', 봉사하다, 보살피다, 누구를 돌보다, 치유하다, 아울러 '지나치게 받들다', 즉 지나치게 아첨하다. 따라서 테라피하는 사람은 봉사자, 파수꾼, 조력자였다.

이 봉사는 이제 완전히 비(非)동질적인 존재들에게 제공될 수 있다, 신들 및 사람들에게, 동물 및 식물에게, 환자 및 건강한 자에게, 육체 및 영혼에게, 전쟁 시 및 평화 시에. 누구나 봉사를 제공할 수 있다. 물론 의사도 환자에게 봉사를 제공할 수 있다. 특별히 이러한 넓은 범위 때문에 소크라테스는 에우티프론(Euthyphron) 대화편에서 사람들이 "신들을 위한 테라피"를 개들, 말들, 소들을 돌보는 일로부터 구별할 것을 원한다. 왜냐하면 ― 이제 그의 정당화가 뒤따른다 ― 우리가 신적인 것에 바치는 봉사는, 진정한 선(善)과 올바름[正義]을 이루어내기 위한 어떤 힘든 노력일 따름이기 때문이다. 그렇다면 이러한 테라피는 진정한 경건함(wahre Frömmigkeit)과 같다. 왜냐하면 "경건한 것은 올바른[정의로운] 것의 한 부분이기 때문이다."[62]

페터 자이트만(Peter Seidmann)이 지적한 바처럼, 이 말에서 많은 사람은 이스라엘의 선지자를 상기할 것이다. 예레미야서에서[63] 선지자는 왕에게, 사치하고 흥청망청하기 위해 왕이 된 것이 아니라고 꾸짖는다. 너의 아버지는 "법과 정의[공평과 의리]"를 행하였고, "약자와 빈자를

....

62 Platon, *Euthyphron*, 12 b-d.

63 예레미야 22, 15-17; 참조, Peter Seidmann, *Religiöse und philosophische Wurzeln der Psychotherapie*, in: Psychologie der Kultur, Bd. 1: Transzendenz und Religion, pp. 349-360.

의인이 되도록 도왔다", 이는 "신을 아는 일이다". "너의 심장과 눈이 오직 너의 이익에만 향하고 있으며, 너는 죄 없는 자들이 피를 흘리게 하고, 억압과 압박을 일삼고 있다!" 그리고 이사야[64]는 '진정한 경건함'에 대해 말한다. 금식 때 너희는 굵은 베와 재를 펴지 말라, 갈대처럼 머리를 숙이지 말라, 다투며 싸우지 말라: 이러한 일은 주님의 마음에 들지 않는다. 신이 사랑하는 금식은 죄 없는 자의 결박을 풀어주며, 멍에의 줄을 풀어주며, 노예를 풀어주며, 배고픈 자에게 먹을 것을 주며, 가난한 자를 집에 받아들이며, 벗은 자를 옷 입히며, 절망한 자를 도와주는 일이다. 억압을 끝내라! 그러면 어둠 속에서 빛이 떠오를 것이며 밤이 낮처럼 밝아질 것이다.

내가 실수로 '산상수훈'에서 인용하고 있다고 생각하는 사람에게 나는 다음을 보증한다. 이는 선지자 이사야다. 선지자들처럼 소크라테스도 진정한 경건함을, 신에게─알맞은 섬김을, 순수한 종교를, 신(神)이 우리에게 무엇을 원하는지에 대해 주의 깊고 사려 깊게, 또 양심적으로 주목하는 일로 본다는 점을 기억하는 일은 아마 유익할 것이다.[65]

정의의 실현은 신에게 알맞은 일이며 동시에 인간들에게 어울리는 일이라고 소크라테스는 말한다. 그런데 어울리는 일에 대한 척도는 어디에서 유래하는가?

....

64 이사야 58, 4-10
65 P. Seidmann, 앞의 책, p. 350.

소피스트 프로타고라스(Protagoras, 약 기원전 485-416. 고대 그리스 상대주의 철학자; 역주)는 아테네에서 간결한 답을 마련한다. "신들에 대해 나는 아무것도 모른다. 신들이 현존하는지 혹은 현존하지 않는지. 왜냐하면 많은 장애물이 있기 때문이다. 사태의 어두움과 인간적 생명의 짧음 … 그러나 인간은 만물의 척도이다. 즉 존재자가 존재한다는 사실의 척도이고, 비(非)존재자가 존재하지 않는다는 사실의 척도이다"(panton chrematon metron estin anthropos).[66]

chremata(또한 아마 anthropos)를 무엇으로 이해하느냐에 많은 것이 달려있다. 사람들이 '사물들'을 대상들로 혹은 비인간적인 것 모두로 간주하면, 이 주장은 지나치다. 어떻게 우리 인간이 산이나 바다에게 척도를 제공할 수 있다는 말인가? 우리는 바로 전체 자연에게 척도를 제공하는 종족(種族, Rasse)으로서의 우리를 파괴하려고 하고 있다. 비록 우리가 이 역할(파괴하는 일; 역주)을 점점 더 불편하게 느끼고 있지만.

그런데 프로타고라스는 어떤 구체적인 '사물들'을 생각하고 있지 않다. 그는 인간이 표상에 근거하여 사물들에 부여하는 술어들을, 즉 agatha, kaka, ponera, chresta, dikaia, kala(좋은 것, 열등한 것, 나쁜 것, 올바른 것, 정의로운 것, 아름다운 것) 같은 성질들을 생각하고 있다.[67] 그러므로 프로타고라스는 pragmata가 아니라 chremata를 말한다(pragma는, 그

----

66 Protagoras, Fr. 4 und 1 (Diels).
67 참조, W. Nestle, *Vom Mythos zum Logos*, pp. 269ff.

것이 인간과의 관계 안에 들어감으로써, 즉 인간이 그것을 사용함으로써, **chrema**가 된다). 따라서 그 명제는 다음과 같이 번역되어야 한다. "모든 타당성[Geltung](성질, Qualitäten)의 척도는 인간이다."

누가 'Anthropos(인간)'인가? 이는 정당한 물음이다. 왜냐하면 유(類)로서의 인간은 개별자, 개인과는 다른 의미에서 척도를 제공하는 자이기 때문이다. 어쨌든 그 명제는 철학적 논의를 엄청나게 자극하였으며 플라톤은 그 명제를 '프로타고라스' 대화편에서만 아니라, '테아이테토스'편과 '노모이' 편에서도 상세히 분석하였다. 물론 거기서 플라톤은 다른 척도제공자를 대립시킨다. 소피스트들이 주장하는 것처럼 인간이 아니라, 아마 신이 만물의 올바른 척도로 가장 먼저 나타날 것이다.[68]

사람들은 어떤 명제가 너무 멋지게 치장되어 나타나면 특히 주의해야 한다. 왜냐하면 '만물의 척도인 신'을 생각할 수 있기 위해서는 특별히 타고난 재능 몇 가지가 필요하기 때문이다. 그렇지 않으면 말 껍데기들 한 무더기만 남는다. 만일 어떤 신이 **그의** 척도를 우리에게 적용한다면, 우리는 모두 탈락할 것이다. 만일 신이 **그의** 정의를 우리에게 요구한다면, 우리는 어떻게 처신할지 도대체 모를 것이다. 따라서 '신의 말씀', '신의 진리'에 대해 말하거나 신에게 고유한 척도에 대해 말하는 일은 매우 어렵다.

신적인 것에 봉사하는 일을 (에우티프론 대화편에서) 소크라테스는

....

68 Platon, *Nomoi* 716 c.

선(善)에 올바르게 부응하려는 노력으로 표현했다. 이는 올바른 평가를 전제한다. 왜냐하면 아무도, 그가 목표와의 관계 안에 자기 자신을 정립할 수 없다면, 어떤 요구에 올바르게 부응할 수 없기 때문이다. 자기 인식에 대한 델포이의 요구는(gnothi seauton), 말 그대로, "인간이여, 네가 신이 아니라는 것을 알아라!"였다. 우리에게 어울리는 위상에 대한 통찰로부터 올바른 척도의 의미가 자라난다. 따라서 척도 없음은 어떤 행동장애와 무관하며, 어떤 도덕적으로 부적절한 행동이 아니라, 일종의 비(非)－인간성이다. 왜냐하면 그것은 신적인 질서에 직면하여 행하는 주제넘은 짓이기 때문이다. 이 신적 질서가 인식되고 준수된다면, 신을 위한 진정한 테라페이아(therapeia, 섬김)가 수행된다. 더 이상의 다른 명령 및 금지명령도, 어떤 특별히 잘 정리된 도덕도－일상의 이러한 교제형식은 저절로 자명하다－필요하지 않으며, '종교적'인 것으로 명확히 두드러지는 태도도 필요하지 않다. 종교는 '올바름이라는 내적인 경건함'(innerliche Frömmigkeit des Recht-Seins)이다. **orthotes**(올바른)라는 여기 등장하는 개념은, 라틴어로는 *rectitudo*인데, 올바른 위치에서 스스로를 굳게 지키는 태도, 즉 정위(定位, Ausrichtung)를 표현한다. 여호와의 선지자인 이사야는 다음과 같이 표현한다. "너희가 그[신]에게 귀의하여 스스로를 확실히 지탱하지 않으면, 너희는 어떤 위치도 갖지 못한다."[69] 따라서 **orthotes**는 단순한 '시선(視線)의 올바름'이 전혀 아니다.

----

69 이사야 7, 9. (한글성서: 만일 너희가 믿지 아니하면, 정녕히 굳게 서지 못하리라; 역주)

그럼에도 하이데거는 플라톤이, 비은폐성(非隱蔽性, aletheia)으로서의 진리 대신, 바로 이 시선의 올바름으로써 인간적 행위를 정립하고 있다고 비난한다.[70]

자기 인식에서 분명해진 종교는 인간[人]에게 하늘과 땅[天地]이라는 큰 질서에 정향한 어떤 내적인 질서를 주목하게 한다. 자기 자신에 대한 이러한 앎은 자신의 무상(無常)함, 취약성, 가사성(可死性)에 대한 앎을 포함하며 또한 결함, 추락가능성, 무지(Nichtwissen)를 포함한다. 따라서 '신의 테라페이아[신에 대한 봉사]'로부터, 즉 신적인 질서에서 척도를 취함으로써 수행하는 봉사로부터 인간의 부족한 본성에 대한 테라피[치유]가 발생한다. 철학자의 무─지(Nicht-wissen)는 그냥 모름(Unwissenheit)이 아니라, 신성(神性)에 비추어볼 때, 우리 아는 자에게 종교적 겸손이 알맞다는 점에 대해 알고 있음(Wissen)이다. 철학자의 무─지와 마찬가지로 의사의 활동도 종교적 통찰에 의존하고 있다. 유대 철학자이자 성서학자인 프란츠 로젠츠바이크(Franz Rosenzweig, 1886-1926, 유대계 독일 철학자; 역주)는 다음과 같이 말했다. "우리는 신에 대하여 결코 알지 못한다. 그런데 이것은 신에 대한 무─지(ein Nicht-wissen von Gott; 무─지도 지이다. 역주)이다."[71]

결코 단 한 번도 진리를 '소유'하고 있지 않지만 항상 진리를 동경하며 추구하는 자, 이렇게 철학자[애지자]는 규정되었다. 마찬가지로 철

---

70 참조, M. Heidegger, *Platon's Lehre von der Wahrheit*, 2. Aufl., Bern 1954, p. 42.

71 재인용, K. Kereny, Theos, in: *Der nahe und ferne Gott*, hg. v. L. Kolakowski, p. 190.

학자는 어떤 종교적인 덕으로써 정확히 잘 정의될 수도 있다. 이것은 척도에 대한 통찰과 척도의 엄수(der Einsicht und des Einhaltens von Maß)라는 덕인데, 철학적 대화에서 언어를 통한 이 척도의 전달은 정신분석가의 테라피적인 대화와 마찬가지의 동일한 기능, 즉 테라피[치유]라는 동일한 기능을 지시한다.[72]

스스로를 엄밀한 의미에서 무(無) - 신론적, 무(無)종교적이라고 이해하는 철학자는, 즉 미리 주어진 척도에 연결됨 없이 스스로를 이해하는 철학자는 다음 둘 중 하나일 것이다. 그는 소포스[智者], 완전한 의미의 지혜에 취한 자, 신의 생각을 생각하는 자, 신이 존재한다는 사실을 알 뿐만 아니라, 신이 무엇인지 아는 자일 것이다. 즉 그의 이론은 더 이상 철학이 아니라 신론(神論)일 것이다. 다른 말로 그는 틀림없이 헤겔일 것이다. 혹은 그가 헤겔이 아니라면, 헤겔의 반대인 비트겐슈타인이어야 할 것이다. 비트겐슈타인은 적어도 의도적으로는 침묵하려 했고, 말 없이 어떤 좋은 일을 행하려고 했다. 말하자면, 그는 사로잡힌 파리를 파리통에서 풀어주려고 했다.

인간에게서, 또 인간의 그때그때의 욕구에서, 척도를 취하는 척하는 철학자들은, 즉 고상한 문학적 소비의 유행창시자들은 '철학자[애지자]'라는 호칭에 대체로 아무 의미도 부여하지 않는다. 그들은 철학자로 불리면 당황하여 미소를 짓거나 장난스럽게 부인할 것이다. 그들의 준칙

....

72 참조, P. Seidmann, 앞의 책, pp. 351f.

은 '시대에 알맞게 사유하라!'다.

아마 다음 사실을 덧붙여 언급할 필요가 있을 것이다. 지크문트 프로이트는 그의 이론의 "역사적 주요증인들"로 엠페도클레스와 플라톤을 끌어댔다.[73] 융(C. G. Jung)은 헤라클레이토스와 플라톤을 끌어댔다. 이것이 각각 정당한지는 큰 의미가 없다. 정신분석의 아버지들이 철학사적 연관을 산출하고 싶어 했으며 이로써 정확히 그들의 심리－치료(Psycho-Therapie)의 종교적인 뿌리를 아울러 인정하였다는 점만 지적하면 충분하다. 프로이트는 그리스인의 신화(아낭케, 나르시스, 오이디푸스, 엘렉트라)도 자신의 이론을 지지하기 위해 인용하였다. (정신)분석(Analyse)을 '성인의 후속교육(後續敎育, Nacherziehung)'이라고 해석할 때, 그는 적어도 실천적으로는 소크라테스와 플라톤이 앞서 걸었던 파이데이아(교육)의 길 위에서 움직이고 있다.

심리치료에 대해 어떤 판단도 내릴 수 없는 나 같은 사람도 다음을 통찰할 수 있다. 인생사의 무의식적 배경근거를 심층심리학적으로, 방법적으로 캐묻는 일은 이러한 개인적인 것을 넘어서서 갈등, 생명불안, 죄의식의 일반적인, 은폐된 원천에 부딪힐 수 있으며 그 다음에는 환자와 치료사가 연루된 보다 더 큰 연관이 연구되어야 할 것이다. 만일 개인적, 인격적 특수성을 넘어서 일반 구조의 가능한 측면이 발견될 수 있다면, 만일 개념들에－거리를 둔(Begriffe-distanzierende. 한정된 개념들에

---

73 참조, 같은 책, p. 353.

묶여 있지 않는; 역주) 비판이 수행될 수 있고 인간적 상황의 전체에 대한 시선이 열려 있다면, 바로 이러한 찾음 및 탐구를 '철학적'이라고 부를 수 있는 충분한 이유가 있다. 다음 지식도 인간적 상황의 전체에 알맞다. 완전히 건강한 인간은 전혀 없으며 병은 대체로 안정적인 상태가 잠깐 어긋나는 일이 아니라, 하나의 카타르시스, 즉 정화와 순화의 과정이다. 이는 틀림없이 종교적 범주목록에서 차용한 표현이다.

에피멜레이아가 소크라테스 활동의 핵심어였다. (비트겐슈타인에게도 철학은 "어떤 이론이 아니라, 하나의 활동"[74]이었다.) 그런데 영혼이 죽을 것이고 육체와 함께 사라진다면, 영혼을 돌보는 일 전체가 무슨 소용이 있을까! "신이 없다면, 모든 일이 허용된다."는 콜라코프스키의 (원래 도스토예프스키의) 명언과 짝을 이루는 명언은 "사후의 생이 없다면, 모든 윤리학은 구속력이 없고 종교는 커다란 사기에 머문다."이다.

이번 삶에서는 의지가 도덕법칙에 적합할 수 없으므로 영혼의 영원한 생명이 (순수한 실천이성의 요청으로서) 반드시 있어야 한다고 칸트는 어쨌든 확신하였다. 그리고 많은 그리스도교도는 거의 칸트를 생각하지는 않지만, 어떤 불명료하게 기억된, 영원한 생명의 약속은 생각한다. 다른 한편 그들은 이 영원한 생명을 결코 구체적으로 상상할 수 없다. 그러므로 곳곳에 세 가지 모형이 뒤섞여 나타난다는 점은 놀랍지

....

74   L. Wittgenstein, *Tract. log.-phil.*, 4,112.

않다.

첫째로 '살의 부활(Auferstehung des Fleisches)'이라는 교리가 있다. 이 교리는 '최후의 날'에 불사적인 영혼과 재결합한 육체가 다시 살아난다는 이론이다. 최후의 날에 죽은 자들이 무덤에서 부활하는데, 한 무리는 영원한 행복으로, 다른 무리는 영원한 저주로 심판받는다. 후자들은 차라리 그냥 누워 있는 편을 선호할 것이다. 이러한 생각은 유대교적인 것도 아니고, 그리스도교적인 것도 아니라고 내가 이미 제일부에서 설명하였다. 이 생각은 고대 페르시아 종교에서 유래하며 또한 이집트에서도 왕국종교의 주도적 구성요소였다. 후기 유대교에서 이 생각은 종말론자에 의해 수용되어 몇몇 우회로를 거쳐 교회의 신앙체계(Credo)로 흡수되었다.

위와 유사한 것으로 보이지만 사실은 유사하지 않은 두 번째 기대는 "영원한 생명"(zoe aionios)[75]에 대한 기대다. 여기서는 신학적으로 정식화할 수 있는 것만이 엄밀하게 이해되어야 한다. 요한복음 한 곳에서 "나는 내 아버지께서 내게 말씀하신 그대로 말하고 있다. 그의 명령은 영원한 생명이다."라고 예수가 말하고 있는 것처럼, 그것은 살아 있는 동안에 또 사후에 로고스를 기준으로 수용하는 일에서 죽음을 극복하는 일이다. 이는 매우 해석하기 어려운 곳이다. 나는 여기서 주석적 해석에 관여하는 어떤 시도도 하지 않겠다.

....

75 요한복음 12, 50.

확실히 가장 널리 퍼진 생각인 세 번째 생각은 '영혼의 불사성 (Unsterblichkeit der Seele)'에서 출발한다. 그런데 아타나시아(athanasia, 不死)라는 표현은 전체 신약성서에서 단 두 번 나타난다. 물론 바울 연관적이다. 불멸성으로 변화하는 일에 대하여 고린도 전서에 다음 구절이 등장한다. "왜냐하면 이 가멸적인 것이 불멸성이라는 옷을 입어야 하며 이 가사적인 것이 불사성이라는 옷을 입어야 하기 때문이다." 디모데서에는 다음 구절이 나타난다. 신만이 불사성을 소유하는데 이 신은 접근 불가능한 빛 속에 살고 있으며 이 신을 어느 인간도 보지 않았으며 볼 수 없다.[76] 그러나 이 두 곳에서—다른 곳은 없다—개별적 인간 영혼의 불사성에 대해서는 단 한마디도 말하지 않는다.

　이는 놀랍지 않다. 왜냐하면 이러한 생각(개별적 인간 영혼의 불사성; 역주)은 그리스도교 이전의 그리스적 전통에서 유래하기 때문이다. 이 그리스 전통은 조상숭배에서 시작하여, 호메로스의 경우, 저승에서의 영혼의 허약하고 희미한 현존방식을 거치며, 신비종교에서 영혼운명의 훨씬 더 강력하고 명료한 방식에 이른다. 이 주제에 대한 철학적 논의는 피타고라스에서 비로소 나타났다. 피타고라스의 거대한 영향은 그가 개혁가로 간주되었다는 사실에서 유래한다. 오르페우스 종교가 이미 디오니소스적 선(先)형태의 개혁이었던 것처럼, 피타고라스에 의한 오르페우스교의 지성화(Intellektualisierung)도 하나의 개혁이었다. 그러

76　고린도전서 15, 53. 참조, 디모데전서 6, 16.

나 이 교리의 아마 완전한 마지막 형상화는 플라톤에서 일어났으므로, 그것을 플라톤에게서 취하는 편이 권고된다.

프랜시스 콘퍼드는 형상론(形相論) 혹은 이데아론인 플라톤주의가 신비적 전통에 정향함을 확인한다. "우리는 플라톤에서 피타고라스주의의 후예를 확인하며, 파르메니데스가 실패했던 일을 이루려는 계속된 노력을 확인한다. 그 일은 선(善)인 하나의 신(神)을 완전한 세계의 다양성과 연관시키는 일이다."[77]

플라톤의 이른바 '소크라테스적 대화편'을, 우리에게 오르페우스교의 근본특징과 피타고라스의 이론을 알려주는 나중의 대화편으로부터 구별해야 한다는 점은 대체로 충분히 논의된 것으로 통한다. 전기 대화편은, 이름을 말하자면, Apologia, Laches, Charmides이다. 이 대화편들은 아마 소크라테스의 죽음(기원전 399년) 이후 10년 이내에 쓴 것일 것이다. 이에 반해 신비적인 종교의 정점은 이른바 중기 대화편에서, 즉 Gorgias, Menon, Symposion, Phaidon, Politeia, Phaidros에서 비로소 언급된다. 이 두 그룹이 일종의 대립적 입장을 취했다는 점은, 각 진영의 하나인 두 개의 대화편에서, 즉 전기에서는 Apologia, 중기에서는 Phaidon에서 동일한 예로써, 즉 '불사적인 영혼'의 예로써, 제시될 수 있다.

변론은 두 곳에서 소크라테스의 죽음에 대한 태도를 알려 준다. 우선 판결에 앞서[78] 그는 이렇게 말한다. "죽음을 두려워하는 일은, 스스로를

....

77 F. M. Cornford, 앞의 책, p. 242.
78 Platon, *Apologia* 29 a.

지혜롭지 않으면서도 지혜롭다고 잘못 생각하는 일이다. 왜냐하면 사람이 모르는 것을 안다고 생각하는 일은 착각이기 때문이다. 아무도 죽음이 무엇인지 모르며, 죽음이 모든 선(善) 가운데 가장 큰 선인지도 전혀 모른다. 그러나 사람들은 죽음이 가장 큰 해악임을 분명히 아는 체하며 죽음을 두려워한다."

이 구절에서 소크라테스의 전체 지식론(Wissenstheorie)이 요약될 수 있다. 그는 사후의 과정에 대해 충분한 지식이 없기 때문에 이러한 지식을 소유하고 있는 체하지 않는다. 그런데 그가 알고 있는 것은, 선(善)에 대한―인간적인 선이든, 신적인 선이든―불복종과 나쁜 행동은 영혼을 훼손한다는 것이다. 이로써 그의 철학함은 명석하고 판명하게 인식될 수 있는 것을 포함한다. 물론 나머지도 어두움 안에 머무는 것은 아니다. 비록 완전한 확실성이 산출될 수는 없어도, 논증이 가능하고 추론이 허용되면, 추측은 사라진다.

판결 이후, 두 번째 곳[79]에서는 죽음이 그래도 그 자체로 어떤 좋은 점을 가질 수 있는지에 대해 검토한다. 왜냐하면 죽음은 둘 중 하나이기 때문이다. 한편으로 죽음은 존재하지 않음, 즉 무감각과 의식 없음이다. 다른 한편으로 죽음은 다른 장소로 옮겨가기, 즉 여기서 저기로의 이주이다. 만일 죽음이 방해 없는 잠, 꿈 없는 잠이라면, 그것은 큰 소득일 것이다. 우리가 깨어 있는 낮과 밤 가운데 매우 드문 때만이 꿈

79 같은 책, 40 c.

없는 깊은 잠이라는 좋은 활동을 능가하는 때이다. 물론 죽음이 다른 장소로 향하는 여행과 같다면, 저승에서 사람들은 이승의 정의롭지 못한 재판관 대신에 진정한 재판관을 만나고 오르페우스 혹은 호메로스 같은 정말 훌륭한 사람들을 만날 수 있으므로 그는, 즉 소크라테스는, 자주 죽고 싶어 할 것이다. 오디세우스(Odysseus: 그리스 신화의 영웅. Ithaca의 왕. 트로이 전쟁에서 목마의 계략으로써 승리함; 역주), 시시포스(Sisypos, 그리스 신화의 영웅. 아이올로스와 에나레테의 아들이자 메로페의 남편. 코린트의 왕; 역주)와 많은 다른 유명한 남자, 여자와 대화하는 것보다 소크라테스에게 더 멋진 일이 없다. 이렇든 저렇든, 죽은 자는 산 자보다 더 행복할 것이다.

지금까지 믿을 만한 보고로 통할 수 있는 변론에서의 정보에 대해 알아보았다. 이에 반해 파이돈이라는 나중의 대화편은 조금 회의적으로 고찰해야 한다. 플라톤이 그 대화편을 저술했다는 점이 의심스러운 것은 아니다. 아니, 그 대화편은 확실히 진본이다. 그러나 플라톤이 소크라테스에게 말하도록 하는 내용이 지금까지 익숙했던 것과는 다르게 들린다.[80]

소크라테스가 독배를 들어야 했을 때 그곳에 있었던 파이돈에게 에케크라테스가 묻는다. "그분이 죽기 전에 무슨 말씀을 하셨으며, 그분이 어떻게 죽으셨소?" 이에 파이돈은 처음부터 이야기한다. 선하고 지

....

80 Platon, *Phaidon* 63 b-c.

혜로운 신들과의 모임에 함께하기를 희망하기 때문에, 죽을 준비가 되었다고 소크라테스가 말했다는 점도 파이돈은 전한다. 아마 그는 이미 죽은 사람들을 만날지도 모른다. 그러나 이 점은 그리 확실하지 않다. 이에 반해 아주 확실한 것은 다음이다. (이제 거의 정식화되어 사용되는 확증[Bestätigung]이 뒤따르며 소크라테스는 매우 드물게, 그러나 때로는 매우 강조하며 이 확증을 활용한다.) "만일 내가 완전히 확실하게 알고 있는 것이 도대체 있다면, 나는 다음을 바로 그것으로 간주하기를 원한다. 나는 훌륭한 주인들을, 신적인 존재들을 만날 것이다."

장황하고 긴 말로 이제 영혼과 이데아의 유비(類比)에 대한 소크라테스의 명상이라고 주장되는 것(die angebliche Meditation des Sokrates)이 뒤따른다. 영혼이 육체로부터 예리하게 분리되면 인식에서 최상의 존재에 가까워지는 것과 마찬가지로, 죽음의 연습인 철학은 영혼이 육체로부터 분리되기 이전에 벌써 육체적인 것에 달라붙은 이 거추장스러운 감성적 쾌락을 떨쳐버리려고 시도하며 비가시적(非可視的)이고 무정념적(無情念的)인 참존재들, 즉 정의, 아름다움[미], 선과 함께하려고 시도한다.

플라톤이 여기서 파이돈의 보고를 통해 소크라테스에게 말하게 하려고 하는 것은 변론의 말과 확연히 구별된다. 이는 소크라테스적이라기보다는 훨씬 더, 아니 완전히 순수하게, 피타고라스적인 것처럼 보인다. 합리적 논증 대신에 혹은 근거의 지성적 해석 대신에, 여기서는 다시 믿음[신앙]에 대한 신화적 표현이 등장한다. 물론 이 믿음을 소크라테스가 확실시한다는 첨가어가 붙기는 한다. 그 부분은 (전체 명제가 조건형식 안에 서 있다) 특징적으로 다음과 같이 말한다. "만일 내가 … 라고 믿지 않는다면, 나는 아마 잘못하는 것일 것이다." 플라톤은 '믿다'의 뜻으로 여기서 익숙하지 않은 개념을 사용한다. εἰ μὲν μή ὤμην (ei men me omen) … (어원: οἴομαι[oiomai]나 ὀίομαι, 또한 οἶμαι = 믿다, 계시로 간주하다, 예감하다, … 이 아닌가 하고 의심하다). 내가 아는 한, 신화에 전적으로 편향된 이러한 형식은 변론에서도 또 초기 대화편의 어디에서도 나타나지 않는다.

이러한 비일관성을 어떻게 일관적으로 해석할 수 있을까? 대화편들의 연대기적 계열순서가, 특히 이것이 내적인 기준에 의해 입증되었기 때문에, 확실하다는 전제 아래서 볼 때, (신화에서 로고스로의) 통상적 진행과정의 기술(記述)은 플라톤의 발전에 대해서는 확실히 적용 불가능하다. 플라톤 전기(傳記)를 참조하자면 단 하나의 그럴싸한 해명이 나타난다. 플라톤은 영혼론을 소크라테스에게서가 아니라 피타고라스학파에게서 넘겨받았다. (비록, 우리가 아는 한, 아테네에 피타고라스 종교 '공동체'가 없었지만; 그러나 이 사실이 우리의 주장을 조금도 반박하지 않는다.) 청년 플라톤은 아주 좁은 범위의 소크라테스 제자그룹에 소속하는 사람으로 간주될 수 있는 것 이상으로 훨씬 더 많이 시대의 선동적인 정치적 사건에 참여하였다. 소크라테스가 죽을 때, 플라톤은 28세였고 다소간 스스로 들었던 대화를 집필함으로써 고소내용과 연관되어 소크라테스가 받는 비난의 부담을 경감시키는 일에 곧바로 착수하였다. 소크라테스의 불가지론(不可知論)적 입장은 당시에는 또한 플라톤의 확신이었을 것이다. 점차로 나이가 들며 이데아의 존재에 빠져들면서, 플라톤은 계속 대화형식으로 심포지온(향연), 파이돈 등의 글을 썼다. 그런데 여기서 소크라테스는 이제 새로운 이론의 대표자 역할을 수행했다. 프랜시스 콘퍼드[81]의 추정에 따르면 플라톤은 자신에게 친숙한 피타고라스학파의 종교적 신비론을 소크라테스의 사상 안으로 옮겨 놓았다.

무엇이 이러한 해석에서 중요한지는 여기서 더 이상 관심사가 아니다. 다른 물음이 다시 제기되며 변론과 파이돈에서의 불사성에 대한 주장의 대립설정에서 이 물음이 특히 분명해진다. 진짜 소크라테스는 그의 확실성을 위해 어떤 신앙도 필요로 하지 않았다. 즉 아무도 죽음이 무엇인지 모르며, 죽음을 두려워하는 자는 죽음이 악이라고 알고 있는 체한다. 죽음은 긴 잠이거나 전생(轉生, 옮겨감)이다 ― 이렇게 우리는 들었다.

차가운 태연성, 위대한 철학적 고요함, 이는 우리가 알 수 있는 것에 대한 확실성에 의해 지탱되고 있다. 즉 영혼을 그 신성 때문에 돌보는 일이 옳은 일이며, 철학적인 추구와 탐구라는 테라피를 하지 않는 일이 나쁘다는 것, 이것은 우리가 확실히 알 수 있다.

여기 추호도 어떤 계산이 섞여 있지 않다. 혹은 어떤 계산적 요소도 깔

---

81 참조, F. M. Cornford, 같은 책, p. 249.

려 있지 않다([파스칼Pascal, 1623-1662, 프랑스 철학자·수학자·물리학자; 역주]
의 '내기'의 경우와 같은 계산: 신이 존재한다면 무신론자는 모든 것을 잃
는다. 따라서 신을 믿는 편이 더 낫다. 신이 없다면, 사람들은 아무것도
잃지 않는다. 신이 있다면, 사람들은 모든 것을 얻는다[82]). 이러한 태연함
이 플라톤의 버전에서는 사라진다. 이제 논증의 힘은 그 명증성(Evidenz)
에 의거하는 것이 아니라, 한편으로 어떤 신앙전제(Glaubensprämisse)에 의
거하며, 다른 한편으로 개인적으로 느낀 확신의 고유하게 강조된 천명
(闡明)에 의거한다.

대화 상대방은 이제 전자 혹은 후자를 진정한 것으로 받아들일 수
있는 선택지를 갖는다. 즉 그는 파이돈 대화편의 소크라테스가 믿는 바
를 자신도 믿으려고 시도할 수 있으며, 게다가 이 소크라테스가 신앙적
으로 그의 확신을 맹세했다는 것도 믿으려고 시도할 수 있다. 이는 빙
판(氷板) 야유회를 상기시키는, 안개 많은 곳으로 썰매를 타고 달리는,
매우 번잡스러운 일이 아닌가!

----

82 참조, B. Pascal, *Pensees* 83 (Rüttenauer), in der Zählung Brunschvicg No. 233.

4/

'테오스'가 신인가?
(Ist "Theos" der Gott?)

신에 대해 말하는 일은 나에게 매우 어렵다. 왜냐하면, 최근에 신학자들이 스스로 분석적 언어비판을 영국 해협 너머 이곳에 도입한 이래, '신에 대해 말함(Sprechen von Gott)'은 확장된 출판 영역이 되었기 때문이다. (언어분석적인 신학에 대한 비트만의 비판; 역주) 차라리 나는 더 오래된 신학자들을 더 좋아한다. 예컨대 아우구스티누스는 "**신**은 비인식(非認識, Nichterkennen) 안에서 더 잘 인식된다."고 말한다. 물론 이로써 그가 '신에 대해' 말하고 있기는 하다. 토마스 아퀴나스는 "**신**이 무엇이 아닌지가 **신**이 무엇인지보다 더 많이 우리에게 **신**에 관하여 분명하다."고 생각한다. 또 마이스터 에크하르트는 이렇게 말한다. "이름 없는 **신**,

그는 이름이 없다. 마치 영혼이 그 근거에서 언표 불가능한 것처럼 그도 언표불가능하다" … "더 많이 **당신**을 찾을수록, 더 적게 **당신**을 발견한다. 따라서 네가 그를 찾는다면, 너는 그를 어디서도 발견하지 못할 것이다. 네가 그를 찾지 않는다면, 너는 그를 발견할 것이다."[83]

신에 대한 말씀은 아직 어떤 종교도 창시하지 않는다. 종교는 '신에 대한 믿음' 혹은 '신과 관계맺음'으로 정의될 수도 없다. 그렇다면 침묵이 권고되는가? 하지만 신에 관해 **침묵함**은 바로 **신**에 관해 침묵함이다. 이는 부정적인 것도 아니고 판단중지도 아니다. 또한 (신에 대해 인간의 속성을 부정하는) '부정 신학'은 (신에게 '영원한', '전능한', '지혜로운', '정의로운', '선한' 같은 속성을 부여하는) 이른바 '긍정 신학'보다 사유에 대한 한층 더 큰 도전일 수 있으며 신의 영향력에 더 많이 사로잡혀 있는 것으로 드러난다.

모든 부인(否認)이, 주목하지 않음을 통한 은근한 무신론이, 혹은 선전을 통한 호전적(好戰的) 무신론이 신의 잠자는 자식들과 신의 설교자들보다 신의 이름의 확장에 더 많이 기여한다. 유럽적 의미의 신을 전혀 모르며 그 신에게 기도하지 않으며 그 신과 싸우지도 않는, 불교나 동아시아의 다른 종교형태로 각인된 세계에서도 '무신론', '유신론', '신권정치', '신학' 개념이 사용되며 이해된다.

따라서 우리가 우선 '테오스(Theos)'라는 근본어에 정향하지 않고서는 이 영역에서 한 걸음도 나아갈 수 없다는 점을 통찰하는 일밖에 남

....

83 Augustinus, de ordine II, 16 n. 14; Thomas von Aquin, S. Th. I, 1, 9 ad 3; Meister Eckhart, *Deutsche Werke*, hg. v. J. Quint, p. 284, 4ff. u. p. 253, 5ff.

아 있지 않다. 테오스는 그리스어다. 왜냐하면 신에 대한 세계이름이 테오스이고, 데우스(Deus) 혹은 게르만 선행어인 치우스(Zius), 뒤아우스(Dyaus). 튀르(Tyr) 혹은 구드(Gud)가 아니기 때문이다.

그런데 우선 고대 유대교의 신에 대해 말해야만 한다. 그렇지 않으면 정보가 불충분할 것이다. 히브리인에게 신의 이름은 비밀이었다. 탈무드에 이렇게 쓰여 있다. "이것이 영원성 안에서의 나의 이름이다." 우리가 '영원성'으로 번역하는 히브리어 leolam은 'lealem'으로도 읽을 수 있게 쓰여 있다. 이 lealem은 '은폐된'의 뜻이다. 그러므로 그곳은 다음과 같이 번역될 수도 있다. "신의 신성한 이름은 은폐되어 있어야 한다."[84]

모세 이전에 히브리인은 여호와에 대해 알지 못했다. 창세기의 신의 상(像)은 시나이 산에서 스스로를 알렸던 여호와−신의 신상과 구별된다. 창조주−신은 평화롭고, 선하며, 아버지 같고, 보편적이며 결코 배타적이지 않다. 여호와−신은 열정적인 극단주의자이며, 그와 가까이 함은 위험하고, 그의 계시는 황폐화하는 자연현상과 결부되어 있다.

거의 통일할 수 없는 이 두 신의 모습 위에 또 다시 두 가지 상이한 유형을−즉 '아버지들의 신'과 '신 엘(El)' 혹은 '엘리(Eli)'를−갖는 하나의 배경이 겹쳐있다. ('Elisabeth' 안에 여전히 보존된) 엘리의 경우−이 이름은 삼천 년 전부터 모든 셈족의 언어에 등장한다−이 엘리가 '유

....

84 출애굽기 3, 15; vgl. 3, 1ff. 6, 1ff;
  vgl. A. Heschel, *Gott sucht den Menschen*, p. 50;
  vgl. den Talmud-Traktat Quiddushin 71 a.

일한 신'인지 혹은 '신 엘리'인지 사람들은 정확히 알지 못한다. 단지 사람들이 알고 있는 것 하나는, 나중의 여호와가 화해불가능한 적으로 대립하는 바알(Baal)과는 달리 엘리와 잘 지내어서 엘리-신이 결국 여호와-신에 의해 흡수되어 사라진다는 점이다.[85]

이에 반해 아버지들의-신은 어떤 이름도 없고 항상, 그 신을 경배하는 사람의 신으로 규정되거나 그 신이 최초로 나타났던 사람의 신으로, 즉 '아브라함의 신', '나홀의 신'으로 규정된다(창세기 31장 53절에는 양자가 함께 언급된다. 히브리 경전에 한참 뒤에 첨가된 말은 그들을 '아버지들의 신'으로 요약한다).

여호와는 배타적, 무관용적 신이다. 그러나 유일신론의 단독적 지배자는 아직 아니다. 가나안 지역의 만신전(萬神殿)의 신들이 아직 여전히 현전하였다. 고대 동방의 신들의 위계질서의 영향 아래서 여호와는 '신들 위의 위대한 왕'이 되었다. 이제 시편 95장 3절에 여호와는 다음과 같이 불린다. "왜냐하면 주님은 위대한 신, 모든 신의 왕이기 때문이다."

그의 지배는 다른 신을 '신의 아들'로 강등시켰다. **고유명사(*nomen proprium*)** '여호와'가 (Monolatrie, 다신을 인정하면서 한 신만을 경배함) '신'의 개념으로 (보편적 유일신론) 이행하여 (바빌론) 유수(幽囚) 이래로 신 개념을 위한 표현이 되었다.[86] 이는 선지자의 업적이었다.

....

85 참조, 창세기 33, 20; 참조, RGG II, Spalte 1705ff.
86 참조, RGG IV, Spalte 1115.

선지자의 선포 핵심은 강림하는 신과 이 신의 심판 소식이다. 예수의 신은 비록 새로운 신이 아닌 오래된 "아버지들의 신"[87]이지만, 그 신은 유대교에서는 사용하지 않던 생소한 새로운 이름을, 즉 압바(Abba, 아버지)[88] 라는 새로운 이름을 얻는다. 비록 죽어가는 예수가 그 신을 놀랍게도 가장 오래된 이름인 '엘리'로 부르고 있지만: "Eloi, Eloi, lama sabachtani?" (나의 하나님, 나의 하나님, 어찌하여 나를 버리셨나이까?).[89]

그리스적 정신세계에 직면하여, 즉 그 시초에서부터 신적인 것의 진정한 형상에 대한 물음을 제기했던 철학에 직면하여, 그 사이에 압바와 여호와로부터 그리스어 **pater**와 **theos**로 이름을 바꾼 신은 스스로 보편적인 신이라고 주장해야만 했으며, 자신의 요구에 알맞게 스스로를 '진정한 신'으로 입증해야만 했다.

이로써 우리는 우리의 문제에 도달했다. '테오스'를 말할 때, 사람들은 본래 무엇에 대해 말하는가? 그리스인의 신? 유대교의 신? (누구?) 그리스도교의 신? (누구? 예수의 아버지 혹은 삼위 중 일위?) 철학자의 신? **가장 완전한 존재자**(*ens perfectissimum*) 혹은 **순수 작용**(*actus purus*)? 이신론자(理神論者)의 신? 유신론자의 신 혹은 무신론자의 신? 타나토(Thanato)−신학자의('신은−죽었다'−설교자의) 신? 예수 이후 시대의 신?

....

87 참조, 마가복음 12, 26-29.
88 마가복음 14, 36. 하지만 예수 시대의 사람들에게 'abba'라는 말은 신에 대한 부름만큼은 오히려 진지하지 않았다. 마치 'daddy'나 'papi'처럼.
89 마가복음 15, 34.

자, 누가 테오스(theos)인가? 사전은 'theos=신(Gott)'이라는 정보를 준비하고 있다. 이로써 이 사전은 자신의 쓸모없음을 입증한다. 왜냐하면 그 사전은 개념을 그 개념이 속한 세계의 지평으로부터 찢어내기 때문이다. 한때 생동적이었던 말이 사전 안에 움직이지 못하게 저장되어 있다. 따라서 사람들은 우선적으로 어떤 말을 그 말의 고향에서, 즉 그 말의 생활연관에서 이해하기를 시도해야만 한다.

'테오스'에 관해 몇몇 확인이 가능하다. 우리가 추측에 의존하는 것은 아니다. 예컨대 우리는, 이 말이 사용되던 시대에 그리스에서도 종교적 인간과 비종교적 인간이 함께 살았다는 점을 알고 있다. 또한 우리는, 소수의 지적인 사람과 대부분의 시간을 사유에 바치지 않는 다수의 다른 사람이 함께 살았다는 점을 알고 있으며, 지자(智者)와 바보가 일상적으로 테오이(Theoi. 테오스의 복수형; 역주)와, 즉 신들과 관계하였다는 점을 알고 있다. 이 신들은 생생하게 등장하였다. 문학과 조형 예술은 신들을 파악 가능하게 했으며, 다양한 제의 형식이 신들의 경배를 입증하였다.

놀랍게도 심지어 아세베이아(Asebeia), 즉 신들을 경멸하는 일을 위한 제단(祭壇), 파라노미아(Paranomia), 즉 법을 무시하는 일을 위한 제단도 있었다.[90] 왜 놀라운가 하면 이 아세베이아가, 즉 신이 없다고 주장한다는

....

90 프톨레마이오스의 장군인 디카이아르코스(기원전 203-181)가 키클라덴(Kykladen)에 대한 승리 뒤에 정복한 섬에 그 제단을 세웠다. 참조, K. Kerenyi, Theos: "Gott" auf Griechisch. In: *Der nahe und ferne Gott*, hg. v. L. Kolakowski, pp. 191f.

엄벌을 낳는 비난이, 소크라테스에 대한 재판에서 설득력은 없지만 제기되었기 때문이다. 아리스토텔레스도 같은 죄명으로 고소되었으나, 그는 철학자 한 사람이 희생되었던 일로 충분하다는 말을 남기고 도주하였다.

'신이 없음'을 위한 제단이 있었다는 사실보다 더 주목할 만한 것은 "theos는 제의에서 사용되는 말이 전혀 아니었다."[91]는 또 다른 사실이다. 전체 그리스어 언어 자료를 조감하는 고전 문헌학자는 심지어, 고대 그리스어 문법에는 theos에 대한 호격(呼格)이 없었다는 점을 입증한다. 나중에야 비로소, 그리스어로 쓰인 유대교적-그리스도교적 기도문에서 제의와 기도에 사용되는 호격 형식이 등장한다. 칼 케레니이 (Karl Kerenyi, 1897-1973, 헝가리-스위스 고전 문헌학자·종교학자; 역주)는, 우리에게 문법에 (이 말의) 호격이 빠져 있다는 점을 고맙게 지적해준 언어학자가 종교와의 연관에서 아무 결론도 도출하지 않았다는 점을 놀라운 일로 지적한다. 그렇다면 자기 이름이 제의에서 사용되지 않는 자는 어떤 신이어야만 하는가?

기원전 580년경에 태어난 크세노파네스(Xenophanes, 고대 그리스의 철학자, 엘레아 학파의 창시자; 역주)는 전기(傳記)작가에게 인격으로 파악 가능한, 소크라테스 이전 철학자들 가운데 최초의 철학자다(이는 결국 그가 90세 이상 살았다는 사정에도 기인한다). 그는 또한 최초로 많은 신에 하나(ein)의 신을 대립시켰다. "하나의 신(eis theos), 그는 신들과 인간들 가

---

91 K. Kerenyi, 앞의 책, p. 193.

운데 가장 위대하며, 형태에서 가사적(可死的)인 것을 닮지 않았으며, 사유에서도 가사적인 것을 닮지 않았다. 그는 전체적으로 보며, 전체적으로 사유하며, 전체적으로 듣는다. 그는 항상 동일한 장소에 머문다."[92]

드디어 **하나**(*ein*)의 신! 그러나 그는 형태가 없지 않다. 그는 다만 다른 것과 비슷하지 않을 뿐이다. 그리고 그는, 후기의 그리스도교 신학자가 여기서 뽑아보고 싶어 했던 이른바 모노-테오스(유일신)로 모습을 나타내지 않는다. 그는 초인적이고, 인간들과 신들 중 가장 위대한 자이다. 그러나 그 외에 다른 신들이 여전히 존재한다는 것은 완전히 분명하다.[93] 그를 위해 어떤 사원과 제단도 설립되지 않았다. 왜냐하면 어떤 신적인 고유명사(아폴론, 디오니소스, 헤르메스, 아르테미스)를 가진 자만이 제의적 경배를 위해 고려되기 때문이다. 테오스는 기껏해야 테오이(Theoi, 신들)를 대표하는 듯하였다. 아마 테오스는 "이 테오이를 위한 매우 한정된 어떤 시초상황"[94]을 의미할 것이다. 이는, 상승발전이라는 의미의 길은 다신론에서 일신론으로 나아가지 않았다는 사정에 대한 또 하나의 암시일 것이다.

또 다른 매우 생소한 확인이 ─ 우리는 이 확인을 마찬가지로 매우 어려운 문헌학적 연구 덕분에 얻는다 ─ 첨부된다. **theos**는 술어개념(述語概念, Prädikatsbegriff)이다! 신은 암호이며, 상징이며, 비유라는 등, 우리

....

92 Xenophanes, Fr. 23, 24, 25 (Diels).
93 참조, W. Jaeger, 앞의 책, p. 197.
94 K. Kerenyi, 앞의 책, p. 193.

가 '신'에 관하여 무엇을 생각하든지 간에, 신은 개념으로서는 어떤 주어로만 생각되었다. 신이 현존한다, 신은 존재하지 않는다, 신은 도처에 있다, 신은 없는 것 같다─이렇듯 우리는 항상 어떤 주어에 대해서처럼 말했다. 그렇지 않았더라면 우리는 '신적인(göttlich)'이라고 말했을 것이다. 그러나 그리스인은 '신'이라는 말을 옛날부터 술어로 생각했다.[95]

신에 대한(관한) 말, 신에 대한 이론이 처음으로 테올로기아(theologia)라는 표현으로써─이 표현을 우리는 이후 계속 그 의미로 알면서 사용하고 있다─지시되는 곳에, 바로 플라톤의 "폴리테이아(Politeia, 國家, 政體)"[96]에 아마 이 점이 수록되어 있어야 할 것이다.

거기에 상당히 상세히, 어떻게 신에 대해 말할 수 있으며 어떻게 말할 수 없는지가 나타나 있다. 신에게는 설명어로 항상 아가토스(agathos, 善)라는 술어가 어울리며 카코스(kakos, 惡)는 어울리지 않는다. 왜냐하면, 플라톤이 생각하기에, 선은 항상 신에게로 환원될 수 있기 때문이다. 나쁨과 악에 관해서는 신이 아닌 어떤 다른 원인을 찾아야 한다. 바로 이 점에 시인들이 정향해야 했었는데 사실은 그렇게 하지 않았다.

그러므로 신은 선으로, 단순함으로, 불변함으로, 항상 진실함으로, 즉 거짓 없음으로, 요컨대 **최고선**(*summum bonum*) 혹은 **최고 완전자**(*ens perfectissimum*)로 생각되어야만 한다. 그리고 이러한 점이 법률에 적시되면 좋을 것이

....

95 참조, W. Jaeger, 앞의 책, p. 197.
96 Platon, *Politeia* 379 a.

다. 그런데 여기 이 텍스트의 독일어 번역에서 테오스는 정말 주어개념처럼 보이며, 테올로기아(theologia)는 일련의 분석적 판단이나 술어적 내포로써 이루어진 것처럼 보인다. 그러나 이는 앞의 명제의 피상적 관점이다. 그 언어의 심층문법은 테오스에 대해서는 본래 어떤 술어도 붙일 수 없음을 보여준다. '테오스'는 어떤 것에 관하여 인정[승인]되었다. 선은 테오스고, 진과 미도 테오스지만, 이에 반해 악은 테오스가 아니다. 언어 연구가들이 확증하는 바에 따르면, 이러한 사용법이 바로 그리스어-특유의 표현방식이다.

에우리피데스(Euripides, 기원전 480년 살라미스에서 출생)의 "헬레나(Helena)"라는 제목의 비극에서 헬레나는 외친다. "사람이, 사랑받는 사람들을 아는 일은 테오스다!" 반(半)천년 뒤에 노(老) 플리니우스(Plinius der Ältere, Plinius maior, 23-79, 로마 학자; 역주)는 라틴어 'deus'를 마찬가지로 술어로 사용한다. *Deus est mortali iuvare mortalem* ─ 어떤 가사적(可死的)인 자가 다른 가사적인 자를 돕는 일이 바로 '신'이다.[97]

사랑받는 사람들을 아는 일에서, 동정심과 자비로운 마음으로써 자신과 같은 타인에게 (깔보면서가 아니라 가사적[可死的]인 것 모두와의 유대의식에서 겸손하게) 베푸는 도움행위에서, 우리가 독일어로도 '신적'이라고 부를 수 있는 어떤 일이 일어난다. 그런데 '신'이 여기서 Ecce deus(이 신을 보라)! Theos(오호, 신)!라고 환영받는 일은 라틴어로나 그

....

97　K. Kerenyi, 앞의 책, p. 193f.

리스어로만 가능하다. 어쨌든 '신이 일어난다(daß Gott geschieht)'는 이 놀라운 고유성은 문헌학적 연구의 앞서 언급된 결과인, 테오스는 어떤 호격도 없다는 점과 일치한다. 당연히 호격이 없다! 이 점을 우리는 이 제 이해한다. 주격이 감탄이나 인사말로 기능하기 때문에 그런 것은 아 니다. 원한다면 사람들은 테오스의 고대 그리스어 용법에서, 예컨대 "신이 사랑이시길(Gott sei die Liebe)" 혹은 "신이 이웃사랑이시길(Gott sei die Mitmenschlichkeit)"에서 나타나는 몇몇 매우 새로운 현대적인, '신'의 우회표현(Umschreibungen)을 재확인할 수 있다. 적어도 이러한 우회표현 은 아브라함의 신, 이삭과 야곱의 (그리고 선지자들의) 신을 이제 '그리 스도교적으로' 호 테오스(ho theos)로 불리는 신과 동일시하는 일보다 고대적 용법에 더 가깝다.

우리가 탐침(探針)을 이미 언어 안에 박고 무엇인가를 발견한 뒤지 만, 아직 거기 조금 더 머물러 있기로 하자. 훨씬 더 자주 사용된 말 테 이온(theion, to theion)을 아울러 언급해야 한다. 그 말은 신성(神性)을 표 현하는데, 대개 ta theia(to theion의 복수형태; 역주)로 등장한다. 이 타 테이 아는 '신성한 사물들'로 자주 잘못 번역되지만 차라리 '신의 비밀들'을 의미하며 또한 신에 대한 두려움을 의미하거나 혹은 외경이 관계하는 것을 의미한다.

"자연학"[98]에서 아리스토텔레스는 아낙시만드로스의 아페이론에 대

---

98 Aristoteles, *Physik* III, 4, 203 b6.

하여 다음과 같이 쓴다. 그것은 생성되지 않았으며 불멸이며, 모든 것을 포함하며 모든 것을 조종한다. "그리고 그것은 신적인 것이다(to theion). 왜냐하면", 아낙시만드로스와 대다수 자연철학자(자연학자)가 가르쳤던 것처럼, "그것은 불사이고 불멸이기 때문이다."

이제 테이온은 다른 술어들(athanaton[불사적], anolethron[불멸적]) 곁에 있는 또 다른 술어가 아니다. 왜냐하면 실체화[명사화]된 형용사인 to theion으로서 테이온은 철학 안에 있는 종교적 사유의 자립적 개념이라고 자기주장을 하기 때문이다.[99] 소크라테스 이전 철학자의 피시스에서 출발하여 아리스토텔레스를 거쳐 스토아 철학자에 이르기까지 거의 모든 철학자는 최고 원리의 이념을 발전시켰다. 그리고 이 최고 원리에 대해서는 "이것은 신적인 것임에 틀림없다"라고 거의 같은 음(音)으로 말한다. 이러한 공식이 내 생각으로는 토마스 아퀴나스의 신증명의 유명한 다섯 방식에서도 보존되어 있는 듯하다.[100] 그의 다섯 가지 증명 방식은 각각 다음 문장으로 끝난다. *et hoc omnes intelligunt Deum* [이것을 모든 사람이 신이라고 이해한다] (혹은 *quam omnes Deum nominant* [이것을 모든 사람이 신이라고 부른다], 혹은 *quid omnes dicunt Deum* [이것을 모든 사람이 신이라고 말한다]). 아낙시만드로스 이전에는 'theion'이라는 말을 어디서도 찾을 수 없으나, 그 뒤에는 도처에서, 헤로도토스에

....

99 참조, W. Jaeger, *Die Theologie der frühen griechischen Denker*, p. 56.
100 Thomas v. Aquin, *Quod Deum esse, quinque viis probari potest*. S. Th. I, qu. II, art. II, art. III resp.

서, 시인들에서, 기원전 5세기의 히포크라테스(의학적) 문헌에서, 포괄적이고 신적인 본성으로서 테이온이라는 말을 항상 철학적인 의미에서 발견할 수 있다고 그리스학(學) 학자들은 말한다.

전에는 '신들(Götter)'이 존재했다. 또 단칭인 '신(Gott)'도 존재했다. 여신 혹은 남신은 이러저러한 속성을 가졌는데, 이 속성은 ― 뒤에 오는 플라톤의 경우에서와는 달리 ― 결코 확정되어 있지 않았고 시인과 비극작가에 의해 자유롭게 변경되었다. 비로소 **to theion**이라는 일반개념이 예술가의 자의적(恣意的)인 조작으로부터 '신'을 구원하여, '신에 대해 말함'이 해명될 수 있는 장소인 철학이라는 안전한 영역으로 가져온다. 이로써 비로소 신의 본질에 대한 철학적인 물음이 가능하게 된다.

무제한자는 불생·불멸하다고 말해진다. 나중에 등장하는 이른바 '부정신학'도 다중적인 부정으로써 (un-, α-, 결여의 알파로써) 정초되어 있다. 그런데 이때 또 다른 점이 나타난다. 이는 불사한다고 불릴 만한 어떤 것이 실제로 존재한다는 점, 이것이 마땅히 '신적인 것'으로 불리고 생성되지 않은 채로 만물의 원리라는 성질을 갖고 있다는 점이다. 신화적 사유는 하나의 예외성인 불사성만 빼면 신들이 다소간 인간적 속성을 갖고 있다고 생각했다. 헤시오도스는 분명히 신들의 시초 없음을 부정한다. 아리스토텔레스의 "수사학"[101]에는 모든 신통기적 사변의 근저에 있는 신 개념에 대한 크세노파네스의 다음 비판이 실려 있다.

....

101 Aristoteles, *Rhetorik* II, 23, 1399 b6.

신들의 삶이 죽음에 의해 한정되지 않음에도 신들이 언젠가 한 번 탄생했다는 점은 불합리한 것처럼 보인다.

테이온이라는 개념에서 우리는, 우리가 원한다면, 일종의 철학적 신통기를 눈앞에 갖는다. ho theos라는 개념에서 그러리라고 아마 기대되었을 것이지만, 그렇지 않았다. 이 '테이온'에서 사람들은 '철학자의 신'의 탄생도 보아야만 한다. 철학자의 신은, 파스칼이 그의 메모리알(Mémorial)에서 그 신을 아브라함, 이삭, 야곱의 신에 대립시킨 이래로 오늘날까지 조롱을 받고 있다. 이는 파스칼 이후에 산 많은 신학자를 다음과 같은 일을 하게끔 유혹하였다. 사람들이 말을 걸 수 없고 부를 수 없으며 기도할 수 없는 철학자의 신을 향해 손가락을 가리키며 "오 당신, 지고한 순수 활동(*actus purus*)이여! 가장 완전한 존재자(*ens perfectissimum*), 영원한 부동(不動)의 원동자(原動者), 당신이여, 우리를 불쌍히 여기소서!"라고 말하는 일.

물론 파스칼을 다시 정독하는 사람은 바로 이 메모리알에서 '철학자의 신'이 '학자(savants)의 신'으로도 불리는 것을 발견한다. 파스칼은 savants으로써 주로 신에 대해 아는 자[신학자]를 의미하기 때문에 그 비판은 완전히 반대 방향을 취한다(신학자에 대한 비판이었다. 역주). 신학자, 스콜라주의자는 아브라함, 이삭, 야곱의 성서 이야기에 의거하지 않고 오히려 철학적 신론(神論)에 의거했다. 어떤 사람이, '신앙의 아버지'인 아브라함에게 아들을 도살하여 번제(燔祭)의 제물로 바치게끔 명령했던 저 '아브라함의 신'에게 기도할 때, 내가 (그 기도를) 정말 한번 들

어보고 싶다는 점은 논외로 하자.[102]

우리가 '신'이라는 말(이름, 개념)의 발생을 지금까지 추적해보았던 바처럼, 문제는 양자택일로 나아간다. 성서적 전통에서 어떤 이름의 소유자인 신이 우리를 만난다. 그리스 철학에서 테이온은 원리로, 즉 만물의 원인으로, 신에 대한 모든 언표의 원리로, 그리고 플라톤 이데아론의 의미에서 모방인 모든 것의 원형으로 등장한다. 성서적 인격[위격]인가? 혹은 철학적 원리인가? 혹은 동시에 양자인가? (아우구스티누스에서 신은 윤리적 인격[위격]이며 동시에 절대적 존재이다.) 혹은 양자 중 어떤 것도 아니며 신은 '전적으로 – 다른 자(der Ganz-Andere)'인가?

우선 원리(Prinzip)에 대해 조금 더 말할 수 있다. 근원(Urgrund)에 대한 물음은 매우 포괄적으로 제기되어서 이 근원이 동시에 신적인 것의 총괄개념을 아울러 포함하였다. "신화적 의식을 만족시켰던, 신들의 개별성과 형태가 이 신적인 것 안에 용해되었다. 그리고 신상(神像)의 새로운 형상화 과정이 시작되었다. 이 과정은 현실의 본질에 대한 단계적으로 진보하는 통찰과 나란히 진행되며 모든 새로운 단계에서 이득을 얻는다."[103] 테오스(theos)라는 술어는 보편적 개념(to theion)과 결합하고 전체(holon, pan)와 결합하여 만물을 포괄하는 것이자 만물을 지배하는 것인 신적인 것이 되어서 철학에 의해 수용되었으며 신이라는 이름에

102 Abraham, "Urvater des Glaubens", 참조, S. Kierkegaard, *Furcht und Zittern*, 1843, Ausgabe Diederichs 2/3, pp. 195-200.

103 W. Jaeger, *Die Theologie der frühen griechischen Denker*, p. 196.

대한 요구는 정초된 것으로 철학에 의해 승인되었다.

종교와 철학의 공통성은 "모든 그리스적 신(神)경험은 현실을 지향하고 있으며 현실에 정향하고 있다."[104]는 사실에 근거한다. 따라서 종교는 신화적, 비유적, 감정적 내용을 사유에 역행하는 방식으로 보존하는 일로 해석되어서는 결코 안 된다. 또 철학은 극단적으로 파괴적인 힘, 원리적으로 반(反)－종교적인 힘인 체해서는 안 된다.

이제 신의 **인격(Person, 위격)**을 해명하기 위해 조금 말해야만 한다. 우선 '당신(Du)'이라는 가족적인 호칭이 아마 친숙하게 들릴 것이다. (Du; "Duden" 사전에 따르면 Du는 2인칭 단수 일격이며 동시에 친척이나 친숙한 사람을 부르는 호칭이다. Du는 아이, 신 혹은 신적인 존재자를 부르는 호칭이며 경우에 따라 아랫사람과 사물을 의인화하여 부르는 호칭이기도 하다. "엣센스 독한사전"에 따르면 Du는 '그대', '너', '자네' 등으로 번역되며 Sie는 2인칭 단·복수에 대한 존칭으로 '당신'으로 번역된다. "Duden"에서는 du[너]나 ihr[너희]가 적절하지 않을 때 Sie를 사용한다고 설명한다. 신을 우리말로 '너'라고 부를 수 없으므로 '당신'으로 번역하기로 한다. 역주) 이는 유년기의 첫인상과, 즉 하늘에 계신 아버지를 향한 기도와 연관된다. 아마 매우 인기 있는 상호인격성(Interpersonalität) 철학은, 즉 페르디난트 에프너(Ferdinand Ebner, 1882-1931, 오스트리아 철학자; 역주), 프란츠 로젠츠바이크(Franz Rosenzweig), 마르틴 부버(Martin Buber), 로마노 구아르디니(Romano Guardini, 1885 1968, 이탈리아

....

104 같은 책, p. 197.

태생의 독일 가톨릭 종교철학자·신학자; 역주)가 기획한 방식의 나-당신(너)-관계 이론(Theorie der Ich-Du-Beziehung)은 나중에야 우리에게 알려졌다. 이 이론에 따르면, 인격-임(Person-Sein)은 본질적으로 어떤 '당신'과의 만남에서 결과한다. 혹은 달리 말하면 인격은 어떤 당신에 의해 요구되어 구성된 유일무이한 나다. 현싱학으로부터 루트비히 란트그레베(Ludwig Landgrebe, 1902-1991, 독일 현상학자; 역주)의 (그의 후설-연구서 안의) 명제도 상기될 수 있을 것이다. "인간적 현존재는 초월성을 신적인 부름(Anruf, 김命)의 당신으로 경험한다."[105] 계시의 말씀을 우리에게 말하는, 성서 안의 신이 신적인 인격으로 통함은 자명하다.

보통 철학적으로 말하자면, 'Person(인격, 위격)'이라는 범주의 사용은 (그것이 그 밖에 무엇을 의미하든지 간에) 신을 대상적으로 최고 존재자(das höchste Seiende)로 생각하는 것이 아니라, 인격적으로 주체(Subjekt)라고 생각하려는 시도를 의미한다. 이는 신을 실체로 생각하는 것이 아니라 인격으로, 원인이 아니라 동반자(Partner)로, 객체가 아니라 주체로 생각하려는 시도이다.

라틴어 개념인 *persona*가 어디에서 발생했는지는 아무도 확실히 말할 수 없다. 너무 많은 어원추정이 있다. 그리스도교적 사변 (나는 아직 '신학'이라고 말하기를 꺼린다. '형이상학'이 더 가깝지만 완전히 들어맞지는 않는다) 안으로 이 표현은 아마 테르툴리아누스(Tertullianus, 기원후

---

105 L. Landgrebe, *Der Weg der Phänomenologie*, p. 107.

220년에 사망)를 통해 도입되었을 것이다. 어쨌든 이 *persona* 개념은 보에티우스(기원후 480-524)에게 이미 삼위일체설의 요소로 통했다. "De duabus naturis et una persona Christi(그리스도의 두 가지 본성과 하나의 인격[위격]에 대하여)"라는 그의 저서의 제3장에 *persona est naturae rationabilis individua substantia*, 인격[위격]은 이성적 존재의 불가분적 실체라는 정의가 나타난다. 이 규정을 그 다음에 토마스 아퀴나스가 넘겨받았고 그것은 스콜라주의를 관통하여 유지되었으며 존 로크에 의해 잘 다듬어지고 칸트에 의해 세분화되어 오늘에 이르렀다.

Person(인격, 위격)을 '이성적 존재의 불가분적 실체'로 확정하는 일은 이미 다음 사정을 폭로한다. *persona* 개념이 신론(神論) 안으로 육박해 들어 왔는데 그 이유는 경건한 신앙이 인간적 인격과의 유비를 통하지 않으면 신을 이해할 수 없었기 때문이 전혀 아니라, 역으로 (예수가 그리스도이고, 신의 아들이며, 주님이라는) 그리스도론의 고백 때문에 두 신을 처리해야 할 도전적 요구가 신학적 관심을 갖는 형이상학자들에게 발생했기 때문이었다. 모든 좋은 것은 셋이기 때문에, 그리고 (①창조에서, ②구원에서, 그리고 ③새로운−창조에서 나타나는 신의 역사적인 구원행위에 대해 각각 하나의 신적인 존재근거를 명명할 수 있기 위하여) 성령이 아버지와 또 아들과 동일한 본성을 가진 것으로 간주되어야 하기 때문에, 하나의 본성이 동시에 세 위격(位格)으로 이루어질 수 있기 위해 *essentia*(ousia, 본성)의 관점과 *persona*(위격)의 관점에서 구분하는 일밖에 남지 않았다. 아타나시우스적인 삼위일체의 상징에서 개념적인 예술품이 성공하였다. 그러나 아무도 이러한 교리 규정(教理 規程)에서 여전히 인격적인 가까움을, 신적인 부름[김命]의 당신을 알 아보지는 않을 것이다.

예수회파인 발터 케른(Walter Kern, 1922-2007, 독일-오스트리아 신학자; 역주)은 오늘날에야 비로소 "초월적-질대직인 것의 인격성이 ⋯ 토론 의 대상"[106]이라고 표현했으나 그렇지 않다. 한스 큉(Hans Küng, 1928-, 스 위스 신학자, 가톨릭 사제; 역주)에게 신은 "확실히 사람이 인격인 것과 같 은 인격은 아니다. ⋯ 신은 인격개념을 폭파시킨다. 신은 인격 이상이 다. ⋯ 사람들은 이 가장 현실적인 현실성을 인격적 혹은 무(無)인격적 이라고 부르기보다는-만일 어떤 말 한 마디가 중요하다면-인격초 월적, 초(超)인격적이라고 부르는 편이 더 나을 것이다."[107] 케른은 물론 이를 "생각 없는 말"이라고 부른다. 왜냐하면 (케른에 따르면) "인격- 이상(以上), 인격-초월"[108]이 존재하지 않을 것이기 때문이다.

이는 신학적 논쟁의 경연장을 열쇠구멍으로 한번 쳐다 본 일이었는 데, 이것으로 이미 너무 충분하다.

신의 인격성에 대한 물음은 물론 철학적으로도, 더 정확히 말하자면, 개념사적(概念史的)으로도 다루어질 수 있다. 인격-범주를 신에게 적

....

106 W. Kern, Gotteserkenntnisse heute, in: W. Kern (Hg.), Aufklärung und Gottesglaube, p.129.
107 H. Küng, Existiert Gott?, pp. 692ff.
108 W. Kern, 앞의 책, pp. 129f.

용하는 일에서는 어떤 의인화(擬人化)가 중요하다는 주장을 사람들이 가끔 읽는다. 그러나 의인화는 중요하지 않다. 중요한 점은 바로 실체화(實體化, Hypostasierung)다. 그 차이는 다음에서 확인할 수 있다. 즉 *personificatio*(의인화)는 비인간적 대상 혹은 추상적 개념을 인격으로, 예 컨대 대지를 어머니로, 정의를 여신으로 파악하고 표현하는 일이다. 실체화는 이에 반해, 사유 안에 존재하는 어떤 것을, 사유하는 주체 외부의 현실적인 대상으로 가정하는 일이다.[109] 달리 말하자면, 의인화는 비 인격적인 것에게 인성을 부여함으로써, 그것을 인격으로 만드는 일이다. 어떤 대상적, 개념적 최고 존재자가, 혹은 어떤 이름으로 매개된[불 리는] 최고 존재자가 인격 범주를 추가로 획득한다. 만일 테오스(**theos**)라는 술어가 호 테오스(**ho theos**)의 형태로 이행하는 일이 일어났다면 (이 이행은 실제로는 일어나지 않았다), 이러한 이행이 의인화의 한 예 일 것이다. 즉 (신이라는; 역주) 하나의 술어(Aussage)가, 신이 남자, 아버지, 왕처럼 또한 인격임에 틀림없다는 결론으로 이행하는 일이 의인화의 한 예일 것이다.

하지만 '인격'이라는 용어의 사용은 신에 대해 인격으로 생각하며 말하는 일로 환원되는 것이 아니라, 신플라톤주의의 실체론으로 환원된다.[110] *persona*라는 개념은 *substantia*(실체)라는 개념을 어떤 특별한 존재

....

109 Hypostase는 hypokeimenon＝unterstellen, unterlegen에서 유래함; lat. substantia; 참조, Kant, *Kritik der reinen Vernunft* A 384; 참조, J. Hoffmeister, *Wörterbuch philosophischer Begriffe*, p. 129.
110 참조, *Handbuch philosophischer Grundbegriffe*, Bd. III, pp. 630f.

방식으로 특화한다. 말하자면 스스로로부터, 스스로에 대하여(*per se*) 현존하는 존재의 존재방식으로 특화한다. 따라서 신플라톤주의자에 의해 사용된 인격개념은 *substantia, natura, existentia*(실체, 본성, 현존)의 영역 안에 속한다.

만일 그러한 일만 일어나서 실체화가 초기 교리의 그리스도론에서 끝났더라면, 신을 인격으로 표시하는 일이 오늘날 더 이상 의심스럽게 느껴지지 않을 것이다. 그러나 중세 신학에는 삼위일체에 대한 사변(思辨)이 있었다. 이 삼위일체 사변 안에서, 이 삼위일체 사변을 통하여 인격이라는 존재론적 개념이 신의 본성에 얼마나 적절치 않은가가 명백해졌다. 성서적 신(神)경험을 증거로 끌어내는 일은 모두, 성서에서 신이 인격으로 경험되었다는 아무 증명도 설득력 있게 제시하지 못했다. "당신, 주님, 나의 신이여"라는 호칭은 '인격'이라는 존재론적 표식을 갖는 수신자와는 다른 자를 향한다.

내가 성서적 신상(神像)을 해석하는 일에서 정당화되지 않는다면, 나는 논란의 여지가 없이 그러한 일을 할 권한이 있는 사람, 즉 '미국의 마르틴 부버'인 랍비 아브라함 헤셸(Abraham J. Heschel, 1907-1972, 폴란드 태생의 유대계 미국 신학자; 역주)에게 말하게 할 것이다. 이사야 43장 10절("너희는 나의 증인이다")에 의거하면서 그는 다음과 같이 쓰고 있다. "유대 종교적 사유의 본질은 신 개념을 고수하는 일에서가 아니라, 신의 현진을 통한 통찰의 순간에 대한 기억을 표현하는 능력에서 확인될 수 있다. 이스라엘은 정의하는(definiert) 민족이 아니라, 증언하는(Zeugnis ablegt) 민족이다."[111] 결여된 개념[개념의 결여]에 대해서는 이 만큼만 하자. '아브라함의 신'에 대한 그의 두 번째 언급이 한층 더 많은 것을 알려준다. "'아브라함의, 이삭의, 야곱의 신'이라는 언표는 '진리의, 선의, 미의 신'과 같은 언표와는 의미론적으로 다르다. 아브라함, 이삭, 야곱은 이데아, 원리 혹은 추상적 가치를 의미하지 않는다. 그들은 또한 선생이나 사상가를 대표하지 않는다. 따라서 그 언표는 예컨대 '칸트의, 헤겔의, 쉘링의 신'과 같이 이해될 수 없다. 아브라함, 이삭, 야곱은 파악되어야 할 원리가 아니고, 계속되어야 할 생명이다. 아브라함과 동맹을 맺는 어떤 인간의 생명은 아브라함의 생명을 계속한다. 왜냐하면 현재는 과거와 단절된 것이 아니기 때문이다. '아브라함은 아직도 여전히 신 앞에 서 있다' (창세기 18장 22절). 아브라함은 영원히 존재한다. **우리가**(*Wir*) 아브라함, 이삭, 야곱이다."[112]

이 인용을 주의 깊게 정독하는 사람은 아마 다음 판단에 동의할 것이다. 아브라함의 신은 어디서도 인격 혹은 실체 혹은 현상이라고 말해지지 않으며, 혹은 그런 것이라고 전혀 암시되지도 않는다. 또한 아브라함, 이삭, 야곱이라는 세 이름이 단 한 번도 인격으로 다루어지지 않는다. 그들은 어떤 원리도 아니고, 어떤 선생도 아니라고 말해진다.

아마 구체적으로 인격으로 파악될 수 있는 자는 오직 다음 인간뿐일

....

111 A. J. Heschel, *Gott sucht den Menschen*, p. 108.
112 같은 책, p. 155.

것이다. 아브라함과 동맹을 맺을 수 있는 자라고 일컬어지는 자, 만일 그의 삶이 종교적으로 정초되어 있다면, 아브라함의 삶과 같은 삶을 사는 자라고 일컬어지는 자 혹은 직접적으로 신 앞에 서 있는 자라고 일컬어지는 자.

파악될 수 없는 실재의 경험을 기술하는 데, 고대의 존재론적 개념인 *persona*는 부적절하다. 근대의 인격 개념도 역시 부적절하다. 왜냐하면 근대에서는 이성을 소유하는 윤리적 존재로 파악된 인간적 주체가 붙잡혀지고 있기 때문이다. 동일성[正體性], 자기의식, 책임, 자유, 자율 — 이것들은 주제어로 나타난 오늘날의 인격규정의 특징이다. 칸트 이래로 본질적으로 그러하다. "인간이 자아 표상을 가질 수 있다는 사실이 그를 지상에 사는 다른 만물 위에 무한히 고양시킨다. 이로써 인간은 인격이며 그에게 닥칠 수 있는 모든 변화에 맞서는 의식의 통일성 때문에 동일한 하나의 인격이다." 또 다른 곳: "그의 행위에 대해 책임질 수 있는 바로 그 주체가 인격이다. 따라서 도덕적 인격성은 도덕 법칙 아래 있는 이성적 존재의 자유와 다름없다. … 이로부터 다음이 도출된다. 인격은 자신이 자신에게 부여한 법칙 외에 다른 법칙에는 복종하지 않는다."[113]

고대의 객체-정향 인격 개념은, 신(神)경험 내용의 부적절한 대상화 때문에, '실체(Substanz)'에 고정하는 일 때문에, 쓸모가 없었다. 근대의

....

113 Kant, *Anthropologie* §1; *Metaphysik der Sitten*, Einleitung IV.

주체-정향 인격 개념은, 그 도덕화·개인화하는 제한 때문에 쓸모가 없다. 인간은 신을 다른 주체들 가운데 있는 하나의 주체(ein Subjekt)로 기술할 수 없으며, 도대체 객체들에 대립하는 주체로도 기술할 수 없다.

헤겔적 타협에 열려 있는 독자를 위해, 헤겔은 인격 개념을 주체와 객체의 절대적 매개로서 사변적으로 규정했다는 점을 첨언하기로 하자. 헤겔에 따르면 이로써 양방향의 결핍이 제거된다. 고대적 인격 개념에서 대상화가, 근대적 개념에서 주체화가 제거된다. 하지만 언뜻 보기에 매끄러운 이러한 해결은 난점을 갖는다. 절대적 매개에서 인격이라는 개념도 지양되어 아무 쓸모가 없게 된다. 그것은 철학적 신학의 신론(神論)을 위해서도 더 이상 쓸모가 없다.

가장 높은 산의 홀가분한 분위기에서 서로 다른 두 정상(頂上) 공격수가, 즉 순수한 헤겔주의자와 순수한 신비주의자가 함께 만난다. 그들은 상이한 이유 때문에 서로 할 말이 없다. 전자는 더 이상 말할 수 없다. 왜냐하면 모든 것이 지양되었기 때문이다. 후자도 더 이상 말할 수 없다. 왜냐하면 모든 것이 언표 불가능하기 때문이다. 더욱이 산소가 부족하며, 얼음처럼 차다. 어쨌든 거기서는 침묵이 명령된다.

이에 반해 끝으로 나는, 내가 신의 존재를 믿는가라는 물음에 대해 침묵하지 않겠다. 일상적으로 사람들은 이러한 매우 사적(私的)인 물음에 대해서는 공개적으로 답하지 않는다. 그러나 나는, 내가 해변에서 산보할 때 이러한 질문을 받았던 몇 해 전에 일어났던 방식으로 답하려고 한다. 대양(大洋)은 그 압도적인 아름다움 속에서 내 앞에 저 멀리에

펼쳐져 있었다. 왜 내가 비유로써 답하지 않을 것인가?

내륙 깊숙한 곳에서 어떤 사람이 나에게 대양의 존재를 믿느냐고 묻는다고 가정할 때, 나는 내키지 않아 하며 되물을 것이다. 믿느냐고요(Glauben)? 비록 내가 대양에서 멀리 떨어져 있지만, 나는 그 다양한 현상의 변화 속에서 대양을 **본다**(*sehe*). 그것은 밝고, 파랗고, 친절하며, 환대하며, 유혹적이며, 신선하다. 수평선 위에 구름으로 이루어진 기묘한 화환(花環)이 대양을 부드럽게 감싸고 있다. 또 비록 대양이 생명으로 가득 차 있지만, 그것은 어둡고, 검고, 비밀스럽고, 불안하게 하고, 무시무시하며, 죽음을 감추고 있다. 나는 도처에서 대양을 **듣는다**(*höre*). 그것이 얼마나 화를 내고 큰 소리를 내지르며, 거칠게 숨을 내쉬고 씩씩거리면서 사람, 창문, 자동차에게 바위산 같은 파도가 부딪치게 하는지를 나는 듣는다. 그것은 단호하게 결단한 사람의 눈의 홍채(虹彩)처럼 갈-녹색을 띠고 있다. 그리고 갑자기 몇 차례 한숨을 쉬며, 점차로 소리가 줄어들면서, 대양은 다시 조용해지며, 재빠르게 변색한다. 파랑이 다시 주를 이룬다. 이는 평화, 화해, 포근함을 암시한다. 나는 대양의 **냄새를 맡는다**(*rieche*). 쌉쌀한 오존 냄새, 요오드를 담은 강렬한 공기 냄새, 여름의 가장 강렬한 더위 안에서도 사라지지 않는 신선함의 냄새를 맡는다. 그리고 나는 입술 위의 소금기로 대양을 **맛본다**(*schmecke*). 나는 대양을 살갗 위에 **느낀다**(*fühle*). 대양은 습기로 채색된 주변의 도처에, 옷 안에, 머리카락 사이에 현전한다. 몸을 담그면 대양은 몸을 애무하며, 몸 전체를 감싸며 들어 올린다. 조용하고 고요한, 에메랄드 녹색의 물 위에서 태양을 향하여 수영하는 일, 사물과 사람을 남겨두면서 어지러운 둑에 등을 지고 떠나는 일, 이제는 자신 앞에 광활한 대양과 빛만을 향하는 일, 이것은 나에게 순수한 행복의 드문 순간을 제공한다.

그러므로 누가 나에게 대양의 존재를 믿느냐고 묻는다면, 나는 당황하여 소리 없이 웃고, 놀라워하며 이의를 제기할 것이다. 믿느냐고요(Glauben)?

5,

종교에 대한 철학적 이해
(Das philosophische Verständnis der Religion)

최고 원리인 신에 몰두하지 않고 종교에 몰두했던 (혹은 '신'에 몰두했을 경우라면, 종교의 현상 방식과 표현을 통해서만 그렇게 했던) 철학이 칸트와 슐라이어마허에 이르기까지 알려져 있지 않았다는 점은 다시 강조해도 좋을 것이다. 왜냐하면 그 점은 전혀 예상 밖이기 때문이다. 또한 고전적 신학도 종교철학이라는 이름의 분과를 전혀 몰랐다. 종교철학에 대해 유의미하게 말하는 일은 철학과 종교가 원리적으로 상이하다는 점을 전제한다. (사실과 달리) 만일 형이상학 혹은 영지(靈智, Gnosis)가 (종교와; 역주) 부분적 혹은 전체적 본질동일성을 가졌더라면, 동일성 체계를 설명하는 일보다, 그러한 동일성 체계가 결과적으로 어떻게 변하였는지가 더 관심을 끌었을 것이다. (니체, 포이어바흐, 마르크스[Marx, 1818-1883, 독일 철학자·경제학자·정치학자; 역주]의 경우처럼) 철학이 계시종교를 극단적으로 비판함으로써 귀결하는 분열이 그러한 결과의 하나였을 것이다.

종교에 관한 철학을 다루는 대신, 나는 우선 종교를 현실성으로 의식하게 했고, 그 다음에 철학의 종교적 뿌리를 들추어냈다. 이제 결론으로 종교와 철학 양자 관계에 대한 물음에 대해 상세히 논의하는 일만 남아 있다. 마치 내가 플라톤의 종교적인 철학을 다시 살리는 일을 권유함으로써 이 세기(20세기; 역주)의 마지막을 위한 철학의 과제를 규정했다고 착각하는 것처럼, 사람들은 나를 오해할 수 있다. 바로 이러한 오해를 받지 않기 위해서라도, 종교와 철학 양자 관계에 대한 물음에 대해 상론하는 일은 적절하다.

오늘날 철학하는 사람의 다수는 아직도 여전히 자율적 주체의 자기의식의 범위 안에서 사유하고 있으며 모든 대상인식의 원천 및 척도인 '내가−생각한다(Ich-denke)' 안에서 그 확실성을 정초하고 있다. 이러한 방식은 데카르트가 시작했고 칸트가 거의 완성했다. 여전히 이렇게 이해하고 있는 사람은, 나폴레옹과 (오늘날의; 역주) 지구적인 핵(核)위협 사이에 많은 일이 일어나지 않았다고 생각한다. 그에게는 플라톤 철학도 생소하고 멀리 있으며, 근본에서 이해 불가능하다. 왜냐하면 플라톤 철학은 비판−이전(vor-kritisch) 철학이므로 무비판적(unkritisch)이고, 우리 시대에 대해 설득력이 없는 것으로 나타나기 때문이다.

이에 반해 철학함이 (우리가 알고 있는) 형태를 획득했던 당시 상황을 우리 시대와 비교하려고 노력하는 사람은, 모든 역사적 상이성에도 불구하고 놀라운 유사성을 발견하게 될 것이다.

내가 플라톤 시대와 우리 시대를 세 가지 기술(記述)특징으로써 비교할 수 있음을 발견할 때, 나는 리하르트 새플러(Richard Schaeffler, 1926-, 독일 철학자, 가톨릭 신학자; 역주)[114]의 매우 유익한 분석을 따른다. 첫 번째 일치는, 전승된 것이 소수의 사유하는 사람의 일반적 의식 안에서 의심스러워졌다는 점에서, 즉 전통이 더 이상 구속력이 없다는 점에서 확인할 수 있다. 이는 오늘날과 그 당시의 종교적 전승, 정치적 구속, 도덕적 기준, 이 모두에 해당한다. 그것들은 사유와 행위를 더 이상 자명한 방식으로 구속하지 않는다. 이러한 전통이 분명히 거부되거나 반박되지 않을지라도, 그 전통은 더 이상 타당하지 않고 동시대인들의 자유로운 판단에 의한 그때그때의 승인이라는 제약을 받는다. 이러한 승인은 그 전통에게 주어질 수도 있고 거부될 수도 있다(독일 연방공화국의 공공매체에서의 가톨릭 도덕신학자들의 역할에 대해 생각해보라. 비록 그들이 자신의 의견이 없을 때 의거하는 바인 전통은 그 자체 매우 논란거리이고 결코 일반적으로 구속력이 있다고 인정되지 않지만, 그들에게는 국가 이데올로기 사상가의 위상이 허용된다).

....

114 참조, Richard Schaeffler, Nachwort des Hgs. zu G. Krüger, *Eros und Mythos bei Platon*, Frankfurt a. M. 1978, pp. 81-96.

'자유' 의식에서 행하는 이러한 승인과 거부는, 고대에는 전승된 신화의 권리주장에 대해 싸워 얻어졌으며, 우리 역사의 근대에는 교회의 신앙요구의 권리주장에 대해 싸워 얻어졌다. 그런데 마치, 당시 및 오늘날에 철학이 종교적 전통의 권위주의적 권리주장에 대한 비판에서 자기이해를 발견한 것처럼 보인다면, 또한 마치 철학의 공적(公的)인 의미가 바로 이 해방의 업적에서 발견되어야만 하는 것처럼 보인다면, 나는 소크라테스와 플라톤에 대한 내 설명을, 또 철학함의 시초를 설명할 때 여기서 제공했던 종교에 관한 기술(記述)을 그러한 소견[인상]에 대립시키며 다음을 확인한다. 플라톤은 기대와는 달리 결코 신화를 파괴하지 않았다. 플라톤이 아니라, 후기의 철학자들이 비로소 신화와 종교적 전승을 철학의 집에서 추방하려고 시도하였다. 철학적 사유의 자유를—이 자유를 우리는 더 이상 포기하려고 하지 않는다—종교적으로 이해하는 일은 역사적으로 등기소에 기록·정리해야 할 어떤 특이한 발상이 전혀 아니다.

두 번째 비교 가능한 측면은 더 멀리 나아간다. 종교적 법정의 권위로부터의 해방 (종교로부터의 해방이 아니다. 그 당시에는 신들의 지배 및 마법이라는 사회적 구속으로부터의 해방, 근대 초기에는 교회적 지배라는 정치적 정통이론[Orthodoxie]으로부터의 해방 및 종교적인 동기와 정당성을 갖는 공권력의 권리주장으로부터의 해방이다.)—이 기저적인 해방이 비로소 처음으로 계몽으로, 즉 인간의 제-정신-찾음으로, 자유롭게 스스로 결정하는 인격으로 경험되었다.

모든 판단능력자의 이성적 합의를 가져오는 일은 마땅히 이루어 내야 할 일이었다. 그러나 이 일을 이러한 개인적 자유가 이루어 내지 못했다는 점이 마침내 냉정히 확인되었다. 다원주의적으로 구상된 자유의 원리가, 공동의 합리적 논의에서 얻어졌던 해결책 안에서 실제로 효력을 발휘해야만 할 것이라고 사람들은 기대했었다. 하지만 결과는 정반대였다.

플라톤 시대에는 국가와 국가의 제도, 정치적 질서, 아카데미의 평판, 이 모두가 몰락하였다. 오늘날에는 우리 자신에 의해 창조된 진리의 일반적 구속성에 대한 의문이 아주 커졌으며, 규범정초의 문제가 급박해졌다.

당리당략적 합목적성이 도덕-논의를 압도한다. 공적으로 제시된 설명은 더 이상 진리발견에 기여하지 않고, 냉소적으로 표명된 권력획득 요구에 기여한다. (논의를 통해 더 이상 공통성이 발견될 수 없다는 내용의) 이론적 회의주의 곁에 실천적 회의주의가 함께하는데, 여기서는 각자가 필요에 의해 어떤 이념을 이데올로기로 바꾸는 일이 허용된다. 플라톤의 경우, 이 일은 가장 약한 주장을 가장 강한 주장으로 만드는 일로 표현되었다. 오늘날 우리는 다음과 같이 말한다. 말은 곡해(曲解)되며, 정치적 이득이, 심지어 사적 치부(私的 致富)가 보다 높은 도덕이라고 사칭(詐稱)되며 실정법과 일치한다고 주장된다. 대중선동가들은 전성기를 맞았으며, 맞고 있다. 이제 소수의 근심하는 자는, "사람들이 구속으로부터 해방됨으로써 새로운 양태의 노예제를 자초(自招)하지 않았는가?"라고 스스로에게 묻는다. 그 대가가 예상보다 훨씬 더 컸던 것이 분명하다.

만일 이러한 상황 기술이 옳다면, 잃어버린 '꿈의 섬'에 대한 낭만적 동경이 깨어나는 일보다 더 잘 이해될 수 있는 일이 무엇이겠는가? 이에 관한 암시들이 있지 않은가? 플라톤이 전통의 나머지를 인수하고 그만큼 보존하려고 시도하였을 때에? 몇 년 전만 해도 정말 불도저로 쓸어버렸던 전승된 내용을 조심스럽게 보존하려는, 오늘날 갑자기 각성된 생각에서? 종교적 전통의 재건은 어쩌면 시도의 가치가 있지 않을까?

이로써 나는, 다시 리하르트 새플러를 따르면서, 만일 … 하지 않는다면, 통찰이 가장 큰 환멸로 변화하지 않을 수 없는 곳까지, 또 모든 보존적 이론이 거부되는 곳까지, 계속하여 사유를 밀고 나가고 있다. 나는 이를 차례차례 설명해야만 한다.

세계설명의 내용을 철학적으로 변형시키는 일이 시작되기 **이전의**(vor) 저 자명성, 비판적 의식화 **이전의** 저 자명성, 바로 그 무구함은 다시 획득될 수 없다. 그것이 바람직한지 아닌지에 무관하게 그것은 불가능하다! 왜 불가능한지는 다음 사정에서 명시될 수 있다. 전통은 금기[터부]처럼, 또한 제의 및 상징 안에 있는 종교적 효능처럼, 질문 없이, 비판 없이, 자기 자신에 의해 공격당하지 않은 채 통용된다. 전통은 어떤 승인도, 그때그때 반복되는 어떤 확증도 필요로 하지 않는다. 그러나 만일 한번 전통이 사라지면, 그것은 자유로운 결정으로써, 정치적인 의지로써, 공동의 욕구충족을 위해 재건되어야만 할 것이다. 그러나 이로써 전통은 의존적이 될 것이다 — 바로 우리에게 의존하게 될 것이다! 달리 말하자면, 사람들이 재건하고 싶어 하는 것은 만들 수 없는 것으로 드러난다. 종교적 전통은, 그것이 미리 주어져 있기 때문에, 척도를 제공함이 분명하기 때문에, 그 구속력의 척도가 우리에게 의존하지 않기 때문에, 타당[유효]하다. 그러므로 좋은-믿음으로써(bona-fide) 시도되었으나 사실상 단지 사이비인 전통 회복만이 욕구될 것이다. 이러한 전통 회복은, 우리의 결정에 앞서 가는 대신에, 우리의 결정에서 유래할 것이다. 따라서 그것은 우리의 다른 결정과 똑같이 논란거리일 것이다. 그리고 논란거리가 된 전승은 확실히 어떤 규범적 편안함도 정초하지 못할 것이다.

계몽적 이성의 승리는, 그것이 한번 획득되자마자, 설사 철회를 원한다 해도, 더 이상 철회될 수 없다. 무구함[무죄]에로의 회귀는 지식인에게 거부되어 있다. 다른 한편으로 이 승리는 설득력 없는 것으로 입증되었으며, 높이 설정된 기대는 채워지지 않았으며, 과실(果實)은 독이 있는 것으로 입증되었다. 플라톤 시대의 소피스트처럼 오늘날의 이데올로기 사상가는 부자유와 회의주의 사이의 선택만을 허용한다. 그런데 거기 헤겔이 (해결사로) 등장한다. 플라톤을 위해서가 아님은 자명하다. 플라톤 시대에 변증법적 지양은 다른 의미를 가졌다. 우리가 이에 관여한다면, 우리를 위해서다.

헤겔의 해결은 대략 다음과 같은 것처럼 보인다. 한편으로 계몽-이건 시대의 종교적 전통, 다른 한편으로 해방된 이성, 이 두 대립자는 지양된다. 이는 거부된다는 의미가 아니라, 극복되고 변형된 형태로 보존된다는 의미다. 더 정확히 말하자면 다음과 같다. 그리스도교적 신앙전승은, 그것이 단순히 외적인 말로 신앙인들에게 제공되는 한에서, 부정된다. 변증법적으로 지양되어, 그것은 정신의 자기운동으로 변화한다. 이로써 그리스도교적 복음은, 헤겔적-철학적으로 볼 때, 자기 자신으로 되돌아오는 정신의 길 위의 한 계기로 파악된다. 케리그마(Kerygma, 복음선포)가 개념화된 셈이다.

누군가 이 천재적 유혹자의 감미로운 이데올로기의 꾐에 빠지기 전에, 플라톤의 반대주장(Antithese)이 급히 그 옆에 세워져야 한다. 플라톤의 경우 종교와 철학의 관계는 헤겔의 경우와는 정반대다. "종교가 철학적으로 되는 것이 아니라, 철학이 종교적으로 된다."는 점을 게르하르트 크뤼거[115]는 비교를 통해 발견했다.

플라톤의 경우 신화의 전통이, 논리적 구성의 자기 확실성으로 생각되는 것을 위해, 그냥 단순히 무력해지지 않는다. 또한 비판적 판단에서 얻은 자유를 갖는 철학도 지양되지 않는다. 철학은 종교적으로 정초된 자유로서 (모든 구속으로부터의 자유로움이 아니라, 선[善]을 향한 자유라고 표현할 수도 있으리라) 올바르게 이해된다. 철학을 자유로운 자기규정으로 파악하는 일, 철학을 인간의 신적으로 정초된 가능성으로 파악하는 일―혹은 더 정확히 말하자면, 철학이 자신의 가능근거를 알맞게 기술하려고 한다는 조건 아래서, 철학을 종교적으로 이해하는

....

115 G. Krüger, *Eros und Mythos bei Platon*, p. 7.

일―바로 이것이 플라톤에서 출발하여 오늘날에도 여전히 요구로 말할 수 있는 논제이다.

이 모든 것이 설명된 뒤에, 종교적인 것이 단순히 '그리스적으로' 남아 있지 않기 위하여, 단지 신화, 운명의 힘, 영적인 것과, 특히 플라톤과 결합되어 있지 않기 위하여, 나는 종교에 대한 고대 유대교적 이해를 덧붙이고자 한다. 이는 (철학과의 비교를 통해) 균형을 맞추기 위하여 필요하다.

우선 나에게 아브라함 헤셀(Abraham Joshua Heschel)이라는 유대 종교 선생의 기본적인 논제가 떠오른다.

> "종교는 인간의 마지막 물음에 대한 대답이다.
> 철학은 종교가 대답을 주는 물음을 다시 발견하는 과제를 갖는다."[116]

이 두 언표를 분석하면, 나 자신의 견해를 설명할 기회가 주어질 것이다. 물음 없는 대답은 사유를 위해서는 죽은 것이다. 사유가 하나의 과정으로 여겨지면, 대답은 우리가 미리 땅 속에 파묻어 둔 돌과 같은 것으로, 나중에 우리는, "왜 이 돌로부터 아무것도 자라나지 않았는가?"라고 놀라워한다. 아마 우리는, 마치 종교의 완성된 대답을 기억하는 것처럼, 그 묻어 둔 돌을 기억할 수 있을 것이다. 이 대답은 우리의 생

---

116 A. J. Heschel, 앞의 책, p. 3.

각(Sinn)에 떠오른다. 그러나 그것은 우리의 영혼(Seele) 안으로 진입하지 않았으며 우리의 살아 있는 인식의 어떤 부분도 이루지 않았다. 그것은 어떤 창조적인 힘도 발산하지 않았다. 물음을 향한 추구(철학의 이해)는 종교의 태도에서 시작해야만 한다. 그러나 동시에 철학의 이해는, 원하든 원하지 않든, 인간적 의식의 비판을 수행할 것이다.

철학을 올바른 물음을 제기하는 기술(技術)로 이해하는 일은 철학에 대한 나쁜 정의(定義)가 전혀 아니다. 그러나 철학은 대답을 제시해야 할 법정(法廷, Instanz)은 결코 아니다. 철학은 어떤 의미에서 시작은 있지만 끝은 없는 사유의 한 방식이라고 랍비 헤셀은 생각한다. 신학자들 가운데, 자신의 과제를 철학으로 이해하지 않는 사람은 교의적인 주장에서 시작하는데, 철학자는 이 주장을 문제로 간주한다. 달리 말하자면, 철학자는 묻고 신학자는 이미 앞서 답을 알고 있다.

이러한 사정이 철학자 빌헬름 바이셰델(Wilhelm Weischedel, 1905-1975, 독일 철학자; 역주)이 복음주의 신학자 헬무트 골비처(Helmut Gollwitzer, 1908-1993, 독일 신학자; 역주)와 나눈 논쟁에서 직관적으로 제시될 수 있다.[117] 바이셰델은, 근본적인 물음을 진짜 철학적인 태도로 보는 비-신앙인으로 나타난다. 골비처는, 자신이 신학자임에도 '진정한 대화'에 참여할 수 있으며, 그 까닭은 그가 신앙인이면서도 여전히 '비-신앙인'이며 또한

<hr>

117 참조, Gollwitzer/Weischedel, *Denken und Glauben*. Ein Streitgespräch, Stuttgart 1965; 재인용, W. Weischedel, *Der Gott der Philosophen*, Bd. II, pp. 16ff.

'세속적 의미의 사유인'이기 때문이라고 말한다.

신학자가, 묻는 철학자를 이렇게 진지하게 생각하는 일은 물론 한계를 갖는다. 왜냐하면 신학자는 그의 요새 안에서 흔들리지 않기 때문이다. 근본적으로 신학자는 철학자로부터 유래하는 물음제기에 영향 받지 않고 있다. 왜냐하면 신학자에게는 이미 결단이 내려져 있으며, 이 결단은 '그 진리성에 관하여' 더 이상 논의되지 않으며, 이로써 더 이상 의문시되지 않으며, 단지 그 해명을 위해 상대방에게 설명될 따름이기 때문이다.

골비처가 처음에 '비-신앙인으로도' 나타났었다면, 그것은 단지 하나의 '내적인 시험'을, 즉 시험에 든 신앙으로부터 견고해진 신앙으로 나아가는 일을 의미했으며, 따라서 그 결과가 이미 처음부터 확고한 신앙검증(信仰檢證)을 의미했다는 점을 이제 사람들은 알게 된다. 골비처는 글자 그대로 다음과 같이 말한다. "그리스도교적 복음은 … 인간적 사유의 결과가 아니며 … 철학의 결론에 의거하지 않으며 또한 그 결론에 의해 위험에 처하지도 않는다."[118]

빌헬름 바이셰델이 지적한 바처럼, 신학자는 철학자의 물음에 "진정으로 관여하지 않으며, 그 물음을 곧바로 상위의 어떤 다른 수신자에게 전달한다"는 점이 드러난다. 신학자에게는 '그리스도교적 복음'이라고 불리는 권위가 있으며, 그는 이 권위에게 문의(問議)하기는 하지만, 이

----

[118] 같은 책, p. 18.

권위를 더 이상 의문시하거나 의문시하게 하지 않는다.

이리하여 철학자는 한숨을 쉬며 다음 결론을 내린다. 철학자는 스스로 자신을 물음에 노출시키지만 신학자는 물음을 그냥 접수하여 상위의 법정에 전달하며, 그 법정의 대답을 기다리고 이 대답을 묻는 자에게 전달한다. 이 얼마나 기이한 대화 방식인가!

얄궂게도 빌헬름 바이셰델은 복음주의 신학에 매우 가깝다. 이 바이셰델 대신에 사람들은 다른 철학자를 거의 아무나 취할 수도 있다. 신학자로서 가톨릭 대표자가 고려될 수도 있다. 예컨대 칼 라너(Karl Rahner)에게는 '계시'가 더 이상 물을 수 없는 최상의 법정이다. 이단자로 잘못 알려진 한스 큉(Hans Küng)도 좋은 예가 될 것이다. 왜냐하면 그에게서도 어떤 한 점에서부터 사유가 정지하고 '신앙교시(信仰敎示)'가 시작하기 때문이다.

홀로 남겨진 철학자는 두 국외자(局外者)와는 종교에 관하여 말할 수 없다. 이 점을 이제 배웠다. 한편으로 원리[근본]주의자는 마지막 문제 모두가 원칙적으로 이미 해결되었다고 주장한다. 이에 반해 철학자 자신의 가족 출신인 논리실증주의자는 철학자에게 '마지막 문제' 모두는 무의미(unsinnig)하다고 말한다. 그러므로 철학자는 월권과 무관심 사이를 항해해야만 하며 다시 홀로 종교 쪽으로 향하려고 시도해야만 한다. 도중에 그는 아마 다음에 관하여 스스로 깊이 생각할 시간이 있을 것이다. 종교를 깊이 탐구하려고 할 때, 그가 단지 그의 지성적인 역량의 개념적 확장과 해명만을 추구하고 있는지 혹은 그가 인격 자체로 참여하고 있는지? 그가 증인이 될 준비가 되어 있는지 혹은 타인 업무의 회계담당자에 머물고자 하는지? 그는 결코 그저 구경꾼이어서는 안 된다. 몇몇은 그저 구경꾼일 수 있다. 그들은 자신을 타인의 문제가 반영되는 거울로 이해한다. 이에 반해 소크라테스가 준 이름에 어울리는 철학함은 언제나 항상 *apologia pro vita sua*(자신의 삶에 내한 변론) (J. H. Newman)이다.

철학함은 자기해명과 자기검토를 위해 노력함이다. 이는 종교의 경험, 통찰 및 근본태도가 연구될 때에도 중요하다. '종교'로 등장하는 것이 모두, 그 핵심에서 금(金)인 것은 아니다. 더 정확히 말하자면, 종교의 현실성은 항상 참되지만, 인간적인 수용만은 비판적 검토를 피할 수 없다. 미신, 교만, 불손, 독선, 선입견, 신앙열성, 맹신이 순수한 전통을 왜곡시킨다. 여기에 인간 정신의 최고 허위 활동에 속하는 종교적 상상력의 자기기만이 부가된다. 이 자기기만은 퇴화의 주요원천이며, 오류보다 더 치명적이다. "이단이 아니라, 아첨이 종교적 퇴락의 원인이다."[119]

그러므로 종교적 확신, 그것이 자기기만에 의해 위험해짐을 무시하지 않으려면 (그리하여 원하지 않는 자기기만에 떨어지지 않으려면), 철학적 자기검토의 지성적 진실성을 필요로 한다. 하지만 칸트가 말하는 이성비판은 ("종교는 성스러움을 내세우고 입법은 위엄을 내세우며 보통 이성비판을 피하고자 한다. 그러나 곧 그것들은 스스로에 대해 정당한 의혹을 갖게 된다. 이성의 자유롭고 공적인 검토를 견뎌낼 수 있

....
119 A. J. Heschel, 앞의 책, p. 9.

었던 것에만 이성이 부여하는 왜곡되지 않은 존경을 그것들은 요구할 수 없다."[120] — 이성의 이러한 비판은, 이성이 종교와 예술을 평가하지만, 산출하지는 않는다는 사실을 분명히 알 때(이성은 이 점을 유감스럽게도 자주 망각하고 만다), 스스로 곧바로 한계에 부딪힌다.

이 단순한 확인은 원리적인 통찰을 포함한다. 예전에는 그리스 태양의 온화한 빛 아래서, 철학이 종교적으로 이해되었으면 하고 바랄 수 있었다면, 그 다음에는 철학은 경쟁자일 수도, 동등한 동반자일 수도 없다는 성서적 기억을 담고서, 이스라엘로부터 번개와 천둥이 온다. 철학에 대립하여 철학 자체가 아닌 현실성이 서 있다.

물론 철학도 하나의 힘이다. 그러나 다른 방식의 힘이다. 철학은 종교와 예술을 산출할 수 있는 힘은 **가지지(hat)** 않는다. 철학자들이 대답을 물음 안에 놓아두는 대신에 마지막 물음에 대한 대답을 제공하려고 할 때면, 언제나 그들은 이러한 사실을 훼손한다. 그들은 종교를 대신하여 지배하려 한다. 그러나 한결같이 이 일에서 좌초한다.

종교와 철학을 쉽게 화해시키려는 좋은 의도는 대체로 어떤 해결도 가져오지 않았고, 거의 항상 종교를 (분명한 말로 표현하지는 않았을지라도) 불필요한[잉여적인] 것으로 선언했으며, 기껏해야 철학의 전(前)단계, 혹은 과학의 전단계로 승인하였다.

자주 종교는 소박한 도덕주의로, 혹은 '민중을 위한 철학'으로 평가

....

120 Kant, Vorrede zur *Kritik der reinen Vernunft*, A XI.

절하되었다.

하지만 종교는 볼품없는 모습의 철학이 아니다. 종교는 또한 단순히 철학적 연구의 대상에 머물러서는 안 된다. 그런데 이러한 역할을 종교는 통상적인 종교철학에서 수행해야 했다. 여기서 종교는 사람들이 제의·상징·복음의 표현 안에서 확인할 수 있는 **고유한 유**(*sui generis*)의 신성한 현상 혹은 사회적 현상으로서 다룰 수 있던 대상이었다.

종교 자체가 경험의 고유한[唯一無二한] 원천 하나를 표현한다는 사정은 철학에 하나의 도전임이 틀림없을 것이다. 내가 처음에 인용했던 알로이스 뎀프의 (종교가 철학보다 훨씬 더 철학적이라는) 주장을 이제 결론적으로 다시 한번 상기해야 한다. 왜냐하면 이 주장에서도 철학은 철학의 현실 지평을 종교의 현실 지평과 비교해야 한다고 ("철학의 지평이 종교의 지평만큼 광범위하고 포괄적인지 아닌지?") 도전받고 있기 때문이다.

내 생각으로는, 종교선생들이 철학의 틀[범위]을 너무 좁게 생각하고 철학의 과제를 개념인식으로 환원시키고 싶어 한다면, 그 종교선생들의 측면에서도 역시 또 다른 오류가 발생한다. 헤셸이 "철학적 사변은 개념으로써 시작한다. 하지만 성서적 종교는 사건으로써 시작한다. 종교는 개념의 정신적 보존(geistige Konservierung)을 통해서가 아니라, 사건과 통찰을 통해서 생명을 얻는다."[121]고 말할 때 시도한 것과 같은 대

---

121 A. J. Heschel, 앞의 책, p. 14.

립설정의 경우, 그는 은밀하게 어떤 한정된 방식의 철학에 대해 예리한 비판을 행하고 있으며, 그리고 이 비판은 정말 정당하다.

오직 개념으로부터만 영양을 공급받는 철학은 바로 레몬수를 마셔야 하는 드라큘라처럼 보인다. (그리고 '혼령으로 보존되어[geistig konserviert]' 드라큘라가 영화 안에 존재한다.) 이와 마찬가지로, 역사 안에서 변화하는 중대사(重大事) 혹은 이념 모두처럼 역사적으로 이루어진 종교는 어떤 하나의 개념으로 환원되지 않는다는 점도 올바르고 논란의 여지가 없다.

그러나 철학에 이러한 의도를 그냥 덮어씌우는 일은, 철학의 왜곡된 모습에 비판을 낭비하는 셈이다. **유일한** 철학(*Die* Philosophie)은 결코 존재하지 않는다. 통찰을 얻기 위해 노력하는 많은 사유하는 사람이 존재했고 존재한다. 이러한 통찰은 아마 종교와의 만남에서 유래하는 경험에 근거하여 이루어질 것이다. 당신이 누구와 사귀는지 나에게 말해보시라. 그러면 내가 당신에게 당신이 누구인지 말하겠다. 인간평가에서의 이러한 대략적인 규칙을 철학자가 주로 혹은 전적으로 몰두하고 있는 영역에 적용한다면, 이 연구의 의도는 다름 아니라 잃어버린 차원 하나를 철학함을 위하여 다시 찾는 일이었음을 이해할 수 있을 것이다.

역자 후기

저자 프란츠 비트만 선생님은 역자의 박사학위 지도교수이시다. 역자는 2004년 선생님을 다시 만나 이 멋진 책을 한국어로 번역하겠다는 약속을 했다. 아쉽게도 선생님은 이 책의 한국어 번역판을 보시지 못하고 2007년 가을에 80세의 나이로 돌아가셨다.

이 책은 철학의 관점에서 종교와 철학의 연관에 대해 연구하고 있다. 종교는 '신앙'이 아니라 '생명에 대한 외경'을 핵심으로 한다. 철학은 어머니인 종교의 차원을 다시 획득해야 한다. 특히 철학은 유래를 중시하는 자세로 자신의 모계(母系)인 디오니소스의 혈통을 확인해야 한다. 왜냐하면 어머니 종교인 자연종교가 남성종교인 구원종교보다 더 근원적이기 때문이다. 진정한 철학은 종교적이며 우리 안에 있는 신성(神性)인 영혼(psyche)을 돌볼 것을 권유한다. '영혼 돌봄', 즉 에피멜레이아(epimeleia)를 핵심으로 하는 종교적인 철학은 '자신의 삶에 대한 변론(apologia pro vita sua)'이어야 한다. 숙명에 대한 이해, 운명에 대한 책임,

생명에 대한 사랑, 이것들이 종교적인 철학의 과제라는 주장이 이 책의 주요내용이다.

저자가 밝힌 바처럼 이 책은 쉽게 쓰려고 노력한 책이다. 그러나 그 심오한 내용 때문에 역자가 번역하기에는 쉽지 않았다. 직역과 의역 사이를 헤맸다. 처음에는 직역을 원칙으로 삼았으나 퇴고를 거듭할수록 의역이 많아졌다. 많은 이가 도왔다. 나의 친구 최재영, 김주봉, 김형균, 김영환이 번역에 큰 조언을 주었다. 물론 번역의 오류는 모두 역자의 책임이다. 독자의 질책으로 앞으로 더 나은 번역본이 나올 수 있기를 기대한다. 여러 어려움에도 이 번역서의 출간을 담당한 도서출판 씨아이알의 김성배 사장님, 박영지 님, 김동희 님, 윤미경 님, 김문갑 님께 깊은 감사를 드린다.

2018년 6월

솔바람집에서

참고문헌

여기 실린 문헌은 내가 인용한 문헌 모두와 내가 사용한 책들 일부를 포함한다.

Aaron, Robert:	*Die verborgenen Jahre Jesu.* Frankfurt a. M. 1962
Augustinus:	*Soliloquia-Selbstgespräche,* lat.-dt.; Zürich 1954.
	Confessiones-Bekenntnisse, lat.-dt.; München 1955.
Bachoffen, Johann Jakob:	*Mutterrecht und Naturreligion.* Ausg. Kröner Taschenbuch Nr. 52; Stuttgart 1939.
	Gesammelte Werke, 10 Bde.; Basel 1943.
	Orient und Occident. Eine Metaphysik der Alten Welt; München 1956.
Baeck, Leo:	*Das Wesen des Judentums;* 6. Aufl., Wiesbaden o. J. (§. Aufl. 1925)
Baeumler, Alfred:	*Das mythische Zeitalter;* München 1965.
Baumann, Hermann:	*Das doppelte Geschlecht.* Ethnologische Studien zur Bisexalität in Ritus und Mythos; Berlin 1955.
Baumgartner, Wilhelm:	*Naturrecht und Toleranz;* Würzburg 1979.
Béky, Gellért:	*Die Welt des Tao;* Freiburg-München 1972.
Benz, Ernst:	*Schöpfungsglaube und Endzeiterwartung;* München 1965.
	Buddhas Wiederkehr; München 1963.
Bernhart, Joseph:	*Die unbeweinte Kreatur.* Reflexion über das Tier; München 1963.
Bloch, Ernst:	*Das Prinzip Hoffnung;* Frankfurt a. M. 1959.
Blumenberg, Hans:	*Säkularisierung und Selbsthehauptung.* (Erweiterte und überarbeitete Neuausgabe von "Die Legitimität der Neuzeit")

	1. u. 2. Teil; Frankfurt a. M. 1974.
Buber, Martin:	*Aus den Chassidischen Büchern*; Hellerau 1928.
	Pfade in Utopia; Heidelberg 1950. (Neu erschienen unter dem Titel "Der utopische Sozialismus"; Köln 1967).
Buddha:	*Reden des Buddha*, Udanda VI. Ausgabe Oldenburg 1922.
Cioran, E. M.:	*Die verfehlte Schöpfung*. Wien 1973.
Clark, Kenneth:	*Zivilisation*; Hamburg 1970. (Engl. Ausg.: Civilisation. A Personal View, London 1969).
Clemen, Carl:	*Die Religion der Etrusker*; Bonn 1936.
Colligwood, R. G.:	*The Idea of Nature*; Oxford 1945.
Colpe, Carsten (Hg.):	*Die Discussion und "das Heilige"*. Wege der Forschung Bd. CCCV; Darmstadt 1977.
Conze, Edward:	*Der Buddhismus*. Wesen und Entwicklung; Stuttgart, 7. Aufl. 1981.
Cornford, Francis M.:	*The unwritten Philosophy*; Cambridge 1950.
	Principium Sapientiae. The Origins of Greek philosophiscal Thought; Cambridge 1952.
	From Religion to Philosophy. A Study in the Origins of Western Speculation; New York 1957.
Daecke, Sigurd Martin:	*Der Mythos vom Tode Gottes*. Ein Kritischer Überblick; Hamburg 1969.
Dempf, Alois:	*Kierkegaards Folgen*; Leipyig 1935.
	Religionsphilosophie; Wien 1937.
Diels, Hermann:	*Die Fragmente der Vorsokratiker*; Berlin, 6. Aufl. 1951.

"Du hast mich heimgesucht bei Nacht". Abschiedsbriefe und Aufzeichnungen des Widerstandes 1933-1945. Hg. v. H. Gollwitzer, K. Kuhn, R. Schneider; München 1954.

Eckhart, Tauler, Seuse. Ein Textbuch aus der altdeutschen Mystik. Hg. v. H. Kunisch; Hamburg 1958.

| Eucken, Rudolf: | *Der Wahrheitsgehalt der Religion*; 2. Aufl. Leibzig 1905. |

"Fortschritt", Die Philosophie und die Frage nach dem Fortschritt. Hg. v. H. Kuhn und
F. Wiedmann; Munchen 1964.

Frank, Erich: *Philosophical Understanding and Religious Truth*; New York 1945.

Franzew, J. P.: *Die Entstehung der Religion*. Materialisten der Vergangenheit über die Herausbildung religiöser Vorstellungen; Leibzig-Jena 1959.

Frazer, J. G.: *The Golden Bough*; Vol. I, London 1890.

Gibbons, Alan: *Religion und Sprache*. Eine Untersuchung über Rudolf Ottos Buch "Das Heilige"; Bern und München 1970.

Gigon, Olof: *Der Ursprung der griechischen Philosophie*. Von *Hesiod bis Parmenides*; Basel 1945.

Goethe, J. W. von: *Wilhelm Meisters Wanderjahre*. Oder die Entsagenden. Werke Bd. XIII; 7. Aufl. Berlin 1877.

"Gott — wer ist das eigentlich?" Hg. v. H.-J. Schulz; München 1969.

Gurtie, W. K. C.: *A History of Greek Philosophy*; Vol. I, II; Cambridge 1962 u. 1965.

Harnack, Adolf: *Die Mission und Ausbreitung des Christentums in den ersten drei Jahrhunderten*; Leipzig 1902.

Heschel, Abraham Joshua: *Gott sucht den Menschen*. Eine Philosophie des Judentums. Neukirchen-Vluyn 1980. (Original: God in Search of Man; New York 1955).

Hildebrand, Dietrich von: *Idolenkult und Gotteskult*. Ges. Werke Bd. VII; Regensburg 1974.

Hiltengruber, Otto: *Kleines Lexikon der Antike*; 3. Aufl. Bern und München 1961.

Hügel, Baron Friedrich v.: *The Mystical Element of Religion*; London 1909. *Letters to a Niece*; London 1928.

Hume, David: *Dialoge über natürliche Religion*; 5. Aufl. Hamburg 1980; (Philosophische Bibliothek Nr. 36)

Ivánka, Endre von: *Plato Christianus*. Übernahme und Umgestaltung des Platonismus durch die Väter; Einsiedeln 1964.

Jaeger, Werner: *Die Theologie der frühen griechischen Denker*, Stuttgart 1953. *Paideia*. Die Formung des griechischen Menschen. Photomechanischer Nachdruck der 2 Bde. in einem Bd., Berlin 1973.

James, William: *Varieties of Religious Experience*; London 1903.

Jaspers, Karl-Bultmann, Rudolf: *Die Frage der Entmythologisierung*; München 1954.

Jensen, Adolf E.: *Mythos und Kult bei Naturvölkern*; Wiesbaden 1960.

Joël, Karl: *Der Ursprung der Naturphilosophie aus dem Geiste des Mystik*; Jena 1906.

Katenbrunner, Gert-Klaus: *Europa*. Seine geistigen Quellen in Portraits aus zwei Jahrtausenden; Bd. I und II, Heroldsberg-Nürnberg 1981 und 1983.

Kaufmann, Walter: *Religion und Philosophie*; München 1958.

Kern, Walter (Hg.): *Aufklärung und Gottesglaube*; Düsseldorf 1981.

Klages Ludwig: *Vom kosmogonischen Eros*; 3. Aufl. Jena 1930. *Die Wirklichkeit der Bilder*, 5. Buch des Hauptwerks, Sämtl. Werke Bd. 2, Philosophie II; Bonn 1966. *Die Geschichte seines Lebens*, von H. E. Schröder, Sämtl. Werke, Suppliment 1. Teils; Bonn 1966. Mensch und Erde; Bonn 1980.

Koestler, Arthur: *Janus —A Summit Up*; London 1978 (dt.: Der Mensch-Irrläufer der Evolution. Eine Anatomie der menschlichen Vernunft und Unvernuft; Bern und München 1978).

Kolakowski, Leszek: *Der nahe und ferne Gott*. Nichttheologische Texte zur Gottesfrage. Ein Lesebuch, ausg. v. H. Rössner; Berlin 1981. *Religion —if there is no God*; Fontana Paperback 1982; (dt. Falls es keinen Gott gibt; München 1982).

Kranz, Walther: *Vorsokratische Denker*. Griech.-dt.; 3. Aufl. Berli 1959.

Krüger, Gerhardt: *Grundfragen der Philosophie.* Geschichte — Wahrheit —
                       Wissenschaft; Frankfurt a. M. 1958.
                       Freiheit und Weltverwaltung; Freiburg-München 1958.
                       Eros und Mythos bei Platon; Frankfurt a. M. 1978
                       (entnommen: Einsicht und Leidenschaft. Das Wesen des
                       platonischen Denkens, pp. VII-XXI, 1-73; 4. Aufl. Frankfurt
                       a. M. 1973)
Kuhn, Helmut: *Begegnung mit dem Sein.* Meditation zur Metaphysik des
                       Gewissens; Tübingen 1954.
                       Sokrates. Versuch über den Ursprung der Metaphysik;
                       München 1959.
Küng, Hans: *Existiert Gott?* Antwort auf die Gottesfrage der Neuzeit;
                       München 1978.
Landgrebe, Ludwig: *Der Weg der Phänomenologie;* Gütersloh 1963.
Landmann, Salci (Hg.): *Jüdische Witze;* 8. Aufl. Freiburg/Br. 1966.
Lecler, Joseph: *Geschichte der Religionsfreiheit im Zeitalter der Reformation,*
                       2. Bde.; Stuttgart 1965.
Leonhardt, Rudolf Walter: *Wer wirft den ersten Stein?* Minoritäten in einer züchtigen
                       Gesellschaft; München 1969.
Lewis, C. S..:   *The Four Loves;* London 1960.
                       The World's last Night. And other Essays; Oxford 1960. (dt.:
                       Die letzte Nacht der Welt; Zürich-Köln).
Locke, John: *A letter concerning Toleration.* (dt. 2. Aufl.); Hamburg 1966.
Lubac, S. J., Henri de: *Catholicism.* A Study of Dogma in Relation to the Corporate
                       Destiny of Mankind; New York 1958.
Lübbe, Hermann: *Säkularisierung.* Geschichte eines Begriffs; Freiburg/Br. 1965.
Luther, Martin: *Sämtliche Schriften,* hg. v. J. G. Walch, 24 Bde.; Halle
                       1740-1750.
Mann, Ulrich: *Das Christentum als absolute Religion;* Darmstadt 1982.
Marcuse, Herbert: *Schriften,* 5 Bde.; Frankfurt a. M. 1978.

Marneck, F. H.:   *Glaubenlose Religion*; München 1931.

Martin, David: *A General Theory of Secularisation*; Oxford 1978.

                        The Dilemmas of Contemporary Religion; Oxford 1978.

Mbiti, John S.:   *African Religious Philosophy*; 2nd ed., London 1970.

Mensching, Gustav: *Toleranz und Wahrheit in der Religion*; München und Hamburg 1955.

Müller, (Friedr.) Max: *Gifford-Lectures on Natural Religion* 1889; London 1890.

Nestle, Eberhard: *Novum Testamentum Graece et Germanice*; 7. Aufl. Stuttgart 1910.

Nestle, Wilhelm: *Die Haupteinwände des antiken Denkens gegen das Christentum.* In: Archiv für Religionswissenschaft; 37. Bd., Leipzig u. Berlin 1941/1942, pp. 51-100.

                        Die Krisis des Christentums. Ihre Ursachen, ihr Werden und ihre Bedeutung; Stuttgart 1947 (Neudruck Scientia Aalen 1969).

                        Vom Mythos zum Logos; Stuttgart 1940 (Neudruck der 2. Aufl. 1942, Scientia Aalen)

Nishitani, Keiji: *Was ist Religion?* (Deutsch von D. Fischer-Barnicol); Frankfurt a. M. 1982.

Otto, Rudolf: *Das Heilige.* Über das Irrationale in der Idee des Göttlichen und sein Verhältnis zum Rationalen; 11. Aufl. München 1923.

                        West-Östliche Mystik. Vergleich und Unterscheidung zur Wesensdeutung; Gotha 1926.

                        Reich Gottes und Menschensohn; München 1934 (3. Aufl. 1954)

Otto, Walter F.:   *Die Götter Griechenlands.* Das Bild des Göttlichen im Spiegel des griechischen Geistes; 3. Aufl. Frankfurt a. M. 1947.

The Oxford English Dictionary;   3rd ed., Oxford 1970.

Pailin, David A.:   *The Way to Faith.* An Examination of Newman's Grammar of Assent; Lindon 1969.

Pieper, Josef: *Über das Ende der Zeit.* Eine geschichtsphiloso-phische Betrachtung; München 1950 (3. Aufl. 1980).

Begeisterung und göttlicher Wahnsinn. Über den platonischen Dialog 'Phaidros'; München 1962.

Zustimmung zur Welt. Eine Theorie des Festes; München 1963.

Porphyrius: *Gegen die Christen.* 15 Bücher, Zeugnisse, Fragmente und Referate. Hg. v. A. v. Harnack. Abhandlung der Königl. Preuss. Akademie der Wissenschaften, Jahrgang 1916, Philosophisch-Historische Klasse; Berlin 1916.

Psychologie der Kultur. Bd. 1: *Transzendenz und Religion.* Bd. 2: Imagination, Kunst und Kreativität. Hg. v. Gion Condrau; Weinheim u. Basel 1982.

Randall-MacIver, D.:   *The Etruscans*; Oxford 1927.

Italy before the Romans; Oxford 1928.

Rawson, Philip and Legeza, Laszio: *TAO. The Chinese Philosophy of Time and Change*; London 1965.

Reade, Winwood: *The Martyrdom of Man*; The Thinker's Library No 25; London o. J.

Readings from World Religions. Compiled by Selwyn Gurney Champion and Dorothy Short; 2nd ed., London 1952.

RGG — Die Religion in Geschichte und Gegenwart. Hg. v. K. Galling; 3. Aufl. Tübingen 1957.

Renan, Ernst: *Lectures on the Influence of the Institutions, Thoughts and Culture of Rome on Christianity and the Development of the Catholic Church.* The Hibbert Lectures 1880; London 1880.

Rössler, Dietrich: *Die Vernunft der Religion*; München 1976.

Rohde, Erwin: *Seelenkult und Unsterblichkeitsglaube der Griechen*; 7./8. Aufl. Tübingen 1921.

Schaeffler, Richard: *Religion und kritisches Bewußtsein*; Freiburg/München 1973.

Scheler, Max: *Vom Ewigen im Menschen.* Ges. Werke Bd. 5, 5. Aufl. Bern und München 1968.

Schmidt, P. Wilhelm S. V. D.: *Der Ursprung der Gottesidee*; 11 Bde., Münster(Westf.)

1912-1954.

Ursprung und Werden der Religion. Theorie und Tatsachen. Münster (Wersf.) 1930.

Schmidtke, Alfred: *Neue Fragmente und Untersuchungen zu den judenchristlichen Evangelien;* Leipzig 1911.

Schneider, Reinhold: *Winter in Wien;* Freiburg/Br. 1958.

Schubart, Walter: *Religion und Eros;* Hg. v. F. Seifert; München 1966.

Schuon, Frithjof: *Das Ewige im Vergänglichen.* Von der einen Wahrheit in den alten Kulturen; Weilheim/Obb. 1970.

Schweitzer, Albert: *Die Mystik des Apostels Paulus;* Tübingen 1930(zitiert nach der Ausgabe Ges. Werke in 5 Bänden, Bd. 4, München o. J.). *Ethik der Ehrfurcht vor dem Leben;* (Bd. 2 der Ges. Werke, pp. 375-402). Die Entstehung der Lehre der Ehrfurcht vor dem Leben und ihre Bedeutung für unsere Kultur, (Bd. 5 der Ges. Werke, pp. 172-191); München o. J.

Strolz, Walter: *Menschsein als Gottesfrage.* Wege zur Erfahrung der Inkarnation; Pfullingen 1965.

Taubes, Jakob: *Abendländische Eschatologie;* Bern 1947.

(Hg.): *Religionstheorie und Politische Theologie.* Bd. 1: Der Fürst dieser Welt. Carl Schmitt und die Folgen; München- Paderborn 1983.

Texte und Untersuchungen zur Geschichte der altchristlichen Literatur. Hg. v. A. Harnack u. C. Schmitt, Leipzig 1911 (Archiv der Kirchenväter-Kommission der Königl. Preuss. Akademie der Wissenschaften, 3. Reihe, 7. Bd., der ganzen Reihe XXXVII. Bd.).

Thouless, Robert: *An Introduction in the Philosophy of Religion;* 2nd ed. Cambridge 1924.

Tillich, Paul: *Religionsphilosophie;* Stuttgart 1962.

Tokarew, S. A.: *Die Religion in der Geschichte der Völker;* Köln 1978.

Topitsch, Ernst: *Mythos, Philosophie, Politik.* Zur Naturgeschichte der Illusion.

Freiburg/Br. 1969.

Vico, Giambattista: *Opere*. A Cura di Fausto Nicolini; Milano-Napoli 1953.

Waerde van der, B. L.:   *Die Pythagoreer*. Religiöse Bruderschaft und Schule der Wissenschaft. Zürich u. München 1979.

Walker, Thomas: *The Teaching of Jesus and the Jewish Teaching of his Age*; 2nd ed. London 1924.

Watts Alan: *Der Lauf des Wassers*. Eine Einführung in den Taoismus. Frankfurt a. M. 1983.

Wundt, Wilhelm: *Völkerpsychologie* Bd. II, Leipzig 1919.

Erlebtes und Erkanntes; 2. Aufl. Stuttgart 1921.

인명 소개

겔렌, 아놀트 (Gehlen, Arnold: 1904-1976, 독일 철학적 인간학자)

고흐, 빈센트 반 (Gogh, Vincent van: 1853-1890, 네덜란드 화가)

골비처, 헬무트 (Gollwitzer, Helmut: 1908-1993, 독일 신학자)

괴테, J. W. 폰 (Goethe, J. W. von: 1749-1832, 독일 고전주의 문인)

구아르디니, 로마노 (Guardini, Romano: 1885-1968, 이탈리아 태생의 독일 가톨릭
   종교철학자·신학자)

길버트, 오토 (Gilbert, Otto: 1839-1911, 독일 고대역사가)

네슬레, 빌헬름 (Nestle, Wilhelm: 1865-1956, 독일 고전 어문학자)

누가 (복음서 저자) (Lukas: 신약성경 "누가복음"·"사도행전"의 저자, 그리스의
   의사)

누트 (Nut: 이집트 신화에 나오는 하늘의 여신)

뉴만, J. H. (Newmann, J. H.: 1801-1890, 영국 신학자)

니버, 라인홀드 (Niebuhr, Reinhold: 1892-1971, 미국 복음주의 신학자)

니체 (Nietzsche: 1844-1900, 독일 철학자)

데메테르 (Demeter, 그리스 신화에 나타나는 대지·곡물·다산성의 여신)

데일 박사 (Dale, Dr.)

데카르트 (Descartes: 1596-1650, 프랑스 합리주의 철학자)

뎀프, 알로이스 (Dempf, Alois: 1891-1982, 독일 토마스주의 가톨릭 철학자)

도스토예프스키 (Dostojewski, 1821-1881, 러시아 문인)

도이팅거, 마르틴 (Deutinger, Martin: 1815-1864, 독일 가톨릭 신학자·철학자)

둔스 스코투스 (Duns Scotus: 1266-1308, 스코틀랜드 태생 중세 철학자)

뒤러, 알브레히트 (Dürer, Albrecht: 1471-1528, 독일 르네상스 회화의 완성자)

디도 (Titus: 사도 바울의 유능한 전도 보조자)

디아나 (Diana: 로마 신화에 나오는 자연과 다산성의 여신, 그리스 신화의 아르
  테미스에 해당함)

디오니소스 (Dionysos: 그리스 신화의 다산성, 황홀 및 술의 신)

딜스, 헤르만 (Diels, Hermann: 1848-1922, 독일 고전 어문학자·철학사가·종교학자)

라너, 칼 (Rahner, Karl: 1904-1984, 독일 가톨릭 신학자)

라이프니츠 (Leibniz: 1646-1716, 독일 수학자·물리학자·철학자·신학자)

란트그레베, 루트비히 (Landgrebe, Ludwig: 1902-1991, 독일 현상학자)

란트만, 잘치아 (Landmann, Salcia: 1911-2002, 유대계 독일 저술가)

래드클리프-브라운, 알프레드 레기날드 (Radcliffe-Brown, Alfred Reginald, 1881-1955,
  영국 기능주의 민속학자)

런시, 로버트 (Runcie, Robert: 1921-2000, 영국 종교인)

레닌 (Lenin: 1870-1924, 러시아 혁명가·정치가)

레만, 칼 (Lehmann, Karl: 1936-, 가톨릭 신학자, 마인츠 주교)

로렌츠, 콘라트 (Lorenz, Konrad: 1903-1989, 오스트리아 동물심리학자)

로젠츠바이크, 프란츠 (Rosenzweig, Franz: 1886-1926, 유대계 독일 철학자),

로크, 존 (Locke, John: 1632-1704, 영국 경험주의 철학자)

루이스, C. S. (Lewis, C. S.: 1898-1963, 아일랜드의 소설가·학자)

루터, 마르틴 (Luther, Martin: 1483-1546, 독일 종교개혁가, 신학교수)

리터, 요아힘 (Ritter, Joachim: 1903-1974, 독일 철학자)

리히터, 리젤로테 (Richter, Liselotte: 1906-1968, 독일 철학자·신학자)

릴케, 라이너 마리아 (Rilke, Rainer Maria: 1875-1926, 독일 시인)

마르셀, 가브리엘 (Marcel, Gabriel: 1889-1973, 프랑스의 그리스도교적 실존주의자)

마르쿠제, 허버트 (Marcuse, Herbert: 1898-1979, 독일 태생 유대계 미국 사회철학자)

마르크스, 칼 (Marx, Karl: 1818-1883, 독일 철학자·경제학자·정치학자)

마리아 (Maria: 신약성경의 인물. 마르다의 동생. 예수 그리스도에 의해 되살아
  난 나사로의 누이)

만, 골로 (Mann, Golo: 1909-1994, 독일 역사학자, 토마스 만의 아들)

메츠, Joh. B. (Metz, Joh. B.)

모세 (Moses: 기원전 13세기경 이스라엘 민족을 이집트의 노예상태에서 해방시
킨 민족지도자, 율법의 모범)

모하메드, 마호메트 (Mohammed: 570-632, 이슬람교의 시조)

몽테스키외 (Montesquieu: 1689-1755, 프랑스 계몽주의 사상가)

뮐러, 프리드리히 막스 (Müller, Friedrich Max: 1823-1900, 독일-영국 고전어학자·종
교학자)

미가 (Micha: 기원전 8세기 후반에 활동한 구약성경의 예언자)

미네르바 (Minerva: 로마 신화에 나오는 지혜의 여신, 그리스 신화의 아테나에
해당함)

바로 (Varro, B.C. 116-27, 로마 문인)

바르트, 칼 (Barth, Karl: 1886-1968, 스위스 프로테스탄트 신학자)

바울 (Paulus: ? 10- ? 67, 그리스도교 최초의 전도가)

바이셰델, 빌헬름 (Weischedel, Wilhelm: 1905-1975, 독일 철학자)

바흐, 요한 세바스티안(Bach, Johann Sebastian: 1685-1750, 독일 작곡가)

바흐오펜, 요한 야콥 (Bachoffen, Johann Jakob: 1815-1887, 스위스 법제사가·고대
연구가)

발, 후고 (Ball, Hugo: 1886-1927, 독일-스위스 저술가)

발렌슈타인 (Wallenstein: 1583-1634, 보헤미아 출신의 독일 명장, 30년 전쟁 시 황
제군의 총사령관)

배움러, 알프레트(Baeumler, Alfred: 1887-1968, 독일 철학자·교육학자)

배트케, 발터 (Baetke, Walter: 1884-1978, 독일 종교학자)

베른하르트, 요제프 (Bernhart, Joseph: 1881-1969, 가톨릭 신학자, 종교학자)

베스타 (Vesta: 로마 신화에 나오는 성스러운 불을 지키는 가정의 여신. 그리스
신화의 헤스티아에 해당함)

베이컨, 로저 (Bacon, Roger: 1214-1294, 영국 중세 철학자)

베이컨, 프랜시스 (Bacon, Francis: 1561-1626, 영국 철학자. 근내 깅험론의 선구자)

베키, 겔레르트 (Gellért Béky)

벤츠, 에른스트 (Benz, Ernst, 1907-1978, 독일 복음주의 신학자·교회사가)

보버민 G. (Wobbermin, G.: 1869-1943, 독일 복음주의 신학자)

보에티우스 (Boetius: 480-524, 로마 철학자)

보일, 로버트(Bayle, Robert: 1627-1671, 아일랜드 출신, 영국의 화학자·물리학자·
  철학자)

뵈메, 야콥 (Böhme, Jakob: 1575-1624, 독일 신비사상가)

부다(부처, 佛陀) (Buddha: ? B.C. 560-480, 석가모니의 다른 이름, 불교의 창시자)

부버, 마르틴 (Buber, Martin: 1878-1965, 오스트리아-이스라엘 종교철학자)

분트, 빌헬름 (Wundt, Wilhelm: 1832-1920, 독일 심리학자, 철학자)

불트만, 루돌프 (Bultmann, 1884-1976, 독일 프로테스탄트 신학자)

브라운, A. R. (Brown, A. R.: 1773-1858, 스코틀랜드 식물학자)

브록스, 노버트 (Brox, Norbert: 1935-2006, 독일 교회역사학자·교부학자)

브루거, 발터 (Brugger, Walter: 1904-1990, 독일 철학자)

블로흐, 에른스트 (Bloch, Ernst: 1885-1977, 독일 신좌파 철학자)

비켄티우스 (Vicentius)

비코, 지암바티스타 (Vico, Giambattista: 1668-1744, 이탈리아 철학자)

비트겐슈타인, 루트비히 (Wittgenstein, Ludwig: 1889-1951, 오스트리아 태생 영국
  철학자)

빌라모비츠-묄렌도르프, 울리히 폰 (Wilamowitz-Moellendorff, Ulrich von: 1848-1931,
  독일 고전 어문학자)

빌레도 (Philetus: 신약성경에 나오는 배교자)

빌헬름(윌리엄) 오캄 (Wilhelm von Ockham: 1285-1349, 영국 중세 스콜라 철학자)

살로몬, 솔로몬 (Salomon, Solomon: B.C. ?1000-?, 이스라엘 왕국 제3대왕, 다비드

의 아들, '지혜의 왕')

새플러, 리하르트 (Schaeffler, Richard: 1926-, 독일 철학자, 가톨릭 신학자)

샤르뎅 (Teilhard de Chardin: 1881-1955, 프랑스 신학자·철학자·인류학자)

세네카 (Seneca: B.C. 4-A.D. 65, 로마 스토아 철학자)

세례 요한 (Johannes der Täufer: 신약성경의 예언자. 유대인 제사장의 아들. 예수
  에게 세례를 줌)

셰익스피어 (Shakespeare: 1564-1616, 영국의 극작가·시인)

소크라테스 (Sokrates: B.C. 469-399, 고대 그리스 철학자)

쇼펜하우어, 아르투어 (Schopenhauer, Arthur: 1788-1860, 독일 철학자)

쉘링 (Scheling: 1775-1854, 독일 철학자)

쉴러, 프리드리히 (Schiller, Friedrich: 1759-1805, 독일 시인)

쉴링, 베르너 (Schilling, Werner)

슈미트, 빌헬름 (Schmidt, Wilhelm: 1868-1954, 독일 민속학자)

슈미트, 칼 (Schmitt, Carl: 1888-1985, 독일 공법학자·정치학자)

슈바르트, 발터 (Schubart, Walter: 1897-1942, 독일 법학자·문화철학자)

슈바이처, 알버트 (Schweitzer, Albert: 1875-1965, 독일계 프랑스 의사·신학자·철
  학자·음악가)

슈투르미우스, 크리스토프 (Sturmius, Christoph)

슈펭글러, 에른스트 (Spengler, Ernst)

슐라이어마허, 프리드리히(Schleichermacher, Friedrich: 1768-1834, 독일 신학자·철
  학자)

스트라빈스키, 이고르 (Strawinsky, Igor: 1882-1971, 러시아 태생 미국 작곡가)

스피노자 (Spinoza: 1632-1677, 네덜란드 유대계 철학자)

시시포스 (Sisypos: 그리스 신화의 영웅. 아이올로스와 에나레테의 아들이자 메
  로페의 남편. 코린트의 왕)

심플리키오스 (Simplikios, 6세기 동로마제국의 고대 후기 그리스 신플라톤주의자)

아가멤논 (Agamemnon: 그리스 신화에 나오는 미케네의 왕, 그리스군 총지휘자로 트로이 전쟁에서 승리함)

아낙사고라스 (Anaxagoras: B.C. 500-428, 고대 그리스 자연철학자, 다원론자)

아낙시만드로스 (Anaximander: B.C. 611-546, 고대 그리스 자연철학자)

아롱, 로베르 (Aron, Robert: 1898-1975, 프랑스 역사가·문필가)

아르츠, 요하네스 (Artz, Johannes)

아리스토텔레스 (Aristoteles: B.C. 384-322, 고대 그리스 철학자)

아리스토파네스 (Aristophanes, B.C. 448-380, 그리스 희극 작가)

아브라함 (Abraham: B.C. ? 2160-? 1991, 영원한 믿음의 조상, 셈족의 아버지)

아우구스티누스 (Augustinus: 354-430, 중세 교부철학자)

아이스킬로스 (Aischylos: B.C. 525?-456 그리스 3대 비극작가)

아테네, 아테나 (Athene, Athena: 그리스 신화에 나타나는 지혜의 여신)

아폴론 (Apollon: 그리스 신화에 나오는 예언·의료·궁술·음악·시의 신. 광명의 신이며 태양의 신)

아프로디테 (Aphrodite: 그리스 신화에 나오는 사랑과 미의 여신)

안셀무스 (Anselm: 1033-1109, 이탈리아 태생 영국 중세 스콜라 철학자)

야스퍼스, 칼 (Jaspers, Karl: 1883-1969, 독일 실존주의 철학자)

에로스 (Eros: 그리스 신화에 나오는 사랑의 신, 로마 신화의 큐피드와 아모르에 해당함)

에볼라, 율리우스 (Evola, Julius: 1898-1974, 이탈리아 문화철학자)

에우리피데스 (Euripides: B.C. 484-406, 고대 그리스 삼대 비극시인 가운데 한 사람)

에이레나이오스 (Irenäus, Eirenaios: 140-202, 소아시아 태생 프랑스 리옹 주교),

에크하르트, 마이스터 (Eckhart, Meister: 1260-1327, 독일 신비주의 철학자·신학자)

에프너, 페르디난드 (Ebner, Ferdinand: 1882-1931, 오스트리아 철학자)

엠페도클레스 (Empedokles, B.C. 490-430, 고대 그리스 자연철학자)

예거, 베르너 (Jaeger, Werner: 1888-1961, 독일-미국 고전 문헌학자)

예수 (Jesus: B.C. 6-A.D. 30, 그리스도교의 시조)

오디세우스 (Odysseus: 그리스 신화의 영웅. Ithaca의 왕. 트로이 전쟁에서 목마
　　의 계략으로써 승리함)

오레스테스 (Orestes: 그리스 신화의 인물. 아가멤논의 아들)

오르페우스 (Orpheus: 그리스 신화의 시인·음악가. 오르페우스교의 시조)

오리게네스 (Origenes: 185-254, 그리스 신학자)

오토, 루돌프 (Otto, Rudolf: 1869-1937, 독일의 프로테스탄트 신학자)

오토, 발터 F. (Otto, Walter F.: 1874-1958, 독일 고전 어문학자)

옥타비아누스 (Octavian: B.C. 63 -A.D. 14, 로마의 초대황제)

요한 (계시록의 저자) (Johannes: 신약성경 "요한계시록"의 저자)

욥 (Ijob: 구약성서 "욥기"의 주인공)

우발도 성인 (Ubaldo, Sant: 11세기 중엽 이탈리아 구비오의 주교)

위버벡, F. (Überweg, F.: 1826-1871, 독일 철학자)

융, C. G. (Jung, C. G.: 1875-1961, 스위스 심리학자)

이시스 (Isis: 누트의 딸, 최고의 여신, 아내와 어머니의 본보기, 대지와 다산성의
　　신인 오시리스의 아내, 태양신인 호루스의 어머니)

자이트만, 페터 (Seidmann, Peter)

쥐공, 올로프 (Gigon, Olof: 1912-1998, 스위스 고전 문헌학자)

지벡, 헤르만 (Siebeck, Hermann: 1842-1920, 독일 철학자)

짜라투스투라 (Zarathustra, 기원전 18세기 혹은 11세기 혹은 7세기에 활동한 페
　　르시아의 예언자)

치오란 (Cioran, 1911-1995, 프랑스 염세주의 철학자)

카우프만, 발터 (Kaufmann, Walter: 1921-1980, 독일 태생 미국 철학자)

카펜터, J. E. (Carpenter, J. E.)

칸트 (Kant: 1724-1804, 독일 철학자)

칼뱅 (Calvin, 1509-1564, 프랑스 종교 개혁가)

칼텐브루너, 게르트-클라우스(Kaltenbrunner, Gert-Klaus: 1939-, 오스트리아 철학자)

케레니이, 칼 (Kerenyi, Karl: 1897-1973, 헝가리-스위스 고전 문헌학자·종교학자)

케른, 발터 (Kern, Walter: 1922-2007, 독일-오스트리아 신학자)

케스틀러, 아서 (Koestler, Arthur: 1905-1983, 헝가리 태생 영국 문인)

콘즈, 에드워드 (Conze, Edward: 1904-1979, 불경 번역으로 유명한 영국-독일 학자)

콘퍼드, 프랜시스 M. (Cornford, Francis M.: 1874-1943, 영국 고전 어문학자)

콜라코프스키, 레스체크 (Kolakowski, Leszek: 1927-2009, 폴란드 철학자)

콩도르세 (Condorcet, 1743-1794, 프랑스 진보주의자)

콩트, 오귀스트 (Comte, Auguste: 1768-1857, 프랑스 철학자, 실증주의 시조)

쿤, 헬무트 (Kuhn, Helmut: 1899-1991, 독일 철학자)

큉, 한스 (Küng, Hans: 1928-, 스위스 신학자, 가톨릭 사제)

크란츠, 발터 (Kranz, Walter)

크뤼거, 게르하르트 (Krüger, Gerhard: 1902-1972, 독일 철학자)

크세노파네스 (Xenophanes: B.C. 570-478, 고대 그리스의 시인·철학자)

크세노폰 (Xenophon: B.C. 430-355, 고대 그리스 역사가, 군인, 작가. 소크라테스
의 제자)

클라게스. 루트비히 (Klages, Ludwig: 1872-1956, 독일 철학자)

클레멘스 (Clemens von Alexandrien, 140/150-215, 그리스 신학자)

클레오파트라 (Kleopatra: B.C. 69-B.C. 30, 고대 이집트 프톨레마이오스 왕조의 여왕)

키에르케고르, 쇠렌 (Kierkegaard, Sören: 1813-1855, 덴마크 철학자)

키케로 (Cicero: B.C. 106-43, 로마 정치가·학자·작가)

키프리아누스 (Cyprianus: 200/210-258, 카르타고 주교)

타우베스, 야콥 (Taubes, Jakob: 1923-1987, 오스트리아 태생 유대계 종교사학자)

탈레스 (밀레토스 출신) (Thales von Milet: B.C. 624-546, 고대 그리스 자연철학자)

테르툴리아누스 (Tertulianus, 160-220, 카르타고의 교부)

테오프라스트 (Theophrast, Theophrastos. B.C. 372-287, 고대 그리스 철학자, 아리

스토텔레스의 제자)

토마스 아퀴나스 (Thomas von Aquin: 1225-1274, 이탈리아 중세 스콜라 철학자)

툴리스, 로버트 (Thouless, Robert: ?-1984, 영국 심리학자)

틸리히, 폴 (Tillich, Paul: 1886-1965, 독일 태생의 미국 신학자)

파라시오스 (Parrhasios: 기원전 4세기경 아테네에서 활동한 에페소스 출신의 고
　　대 그리스 화가)

파르메니데스 (Parmenides: B.C. 515-445, 고대 그리스 철학자, 엘레아 학파)

파스칼 (Pascal: 1623-1662, 프랑스 철학자·수학자·물리학자)

파울, 장 (Paul, Jean: 1763-1825, 독일 소설가)

페쉬, 루돌프 (Pesch, Rudolf: 1936-2011, 독일 가톨릭 신학자, 신약 성서학자)

페이디아스 (Pheidias, B.C. 490-437?, 고전 전기 숭고양식을 대표하는 아테네의
　　유명한 고대 그리스 조각가)

포이어바흐, 루트비히 (Feuerbach, Ludwig: 1804-1872, 독일 철학자)

프란치스코 (Franz von Assisi: 1182-1226, 이탈리아 가톨릭 성인)

프레야 (Freya: 북부 게르만족의 다산성의 여신)

프레이져, J. G. (Frazer, J. G.: 1854-1941, 영국 사회인류학자)

프로이트, 지크문트 (Freud, Sigmund: 1856-1939, 오스트리아 심리학자)

프로타고라스 (Protagoras: B.C. 485-416, 고대 그리스 상대주의 철학자, 소피스트)

플라톤 (Platon, B.C. 428-348, 고대 그리스 철학자)

플루타르크 (Plutarch, Ploutarchos: 46-120, 그리스 철학자·전기작가, 플라톤학파)

플리니우스, der Ältere(老) (Plinius der Ältere, Plinius maior, 23-79, 로마 학자)

피카소, 파블로 (Picasso, Pablo: 1881-1973, 스페인 화가)

피타고라스 (Pythagoras: B.C. 580-500, 고대 그리스 철학자·수학자·종교가)

피퍼, 요제프 (Pieper, Josef: 1904-1997, 독일 토마스주의 철학자)

피히테 (Fichte: 1762-1814, 독일 철학자)

핀다로스 (Pindaros: B.C. 518-446 그리스 서정시인)

하이데거, 마르틴 (Heidegger, Martin: 1889-1976, 독일 철학자)

핵커, 테오도르 (Haecker, Theodor: 1879-1945, 독일 문화철학자)

헤겔 (Hegel: 1770-1831, 독일 철학자)

헤라클레이토스 (Herakleitos: B.C. 540-480, 고대 그리스 자연철학자)

헤로도토스 (Herodotos: B.C. 484-424, 고대 그리스 역사학자)

헤르더, 요한 고트프리트 (Herder, Johann Gottfried: 1744-1803, 독일 철학자)

헤셸, 아브라함 J. (Heschel, Abraham J.: 1907-1972, 폴란드 태생의 유대계 미국 신학자)

헤시오도스 (Hesiodos: 기원전 8세기 무렵의 고대 그리스 시인)

헨델, 게오르크 프리드리히(Händel, Georg Friedrich: 1685-1759, 독일 태생 영국 작곡가)

호루스 (Horus: 이집트 신화에 나오는 태양신, 여신 이시스의 아들, 머리는 매의 형상)

호메로스 (Homeros: 기원전 8세기 무렵의 고대 그리스 시인)

후메내오 (Hymenäus, 그리스도교 배교자의 한 사람)

흄, 데이비드 (Hume, David: 1711-1776, 영국 경험주의 철학자)

힐데브란트, 디트리히 폰 (Hildebrand, Dietrich von: 1889-1977, 독일 가톨릭 신학자·철학자)

찾아보기

저자 및 역자 소개

저자

프란츠 비트만 (Franz Wiedmann, 1927-2007)

독일 철학자. 튀빙겐과 뮌헨에서 수학. 1969년부터 1995년 은퇴까지 뷔르츠부르크 대학 교수.

"Hegel"(Hamburg, 1965) - (한글 번역이 있었음)
"Baruch de Spinoza"(Würzburg, 1982)
"Anschauliche Wirklichkeit"(Würzburg, 1988)
"Anstössige Denker"(Würzburg, 1988)
공저 "dtv-Atlas Philosophie"(München, 1991)
"그림으로 읽는 철학사", 페터 쿤츠만 외, 홍기수·이정숙 역, 서울, 예경, 1999.
"철학도해사전", 페터 쿤츠만 외, 여상훈 옮김, 서울, 들녘, 2016.

역자

박찬영 (朴燦瑛)

현재 공주교육대학교 윤리교육과 교수이다. 서울대학교에서 철학을 전공하고 독일 뷔르츠부르크 대학교에서 철학박사 학위를 받았다.

종교와 철학
한 차원을 다시 얻기 위한 시도

초판인쇄 2018년 6월 28일
초판발행 2018년 7월 5일

저　　자 프란츠 비트만
역　　자 박찬영
펴 낸 이 김성배
펴 낸 곳 도서출판 씨아이알

책임편집 박영지, 김동희
디 자 인 백정수, 윤미경
제작책임 김문갑

등록번호 제2-3285호
등 록 일 2001년 3월 19일
주　　소 (04626) 서울특별시 중구 필동로8길 43(예장동 1-151)
전화번호 02-2275-8603(대표)
팩스번호 02-2265-9394
홈페이지 www.circom.co.kr

I S B N 979-11-5610-612-8 93100
정　　가 20,000원